바울의
파라크레시스

내일을여는지식 종교 16

바울의
파라크레시스

안영호 지음

한국학술정보(주)

✤ 머리말

격언은 주로 짧은 문장으로 된 교훈적이며 권면적인 내용을 담고 있다. 마치 소설의 긴 문장보다 시의 단 한 줄이 모든 것을 내포하듯이, 격언도 한 번 들으면 잘 잊히지 않는 한두 줄의 짧은 문장으로 구성되어 읽는 이로 하여금 깊은 지혜를 깨닫게 해 준다. 구약성서 잠언의 내용도 이와 같다. 격언의 특징은 짧지만 설명이 필요하지 않다는 점이다. 격언은 누구나 읽어서 쉽게 이해할 수 있을 뿐만 아니라, 또 누구에게나 적용되며 자극이 된다. 또한 격언은 영속적 생명력을 가지고 있다. 격언은 시대를 초월하여 모든 시대에 두루 통용되는 '공동지식'(common knowledge)으로 받아들여진다. 그리하여 교사나 철학자 종교지도자들이 가르침에 있어서 격언을 즐겨 애용하며 발전시켜 나갔다.

사도 바울은 격언의 이러한 특징들을 잘 이해하고 있었으며, 그의 교회들을 권면하며, 초기 기독교 공동체 형성에 적용하고 있음을 살펴볼 수 있다. 필자는 갈라디아서를 연구하면서 유독 격언적인 문장이 많이 나오는 것에 주목하여 바울의 당시 상황과 사회적 환경 그리고 세속 철학자들의 가르침에 집중하게 되었다. 세속의 철학자들은 학생들을 가르칠 목적으로 윤리적 내용을 요약하거나 목록을 만들어 악덕 목록, 의무 목록, 곤경의 목록, 수사학적 관습 목록 등으로 교훈하였다. 마치 예수의 산상수훈이나, 예수의 가르침 모음인 디다케(Didache), 유대교의 성문화된 할라카(Halakah) 등에서 보게 되는 규범집과 같다. 이러한 규범집들은 실생활에 적용되는 구체적인 내용을 담고 있을 뿐만 아니라, 공적인 성격을 띠고 있으며 권위 있는 서신으로서 일반적으로 받아들여졌다. 필자는 영남신학대학교에서 여러 해 동안 바울신학과 바울 서신을 강의하면서 바울의 초기 사회적 상황과 그의 가르침에 관심을 기울였다. 특히 로마제국이라는 거대한 이방 세계의 한가운데 세워진 그의 교회들은 복음 전파보다는 기독교 공동체로서의 생존이 더 긴급하고 일차적인 문제였다. 그런데 어떻게 생존의 문제를 넘어서서 기독교 공동체의 정체성을 형성하고 세계종교로서의 발돋움을 할 수 있었는지의 문제는 오늘날 기독교의 대사회적 관계형성의 문제로서도 대단히 중요한 사항이다. 바울은 세속의 격언들을 기독교화하여 그의 교회들을 권면(파라크레시스)하고 세워 나가고 있음을 보게 된다.

그의 서신 전반에 격언적 권면들이 나타날 뿐만 아니라, 특히 갈라디아서에 격언적 권면들이 집중되어 있음을 볼 수 있다. 바울이 이러한 격언적 권면들을 어떻게 사용하여 그의 교회와 주변 세계를 연결시켜 나갔는지를 살펴보는 일은 대단히 중요한 과제라 사료된다.

한국교회는 오늘날 편협하고 폐쇄적인 집단으로 오해받고 있다. 초기 한국사회에서와 같이 기독교가 다시금 폭넓은 지지를 받고, 선교적 장애물들을 제거하고 공인된 종교로서 세상의 소금과 빛으로서기 위해서는 세상과 공유할 수 있는 공동의 지식(common knowledge) 내지는 윤리가 절실히 필요하게 되었다. 교회와 주변 세계가 친밀성을 유지하고 상호 이해를 도모한다면, 한국교회는 다시금 존중받는 거룩한 공동체로 회복될 것이다.

본서는 저자의 학위(Ph.D)논문 『바울의 경구적 권고에 관한 연구』를 일부 수정, 보완해서 책으로 엮은 것이다. 여러모로 부족하고 미흡하지만 주변 지인들의 격려와 계명대학교 신학과 오우성 교수님의 권유로 용기를 내게 되었다. 무엇보다 책을 내기까지 사랑하는 아내의 격려가 지극하였다. 늘 곁에서 지켜 주고 기도해 준 아내에게 진정으로 감사를 드린다. 설교할때마다 엄지손가락을 높이 들고 아빠를 치켜세워 준 사랑하는 딸 혜림이에게도 감사하며, 언제나 아빠의 어깨를 두드려 주며 든든한 받침이 되어 준 사랑하는 아들 혜승이에게도 감사한다. 그리고 언제나 기도로 함께해 주시는 다사 교회 장로님들과 모든 교우들에게도 진심으로 감사를 드린다. 좋은 책으로 만들어 준 한국학술정보 출판부에도 사의를 표한다. 오직 모든 영광이 우리 주 예수 그리스도에게 있기를 원한다.

✝ 약어표

ABD	*Anchor Bible Dictionary*
ABS	*Anchor Bible Series*
BibTo	*The Bible Today*
BZNW	*Beihefte zur ZNW*
C&L	*Christianity and Literature*
CBQ	*Catholic Biblical Quarterly*
ENDT	*Exegetical Dictionary of the New Testament*
GNT	*Grundrisse zum Neuen Testament*
HNT	*Handbuch zum Neuen Testament*
HthK	*Herders theologischer Kommentar zum Neuen Testament*
IDB	*Interpreter's Dictionary of the Bible*
JAAR	*Journal of the American Academy of Religion*
JAC	*Jahrbuch für Antike und Christentum*
JBL	*Journal of Biblical Literature*
JRelS	*Journal of Religious Studies*
JRT	*Journal of Religious Thought*

JSNT	*Journal for the Study of the New Testament*
LuthThJ	*Lutheran Theological Journal*
LXX	*Septuagint*
NTS	*New Testament Studies*
SBL	*Society of Biblical Literature*
SBLDS	*SBL Dissertation Series*
SBLMS	*SBL Monograph Series*
SBLSBS	*SBL Sources for Biblical Study*
SNTSMS	*Society for New Testament Study Monograph Series*
TDNT	*Theological Dictionary of the New Testament*
WBC	*World Biblical Commentary*
ZNW	*Zeitschrift für die neutestamentliche Wissenschaft*

목·차

서 문

1. 본 주제의 목적과 중요성

바울 윤리의 자료들 특히 격언적 권면에 대한 연구는 그동안 간과되어 그 자료적 출처와 성격 그리고 기독교화의 과정이 주목받지 못하였다. 뿐만 아니라 격언적 권면의 기능적 역할에 대해서는 더욱 소홀히 다루어져 왔다. 따라서 본서에서는 초기 기독교 공동체의 형성과정 속에서 바울의 권면에서 사용된 격언적 자료들의 출처와 성격 그리고 그 기능적 역할을 사회학적 방법을 적용하여 해석하고자 한다.

지금까지 바울의 윤리는 신학의 이차적인 작업으로서 바울 신학에 비하여 관심을 받지 못하고 단지 신학의 부록으로 여겨졌다. 그러나 바울 서신들 안에는 다양한 윤리적 격언들이 산재해 있으며 특히 갈라디아서 5:25 - 6:10에는 일련의 격언들이 집중되어 있음을 보게 된다. 하지만 그 윤리적 격언들은 하나같이 기독교적 내용을 담고 있기보다는 이방의 세속적 내용을 담고 있으며 점차 기독교화의 과정을 거쳐 교회 안으로 들어온 것들로 보인다.

따라서 본서에서는 바울이 공동체 형성의 윤리적 기초를 마련하기 위해 사용한 세속의 격언들에 대하여 그 자료들의 근원과 성격을 살핌으로써 초기 기독교의 생존과 선교적 사역 그리고 제도화 과정을 어떻게 마련하여 갈 수 있었는가 하는 점을 규명하고자 한다. 이를 위하여 바울 서신 전반에 산재해 있는 윤리적 자료들을 연관성 있게 참고하면서 갈라디아서 5:25 - 6:10에 집중된 바울의 격언적 권면을 중심으로 새롭게 해석하고자 한다.

바울 당시의 초기 기독교는 무엇보다 생존의 문제에 직면하여 있었다.[1] 그들을 둘러싸고 있는 이방의 세속 도시들 한가운데서 거대한 제국의 절대적인 힘에 대항하여 무엇보다 살아남는 일이 절실한 과제였다. 주변 세계와의 대립적 긴장과 교회 내부적인 일치의 힘이 약하였던 초기 교회는 이 두 가지를 동시에 해결해야 할 상황에 놓여 있었다.

이러한 과제들을 두고 아직 형성과정 중에 있는 기독교는 그 정체성 역시 유동적이었다. 모든 것이 시작단계에 불과하였으며 불확실한 상황에 놓여 있던 공동체의 방향을 설정하는 일과 구성원들의 행동과 삶의 결정기준을 마련하는 일이 무엇보다 시급하였다. 즉 외부세계와의 관계성을 구축하여 그들과 보다 친밀감을 가지고 함께 살아가는 것과 아울러 내부적으로 기독교의 정체성을 확립하여 교회와 세상과의 불분명한 경계를 설정하는 일이 매우 중요하였다.

오늘날과 같이 정경화된 성경을 가지고 있지 못하였던 초기 그리스도인들은 그들을 위한 행동의 결정 기준과 윤리적 내용을 갖

---

1) J. D. G. Dunn, *The Theology of Paul the Apostle*(Grand Rapids: Eerdmans Publishing, 1998), 674.

고 있지 못하였으며, 교회의 대사회적 행위의 준거기준도 마련하고 있지 못하였다. 그럼에도 불구하고 초기 기독교는 이러한 모든 상황을 지혜롭게 극복하고 점차 제도화된 교회로서 발전하여 나갔으며 결국 세계 종교로서 자리매김할 수 있었다.

불트만(R. Bultmann)은 "교회는 세상 밖으로 끌어내어졌기 때문에, 여기(교회)에서 세상적 구별들은 그 의미를 잃었다."고 기술하였다.[2] 불트만은 기독교의 신앙을 세상으로부터 철저히 탈세계화하였으며, 교회를 단지 종말론적 공동체 내부의 사건으로 여겼다. 여기에 대해 "각 사람은 부르신 그대로 행하라"[3]는 말씀을 들어 세상의 모든 차별에 대한 냉담성을 들고 있다. 불트만의 이러한 시각은 분명 초기 기독교 공동체에 내재하고 있었지만, 이것은 일시적인 현상으로서 지속적이지는 못하였다.

초기 교회의 이러한 상황 극복을 위하여 바울은 당시 세속철학의 윤리적 자료와 전통들 그리고 지혜적 전승들을 인용하였으며, 이러한 자료들을 그의 공동체 안으로 가지고 들어와 회중들을 권면하였다. 그러나 바울이 행한 권면은 당시 헬라의 철학자들이 행하던 일반적인 권면(παραίνεσις)이나 대중 연설과는 성격이 다른 것으로서 사도적인 권위를 가진 '신적 권면'(παράκλησις)이었다. 그렇지만 바울이 외형상 신적 권면으로서의 권위를 가지고 권면하였으나 권면의 내용에 있어서는 누구에게나 익숙한 세속의 전통적인 자료들이었다.

이런 점에서 갈라디아서 5:25 - 6:10에 집중된 격언들은 성격상

---

2) R. Bultmann, **신약성서 신학**, 허혁 역(서울: 성광문화사, 1991), 311 - 312.
3) 고전 7:17 - 24.

구약적이거나 유대적 성향의 격언들이 아니라, 다분히 헬라적이며 이방의 세속적인 성격을 띠고 있다. 이로 보건데 바울은 당시 세계에서 통용되고 있던 세속 윤리와 격언적인 금언들을 특별한 목적과 의도를 가지고 기독교 공동체 안으로 가지고 들어와 신학화 내지는 기독교화하였다는 것을 가정해 볼 수 있다.

바울 기독교는 거의 이방 세계 안에서 자리 잡고 성장하였다. 따라서 기독교 공동체는 이방 세계와의 관계성 유지와 나아가 그들을 선교하는 일에 있어서 그들과 공유할 수 있는 필요 불가결한 공통의 사상적 요소가 요구되었다. 그들과 사상적인 면에서나 또는 문화적인 면에서 충돌을 일으키지 않고, 그들의 기득권 변화에 대한 두려움에 도전을 주지 않으면서, 동시에 기독교의 이상을 현실에서 어떻게 실현해 나가느냐 하는 사회적 상호작용의 문제가 대단히 중요한 내용이었다. 바울 기독교 공동체는 아직 형성과정 중에 있는 까닭에 기독교회가 가지고 있는 기본적인 고백만이[4] 기독교 공동체와 세속과의 경계를 간신히 유지해 주고 있었다. 따라서 교회를 둘러싸고 있는 사회적 접촉영역에서 기독교 공동체는 이들과 대화하고 좋은 관계를 맺을 수 있는 어떤 원칙들이 절실하게 요청되는 시점이었다.

바울은 윤리적이고 교훈적인 권면들을 격언적 형태로 주로 사용함으로써 이 원칙들에 부응하고 있다. 이러한 자료들은 바울적인 고유하고 독창적인 것들이 아니라, 전통적이고 포괄적인 것들로서 당시 이방 사회에서 일반적으로 통용되던 것들이다. 이러한 자료들은 성격상 특수하고 제한적인 것들이 아니라, 구체적이고 당면한

---

4) 주, 세례, 성찬, 핵심 신앙고백 등 기본적인 내용만이 초기 기독교에 전승되어 있었다.

현안들에 대한 해답을 주는 일상 생활률적인 격언들이다.[5] 바울이 형이상학적 사고들에서 격언들을 빌려 온 것이 아니라 생활률적인 면에서 격언들을 선택함으로써 사회적 접촉을 용이하여 하였으며 친화적 관계를 쉽게 맺어 갈 수 있었다. 그리하여 바울 기독교 공동체와 주변 사회는 '공동의 지식'(common knowledge)을 함께 사용함으로써 '대중지혜'(popular wisdom)를 공유하게 되었으며 이로 말미암아 기독교회는 세상 속에 보다 더 분명한 위치를 선정할 수 있게 되었다.

던(J. D. G. Dunn)은 바울 신학의 주된 특징으로서 그의 열렬한 윤리적 관심을 들었다.[6] 하지만 바울은 그의 서신 어디에서도 '기독교 윤리'를 위한 구체적인 목록들을 제시하지 않고 있다.[7] 바울은 체계적인 신학에 관심이 없었던 것과 마찬가지로 체계적인 윤리에도 관심이 없었다. 그는 소아시아로부터 유럽에 이르기까지 폭넓게 분포되어 있는 그의 교회들에 공동체 조직과 책무에 관한 어떤 윤리적 규범집의 필요성이 절실하였을 것이다. 그럼에도 불구하고 바울은 그러한 필요에 반응하지 않고 있다.

당시 한 공동체를 위한 교리 규범 내지 행위 규범은 고대 사회에서 그렇게 특별한 것도 낯선 것도 아니었다. 철학자들의 공동체 내에서도 흔히 볼 수 있는 것이었고, 당시 학교에서조차도 학생들

---

5) 생활률적인 격언들은 주로 헬라의 통속철학에서 일상의 삶에 초점을 두고 가르친 보편적 내용들이다.

6) Dunn, 626.

7) 바울의 윤리적 목록 또는 자료모음에 대한 이러한 견해는 베츠, 퍼니쉬, 바클레이 등을 위시한 대다수 학자들의 공통된 견해이다. 바울의 윤리적 내용들은 그의 직설법과 명령법의 관계 속에서 다루어짐으로 인해서 신학적 주제들과 연관되어 있다. 따라서 이미 구원받은 자에게 주어진 요구로서의 명령법(윤리)은 각 교회의 상황에 반응한 그의 서신 전반에 흩어져 있다.

에게 가르칠 목적으로 윤리적 요약목록이 성행하였다. 헬라 시대의 도덕가들은 수사학적 관습 목록, 악덕 목록, 의무 목록, 곤경 목록 등을 사용하여 교훈자료로서 사용하였으며,[8] 사해 사본에서 발견되는 공동체 규범(Community Rule 1QS), 마태복음의 산상수훈을 위시한 예수의 가르침 모음, 디다케(Didache), 그리고 유대교 미쉬나에 있는 성문화된 '할라카'(Halakah) 등 여러 가지 형태로 일반화되어 있는 규범집들을 볼 수 있다. 그렇지만 바울의 서신들 속에서는 이러한 규범화의 시도를 찾아볼 수 없다.

바울의 서신들은 상황서신이다. 그는 교회의 일상적이고 우연한 관찰 사항을 마구 써 보낸 것이 아니라, 실제적이고 상황적인 내용에 응답한 인격적인 공적 서신이며, 순간의 산물이 아니라 권위 있는 서신이다.[9] 바울은 그의 교회들로부터 수많은 상황적 사례들을 접하게 된다. 할례문제, 우상의 제물, 로마 당국에 대한 복종문제, 결혼과 이혼, 거짓 복음 등의 목회적 문제에 대하여 구체적인 답변을 하고 있다. 따라서 그의 신학적이며 윤리적 성격의 답변은 그의 서신 전반에 산재해 있을 수밖에 없다.

그러므로 바울의 이러한 답변들이 복음에 내재한 논리에서 나온 것인지, 아니면 그의 고유한 사상적 통합에서 나온 것인지, 아니면 전통적인 자료에서 취한 것인지 그에 대한 출처를 밝히고 신학적 의도를 묻는 해석 작업이 요청된다.

마틴 디벨리우스(M. Dibelius)는 바울의 윤리적 권면과 그의 신학

---

8) E. Ferguson, *Background of Early Christianity* 3rd ed. (Grand Rapids: Eerdmans Publishing, 1993), 321 - 323.
9) J. Christian Beker, **사도 바울**, 장상 역(천안: 한국신학연구소, 1996), 37.

적 선포 사이에는 아무런 연관성이 없음을 주장하였다. 그는 바울 서신의 뒷부분에 특징적으로 나타나는 도덕적 금언들은 대중적인 헬라 철학에서 채용한 일반 금언들의 수집인 '파라이네시스'(παραί νεσις)로 보았다.[10]

디벨리우스에 따르면 초기 그리스도인들은 역사의 임박한 종말을 기대하였기 때문에 윤리적 체계를 갖추는 데 별로 관심이 없었다. 그러나 파루시아가 지연되자 그들은 철학적 '파라이네시스'를 전용하여 윤리적 진공상태를 메워 나갔다. 그러므로 갈라디아서 5 - 6장이나 로마서 12 - 15장의 윤리적 교훈은 바울의 복음과 관련되어 있거나, 계시(갈 1:12)에 기원한 것이 아니라, 그것들은 헬라 문화권에서 널리 공유되었던 일반적인 도덕적 지혜(παραίνεσις)의 글을 재생한 것에 지나지 않는다는 것이다.

여기에 대해 베츠(H. D. Betz)는 그의 갈라디아서 주석 5:1 - 6:10에서 바울이 갈라디아 교인들에게 특별한 윤리를 제공한 것이 아님을 언급하면서, 당시의 그리스도인들은 교양 있고 책임 있는 인격체로서 헬라문화권의 다른 교양 있는 일반인들에게 기대되는 것과 다를 바 없으므로 바울은 아주 뚜렷한 방식으로 당대의 윤리 사상에 순응하고 있다고 지적하였다.[11]

따라서 바울은 독특한 기독교 논리를 제공하지 않으며 단지 주변의 교양 있는 문화로부터 도덕적 규범을 선택하여 사용하고 있

---

10) M. Dibelius, *Urchristentum und Kultur*(Heidelberg: Carl Winters Universitätsbuch - handlung, 1928), 18.; *A Fresh Approach to the New Testament and Early Christian Literature*(New York: Charles Scribner's sons, 1936), 143 - 144.

11) H. D. Betz, *Galatians: A Commentary on Paul's Letter to the Church in Galatia* (Minneapolis: Fortress Press, 1979), 292.

다는 것을 알 수 있다.

바울 시대의 초기 기독교 공동체는 지배 구조에 따라 여러 계층으로 구성되어 있었으며,[12] 이들은 과격한 윤리성, 종말론적 기대, 기존사회에 대한 변혁을 갈구하면서 동시에 자신들의 정체성을 더욱 공고히 하여 소속감을 높이고자 하였다. 이러한 기독교 공동체는 내외적으로 여러 가지 갈등과 오해의 소지를 안고 있었다. 내부적으로는 다툼, 분파, 우상숭배와 성적인 문제 등으로 다양한 갈등을 겪었고, 외부적으로는 당시 사회로부터 외부에서 들어온 다른 이교도 소종파들(sects)과 같이 과격하고 이질적 정체성을 가진 사교로서 편파적인 집단으로 인식되어 불순세력으로 여겨졌다.

이러한 내적 갈등의 해소와 동시에 외부적 오해의 소지를 제거하고 보다 유화적인 친밀감을 조성하기 위하여 바울은 당시 세계의 지혜와 전통, 윤리를 받아들임으로 고립된 기독교를 사회화하고, 보편적인 윤리성을 가진 종교로서 거대한 힘을 가진 로마제국 안에서 제도권 교회로서 성장할 수 있는 전략적 기반을 마련하고자 하였다. 바울이 당시 사회에 통용되고 있던 세속의 윤리들을 받아들임으로 인해 바울의 윤리에서 사용되고 있는 격언적인 권면도 헬라 세계의 다양한 전승들과 내용적이든 형식적이든 연관성을 갖게 되었다. 이러한 연유로 말미암아 '구원의 보편성(universalism)'에 기반을 둔 '기독교 윤리의 보편성'을 확증함으로, 기독교가 고립적이고 독단적이고 편협하다는 오해의 소지를 줄일 수 있었을 것이다.

바울은 자신의 고유한 윤리적인 규범이나 이론 또는 강령에 대

---

12) A. J. Marherbe, *Social Aspects of Early Christianity*(Baton Rouge: Lousiana State University Press, 1977), 31.

한 구상을 가지고 있지 않았기에[13] 그가 사용하고 있는 수사법, 용어, 사상[14] 등에서 헬라적인 것을 많이 발견하게 된다. 따라서 바울의 격언적 자료들 역시 유대적이기보다 헬라적인 자료들에 많이 의존하고 있음을 알 수 있다. 바울은 그 당시 널리 퍼져 있던 견유학파 및 스토아주의(Stoicism)의 철학적 명제, 영지주의(Gnosticism)뿐 아니라 헬라세계에서 널리 통용되고 있던 친숙한 구절, 잠언, 은유, 격언, 가훈표(haustafel)들을 주로 사용하였다.

이와 같은 세속의 자료들을 바울은 선교적 의도 내지는 목회적 관점에서 기독교의 보편성 확보를 위하여 전략적으로 사용한 것으로 보인다. 외부 세계로부터 오해를 사고 있는 한 기독교는 더 이상 당시 사회와의 유대를 가지며 융화하여 존속할 수 없을 뿐 아니라 보편화된 세계 종교로서 성장할 수 없었다.

이러한 인식하에 바울은 특별히 기독교적인 윤리를 만들려고 하지 않았다. 단지 바울은 시민윤리로서 기독교 윤리를 일반화하고자 했다. 이로 말미암아 교회와 세속과의 적대감을 상쇄할 수 있는 효과를 가져왔으며, 당시에 덕목으로 인정되고 칭송되는 것들을 기독교 공동체의 윤리로서 받아들이고 신학화하였다. 이러한 과정 속에서 전통적이고 보편적인 세속적 격언들을 그의 서신들 안으로 받아들이게 되었고 '그리스도 안에'(in Christ)라는 신학화 장치로 채움(fasten)으로써 격언들을 기독교화하였으며, 나아가 이들을 이용함으로써 선교적 기반을 마련하고 교회를 제도권 안에 존속하도록 준비시켜 나갔다.

---

13) Dunn, 672.
14) 예를 들면 헬라의 주된 사상인 '양심', '자연법' 등이 있다.

이상과 같은 관점에서 본서는 사회학적 비평을 바탕으로 바울의 초기 공동체의 정체성의 형성과정 속에서 바울에 의해서 사용된 세속적 격언들의 성격과 그 기능적 역할을 해석하고자 한다. 이를 위해서 본서에서는 바울 서신에 나타난 그의 격언적 권면의 출처와 자료적 특성을 살피고 격언적 권면을 사용한 목적 그리고 적용된 과정을 규명함으로써 초기 기독교 공동체의 특성을 이해하고 격언적 권면의 실효성을 새롭게 살펴보고자 한다.

2. 연구사

지금까지 바울의 윤리를 신학과의 연계 내지 신학에 내포된 신학적 윤리로서 많은 학자들에 의해서 연구되어 왔다. 그러나 본서에서 밝히고자 하는 바울 윤리의 격언적 자료 방면에서는 해석이 거의 이루어지지 않고 있다. 수사학적 입장에서 갈라디아서를 주석한 베츠(H. D. Betz)는 "바울의 금언적 격언들에 대한 연구는 신약학의 절실한 요구로 남아 있다."[15]고 지적하였다. 이와 같이 바울의 윤리적 자료의 출처와 특성 그리고 형태상의 연구는 아직까지 미흡한 상태로 남아 있다.

던(J. D. G. Dunn) 역시 그의 「바울신학」에서 바울은 신학자이기보다 목회자로서 더욱 윤리적 적용에 관심을 기울였음을 지적하고 그의 서신들 역시 윤리적 관심에서 탄생하였다고 보았다.[16] 그

---

15) Betz, 291. n. 5.

일례로 그는 고린도전서를 전적으로 윤리적 문제에 대한 서신으로 보았으며, 바울의 윤리적 격언들에 대한 관심을 표명하였다.[17]

  바울의 격언적 권면에 대한 연구는 바클레이(J. Barclay)가 「진리를 따름」(Obeying the Truth)이라는 갈라디아서 주석에서 부분적으로 다루고 있다. 그는 바울의 윤리적 가르침의 목적이 무엇인지에 관심을 가지고 갈라디아서를 연구하였다. 그는 윤리적 책임을 개인적 책임과 공동체적 책임으로 분류하여 윤리적 요구로서 '성령으로 행함'을 중시하였다.[18] 그는 바울이 격언을 사용한 목적에 대하여 단지 전통적인 도덕적 충고를 하기 위함이 아니라 성령 안에서 행할 것을 보다 구체적으로 설명하기 위함이며, 성령의 열매들인 온유, 사랑, 자랑, 좋은 것, 선, 착한 일 등에 대한 구체적인 실례를 보여주는 역할을 하고 있다고 보았다.[19] 그는 계속해서 개인적 책임과 공동체의 책임을 상기시키며 그들 모두를 파괴시킬 자만과 분쟁의 문제에 대하여 성령으로 심고 성령으로 행하여 그들 가운데 있는 문제들을 극복하여 성령의 열매를 거둘 것을 호소하고 있다. 그는 바울이 격언을 사용한 목적을 단순히 도덕적 충고를 위해서나 이방인의 개종을 위한 것으로 보지 않고 성령으로 사는 삶에 대한 요구로서 보았다.[20]

  여기서 바클레이가 바울의 격언을 다루었다는 사실 자체만으로도 바울 윤리에 대한 해석으로서 진일보한 일이 아닐 수 없다. 그

---

16) Dunn, 626 – 627.
17) Ibid.
18) J. Barclay, *Obeying the Truth*(Edinburgh: T & T Clark, 1988), 155 – 156.
19) Ibid., 167 – 170.
20) Ibid.

럼에도 불구하고 그 출처나 자료적 특성에 대한 해석을 시도하지 못하여 아쉬움을 남기고 있다.

바울 윤리에 대하여 종합적인 저술은 1968년에 출간된 퍼니쉬(V. P. Furnish)의 「바울신학과 윤리」이다.[21] 그는 여기서 바울 서신의 연구를 인간으로서의 바울이나 종교적 경험에서가 아니라 서신의 신학적 사상에서 출발하였다. 책의 제목이 암시하듯 바울의 신학과 윤리의 내포성을 다루었다. 퍼니쉬는 바울의 윤리적 관심은 이차적인 것이 아니라 그의 근본적인 신학적 확신과 근본적으로 통합되어 있음을 강조하였다. 그리하여 그는 바울의 윤리의 근본적인 성격과 구조는 무엇인가에 관심을 기울였으며, 그의 신학적 전제가 무엇이며 신학에 윤리적 전제가 들어 있다면 그것이 무엇인지를 규명하고자 하였다. 결국 바울 윤리학의 최종 목적으로 바울은 윤리적 규범을 체계화하거나 정리하고자 한 것이 아니라 그의 윤리적 사고의 구조와 그 배경 및 핵심사상을 보다 구체적으로 이해하는 것으로 보았다.

이러한 관점에서 퍼니쉬는 구약성서와 유대교, 헬라세계 그리고 예수의 교훈에서 바울 사상의 배경을 고찰하였다. 하지만 당시로서는 사회학적 비평의 결과들이 반영되지 못하였고 격언적 자료로서 바울의 윤리적 성격을 다루지는 못하였다. 그러나 바울 윤리의 연구사에 대한 체계적 정리는 후학에 많은 공헌을 남겼다.

윤리학으로서 바울의 윤리는 현재까지 다양한 시각에서 여러 학자들이 고찰하여 왔다. 1970년에 출간된 벤틀란트(H. D. Wendland)의 「신약성서윤리」는 이전에 단편적으로 다루어지던 성서윤리들을

---

21) V. P. Furnish, *Theology and Ethics in Paul*(Nashville: Abingdon Press, 1968).

최초의 신약성경 윤리에 대한 총괄서로서 저술하였다.[22] 이로 말미
암아 신약성서윤리를 신약성서신학으로부터 분리시키는 계기를 마
련하였다. 그는 신약성서윤리를 종말론적 윤리와 교회의 윤리로 규
정하고 초기 기독교 공동체의 역사적인 발전과정을 따라 서술하였
다. 그는 바울 윤리의 근거와 목표로서 그리스도의 구속사건을 들
어 기독론적 구조를 형성하였다. 특히 신약윤리의 다양성과 함께
통일성으로서 사랑을 강조하였다. 그러나 그는 윤리의 총괄적 서술
외에 자료적 특성에 대하여 기술하지 못하는 아쉬움을 남겼다.

슈라게(W. Schrage)는 1982년 출간된 『신약성경윤리』에서 원시
기독교의 행동의 근거와 동기를 상세하게 다룸으로써 윤리학의 기
준을 마련하였다.[23] 그는 원시 기독교의 행동의 근거로서 예수 그
리스도 안에 나타난 하나님의 구원행동으로 보았다. 즉 십자가와
부활의 사건이 기독교 윤리의 공통적인 기본 전제와 원동력이라고
전제함으로써 기독교 윤리는 신학적 윤리임을 명시하였다. 바울 윤
리의 토대로서 예수 그리스도 안에 나타난 하나님의 종말론적인
구원행위를 들었으며, 이로써 기독론, 성례론, 성령론 그리고 종말
론이 바울 윤리의 중심이 되었으며, 신약성서윤리의 내용적 통일성
으로서 사랑을 들었다. 그러나 슈라게는 벤트란트를 발전적으로 이
어받아 윤리의 신학적 특성을 기술하였으나 그 역시 초기 교회의
정황과 윤리의 자료적 근거를 제시하지 못하였다.

가톨릭 신학자 슈나켄부르그(R. Schnackenburg)는 1986과 1988년

---

22) H. - D. Wendland, *Ethik des Neuen Testaments*, GNT 4(Göttingen: V. & R., 1970).
23) W. Schrage, *The Ethics of the New Testament*, trans. David E. Green(Edinburgh: T & T Clark, 1988).

에 방대한 분량의 「신약성서의 도덕적 메시지」라는 두 권의 책을 내놓았다.[24] 1권은 예수부터 원시교회까지를 담고 있고 2권은 원시 기독교의 선포자들을 다루고 있다. 그는 여기서 신앙과 이성 그리고 윤리와 신학을 통합적으로 보고 세상에토스를 신앙에토스 안에 통합하였다. 그리하여 그는 신앙과 이성은 서로 분리될 수 없으며 상호 교류한다는 점을 들어 신앙적 이성이라는 개념으로 설명하였다. 그는 개인 윤리로서가 아니라 윤리적 심성(ethos)을 강조하는 공통체적 윤리로서 신약윤리를 취급하였다. 하지만 슈나켄부르그는 신앙적인 것과 윤리적인 것을 강조하기 위하여 예수의 하나님 나라 안에 통일성을 둔 것과 윤리적 에토스에 중심을 둠으로써 오히려 현실적 윤리를 간과하는 결과를 초래하였다.

슐츠(S. Schulz)는 「신약성서의 윤리」에서 현실적 문제에 관심을 가지고 초기 기독교인의 삶의 내용, 동기 등을 신앙사적으로 서술하였다.[25] 그는 기독교의 역사 발전 단계에 따라서 예수로부터 시작하여 그의 부활과 그 후의 공동체를 거쳐 공동서신에 이르기까지 세분화하여 윤리의 역사적 발전 단계를 다루었다. 이러한 입장에서 슐츠는 초기 기독교 안에서 일어난 윤리화 과정으로서 신약성서윤리를 해석하였다. 그는 모든 신약성서의 윤리를 구약의 모세율법과의 관계성 안에서 조사하여, 구약의 도덕법의 강화냐 약화냐에 따라서 신약성서의 윤리를 가름하였다. 그 결과 윤리를 비복음적인 윤리화 과정으로 보게 되고, 지나치게 세분화하다 보니 검증

---

24) R. Schnackenburg, *Die sittliche Botschaft des Neuen Testaments* I : Von Jesus zur Urkirche, HThK.S. I (Freiburg : Herder, 1986); *Die sittliche Botschaft des Neuen Testaments* II : Die urchristlichen Verkündiger. HThK.S. II (Freiburg : Herder, 1988).
25) S. Schulz, *Neutestamentliche Ethik*, ZGB(Zürich : TVZ, 1987).

되지 않는 가설로써 초기 기독교사를 세분화하고 말았다. 그러나 율법과의 관계성 속에서 신약윤리를 다룸으로써 윤리의 근원부터 시작하였다는 점이 특이하다.

로제(E. Lohse)는「신약성서의 신학윤리」라는 책에서 신약성서의 윤리가 신학적 내지 기독론적 기반 위에 세워져 있음을 주장하였다.[26] 그는 신약성서 윤리의 기준을 어떤 율법적 해석이나 결의론적으로 해석하는 것을 반대하고 오직 예수 그리스도 안에서 일어난 하나님의 구원행동으로서 이해하였다. 그는 신약성서윤리의 신앙사적 단계로서 구약과 유대교 전승 그리고 헬라적인 사상을 함께 다루었지만 여기서도 그는 하나님의 선행적인 구원행동을 강조하였다. 이것은 윤리에 있어서 어떤 보상사상도 신인협력사상도 배제하고 하나님의 사랑에 중심을 놓고 있다는 의미이다. 로제는 유대적 세계와 헬라적 문화권에서 수용된 윤리적 내용들을 신앙 안에서 이해함으로 기독론적 관점을 잃지 않고 있다. 그리하여 신약성서의 윤리적 지침들을 '신적 권면'으로서 특성을 갖게 하였다. 또한 그는 신약성서윤리를 기독교적 세상을 만들기 위한 어떤 프로그램으로 제공하는 것이 아니라 예수 그리스도를 따르는 지침으로서 설명하였다.

국내에서는 장흥길 교수가「신약성서윤리」를 출간함으로써 본격적으로 신약성서윤리를 다루고 있다.[27] 그는 꾸준히 신약성서윤리에 대한 작은 연구들을 발표하여 왔으며 그 결과들을 정리하여 신

---

26) E. Lohse, *Grundriß der neutestamentlichen Theologie*, ThW 5/1(Stuttgart: Kohlhammer, 1974).

27) 장흥길, **신약성서 윤리**(서울: 장로회신학대학교출판부, 2002).

약성서윤리의 입문서로서 출간하였다. 그의 윤리는 주로 신학적 윤리 내지는 기독론적 윤리이다. 신학적 윤리라는 의미는 인간의 책임의 범위와 한계를 하나님과 대립된 인간의 가능성 안에 있는 것이 아니라 인간의 능력에 앞선 하나님의 선행적인 행동을 전제한다. 따라서 하나님의 행동에 부합된 인간의 행동이 요구되는 변증법적인 윤리를 의미한다.

그는 입문서로 저술한 책의 성격상 신약성서윤리의 전반을 다루었으며, 그중의 한 부분으로서 바울의 윤리를 취급하고 있다. 기독교 윤리의 초기 과정에 대하여서도 신약성경 주변 세계의 윤리로서 유대교의 윤리와 헬라 세계의 윤리를 주제에 따라서 개괄적으로 서술하고 있다. 따라서 바울 윤리의 격언적 특성이나 윤리의 자료적 추적, 주변 세계와의 연관성 및 적용과정 등은 다루지 못하고 있다. 그러나 그는 윤리의 근거대기, 윤리의 결정기준과 내용 등에 대하여 신학적 근거들을 제시해 줌으로 말미암아 추상적 이론으로 전략될 위험성이 있는 기독교 윤리학의 이론적 토대를 정리해 주었다.

한기채 교수는 「성서 이야기 윤리」라는 책을 저술하였다.[28] 그는 이야기 방법론을 도입하여 성서의 윤리를 역사적으로 설명하였다. 구약의 출애굽으로부터 시작하여 십계명, 지혜문학, 예언서 등의 윤리들을 조명하였으며, 주제별로 인권, 평화, 정의 등의 문제도 다루었다. 신약에서는 예수 운동을 중심으로 예수와 하나님의 나라와 관련된 주제들을 취급하였다. 바울의 신학에서는 근본 모티브를 중심으로 성, 결혼, 가정, 국가와 같은 주제들을 다루었다. 특히 바울

---

28) 한기채, **성서 이야기 윤리**(서울: 대한기독교서회, 2003).

의 윤리에서는 '그리스도 안'에 새로운 삶의 모습을 둔 기독론적 모티브, 그리스도의 현존으로 '성령 안'에서 행하는 신자들의 삶에 관한 성령론적 모티브, 신앙공동체로서의 '교회 안'에서의 일치를 이루는 삶에 대한 교회론적 모티브, 그리고 현재 행위에 다가올 미래에 대한 임박성을 결부시키는 종말론적 모티브로서의 윤리를 다루었다. 그는 바울이 다양한 윤리적 배경들을 자신의 윤리적 모티브들로 형성하여 실용적인 윤리로 만들었음을 지적하고, 바울의 윤리를 인간중심의 윤리로서 해석하였다.

  그는 성서의 윤리들을 주요 모티브 나누어 설명하고 주제별로 분류하다 보니 상호간의 중복성과 자료의 출처에 대한 설명을 놓친 것 같다. 즉 각 윤리적 근거 내지는 자료적 증거를 충분히 제시하지 못하였다. 특히 고대 자료에 대한 관심보다 현대적 적용에 중심을 둔 까닭에 현실 적용적 윤리로서 제한되는 결과를 가져왔다.

  한편 신약성서의 윤리적 배경이 되는 그레꼬-로마적으로 성서 읽기가 윤철원 교수에 의해서 「신약성서의 그레꼬-로마적 읽기」라는 제목으로 출간되었다.[29] 그는 사회 역사적 배경에 대한 관심을 가지고 성서가 기록된 상황과 배경으로 돌아가서 해석 작업을 하였다. 특히 당시 세계의 주요 심포지엄(symposium)을 연상시키는 사건들을 부각시켜 성서의 문학적 기능을 수행하는 심포지엄으로 삼아 문학적 읽기와 사회-역사적 읽기를 시도하였다. 바울의 경우 바울의 로마 시민권과 그의 체포 사건은 당시의 독자나 현재의 독자들에게 주요 심포지엄으로서 관심을 부각시킨다. 따라서 시민권이 갖는 사회적 기능을 내러티브적으로 해석하는 방법이다. 이러한

---

29) 윤철원, **신약성서의 그레꼬-로마적 읽기**(서울: 한들출판사, 2000).

방법을 통하여 성서가 기록된 당시 상황(그레꼬 - 로마적)에서 성서 읽기를 시행한다면 보다 분명한 해석을 수행할 수 있다는 지적이다.

윤철원 교수는 새로운 성서 읽기를 통하여 당시 상황으로 돌아가는 작업을 자연스럽게 기술하였다. 그러나 사회학적 바탕에 성서를 적용하여 읽기를 시도함으로써 자료적 특성이나 출처에 대한 이해보다 성서가 사회적 바탕보다 이차적인 기능을 하게 되는 결과를 가져왔다. 그리하여 성서를 이해하기 위한 사회적 바탕이 아니라 사회적 바탕을 이해하기 위한 성서가 되는 부가적 수행이 되었다. 그렇지만 당시 사회적 배경으로 돌아가 그 시대의 눈으로 보는 성서 읽기는 분명 새롭고 좋은 시도임에 분명하다.

다른 한편에서는 바울의 윤리는 주로 직설법과 명령법의 구도 속에서 해석하여 왔다.[30] 직설법과 명령법, 신학적 선포와 도덕적 권면, 이 양자의 관계가 바울 윤리 해석의 결정적인 문제였다. 바울의 서신에서 직설법과 명령법의 공존을 처음으로 제기한 사람은 파울 베른레(P. Wernle)이다. 1897년에 출간된 그의 저서 「바울에게 있어서 그리스도인과 죄」에서 칭의자에게 주어진 구원의 약속인 직설법과 그에게 요구되는 윤리로서의 명령법의 관계를 모순적인 관계로 보았다. 양자가 일치될 수 없다고 본 이유는 구원의 약속은 이미 주어진 것으로 내 행위를 요구하지 않는 반면 칭의자에게 실천으로서의 윤리가 요구되는 것은 모순이라는 지적이다.

그 후 불트만은 직설법과 명령법을 하나의 이율배반으로 규정하였으며, 보른캄(G. Bornkamm)은 종말론적 변증법으로써 명령법의 불가피성을 주장하였으며, 케제만(E. Käsemann)은 명령법이 직설법

---

30) 여기에 대한 상세한 서술은 Ⅲ장 D. 2.에서 다룰 것이다.

안에 통합되어 있음을 주장하고 기독론적인 관점에서 해석하였다. 쿨만(O. Cullmann)은 "원시 기독교에서 신학 없는 윤리는 결코 생각할 수 없다. 모든 당위(ought)는 존재(is)에 의거한다. 명령법은 직설법에 굳게 닻을 내리고 있다."[31]고 함으로써 명령법과 직설법의 상호관계성을 당위와 존재로써 설명하였다.

던은 바울 윤리의 직설법과 명령법의 연관성을 '타협'(compromise)으로 묘사하였다.[32] 이는 '이미 – 아직'('already', 'not yet')의 긴장관계 속에 두 세대를 살아가는 자들의 윤리적 결정들의 불가피한 특징을 의미한다. 직설법은 명령법을 위한 필수적인 전제가 되며, 그리스도께서 행하신 일은 신자들이 마땅히 행해야 할 실천의 토대가 된다. 구원의 시작은 새로운 생활방식의 시작이 되며,[33] 그리스도인은 '새로운 피조물'이 됨으로써 '새 생명 가운데' 행하는 것이 가능해졌다. 그러므로 직설법 없이 명령법은 불가능한 이상이라는 지적이다.

이와 같이 바울의 윤리를 직설법과 명령법의 상관관계를 베른네는 모순으로, 불트만은 이율배반, 던은 타협 등으로 설명하였다. 이러한 해석은 인간론적 해석으로서 신학에 상응하는 윤리로서 신학과 윤리의 상관성을 해결해 줄지 모르나 윤리 자체의 기능이나 교화적 동기를 밝혀 주지 못하고 있다. 물론 신학을 떠난 윤리는 자칫 일반 덕론이 될 위험성이 있으나 단순히 신학에 통합된 윤리는 윤리적 동기가 묻혀 버리기 쉽다.

---

31) O. Cullmann, *Christ and Time: The Primitive Christian Conception of Time and History*(London: SCM Press, 1962), 224.

32) Dunn, 630.

33) Ibid.

이상에서 살펴본 대로 바울의 윤리는 주로 신학에 내포된 윤리로서 기독론 내지 신학적 윤리로서 취급되어 왔다. 대부분의 학자들이 바울의 윤리를 회중들의 개인의 도덕적 생활과 공동체의 도덕적 생활면에서 관심을 가졌고, 주로 바울 윤리의 직설법과 명령법의 구조 속에서 신학과 윤리의 상호관계를 규명하고자 하였다. 그러나 바울 자신의 윤리적 형태를 띤 경고들, 금지들, 권면들 그리고 구체적인 도덕적 가르침에 대해서는 진지하게 다루지는 못하였으며, 그 자료들의 출처와 기능에 대해서는 더욱 소홀히 하였으며, 더구나 격언들을 사용한 신학적 의도에 대해서는 더욱 그러하였다.

3. 연구 방법 및 절차

이런 일련의 과정을 이해하기 위해서는 사회학적 성서연구의 도움이 필요하다. 사회학적 성서연구는 성격상 역사비평에 속하는 방법으로서, 사회학적인 이론이나 모델의 연구를 통하여 본문과 본문의 배경이 되는 사회의 정치, 경제, 생태 그리고 문화 등을 살펴봄으로써 본문이 그 원래적인 상황에서 나타내는 의미를 찾는 연구 방법을 일컫는다.[34] 이와 같은 사회학적 비평은 성서 본문이 사회적인 산물이며 사회 경제적이며 정치적인 다양한 관계에서 비롯되는 사회적인 조건들 사이에 밀접한 관계가 있다는 것을 전제한다.

---

34) John H. Elliott, *What is Social-Scientific Criticism?*(Minneapolis: Fortress Press, 1993), 7.

따라서 사회학적 비평은 성서해석에 있어서 본문의 올바른 해석은 본문의 본래 상황에서의 의미를 추적함으로써 가능하다는 기조에서 출발한다. 이 방법은 주어진 사회적 지식을 이용하여 당시 사회와 문화에 나타나는 원리들을 추적하여 성서 본문을 본래적 상황에서 보다 더 잘 이해하려는 시도이다.

근간에 초기 기독교 사회에 대한 사회학적 비평의 발달로 인하여 바울 윤리의 사회적 환경들이 상당히 노출되었으며 격언적 근원을 찾는 작업은 어느 정도 기초가 마련되었다.[35] 그리하여 사회학적 비평은 바울의 초기 기독교 공동체의 발달 과정과 갈등 극복 그리고 이방 세계 가운데서의 자리 매김과 제도화된 교회로 가는 과정을 이해하는 데 중요한 지침이 되었다. 특히 유대적 세계보다는 그레꼬 - 로마 세계에 대한 이해는 바울과 바울의 초기 교회를 이해하는 데 있어서 필수적인 분야가 되었다.

이러한 사회학적 비평 결과들을 반영하여 바울의 공동체의 성격을 이해하고 그 상황 속에 놓인 여러 정황들을 바울이 어떻게 대처하였는가를 분석함으로 바울 기독교 공동체가 제도화된 교회로 가게 된 과정들을 보다 구체적으로 해석할 수 있게 되었다.

따라서 본서에서는 이러한 사회학적 비평 방법을 사용하여 바울 서신에 산재해 있는 윤리적 자료들을 연관성 있게 참고하면서 주로 갈라디아서 5:25 - 6:10에 집중된 바울의 격언적 권면의 의미와

---

35) 초기 기독교에 관한 일련의 사회학적 저술들은 다음과 같은 것들이 있다. 존 게이저(John Gager)의 *Kingdom and Community*, 존 엘리어트(John E. Elliot)의 *A Home for the Homeless*, 게르트 타이센(Gerd Theissen)의 *The Sociology of Early Palestinian Christianity*, 웨인 믹스(Wayne Meeks)의 *The First Urban Christians*, 그 외에도 렌더 켁(Lender Keck), 윌리엄 컨트리만(William Countryman), 부르스 말리나(Bruce Malina) 등의 저술들이 있다.

실효성을 살펴보고자 한다.

본서의 연구절차는 다음과 같다. 전체 다섯 장으로 나누어지나 서론에 이어 크게 다섯 부분으로 구성되어 있으며 마지막으로 결론을 맺고 있다. 1장에서는 바울의 격언적 권면의 배경과 전제들을 살핌으로 윤리적 격언들의 삶의 자리들을 고찰하고 2장에서는 격언적 권면들의 자료들을 집중적으로 살펴보고 3장에서는 바울의 윤리적 권면의 신학적 의미를 살펴보고, 4장에서는 갈라디아 5:25 − 6:10에 집중된 격언에 대한 고찰을 할 것이다. 그리고 5장에서는 사회학적 비평과 격언의 고찰 결과들을 종합하여 바울이 사용한 격언의 실용성과 한계를 정리하여 종합적 해석을 하였으며 마지막으로 결론을 맺었다. 이와 같은 연구절차를 좀 더 상술하면 다음과 같다.

1장에서는 바울의 권면이 주어진 초기 기독교 공동체의 상황을 사회학적 비평을 통해 살펴보았다.

바울이 사용한 권면의 신학적 성격을 살피고 이어서 바울 기독교의 공동체는 어떤 과정을 거쳐서 형성되고 발전되었는가를 살핌으로 그 상황에 주어진 권면들을 이해하는 데 기초를 마련하고자 했다.

이러한 연구는 다이스만(A. Deissmann), 저지(E. A. Judge), 녹(A. D. Nock), 믹스(W. Meeks), 타이센(G. Theissen), 발취(D. L. Balch) 그리고 던(J. D. G. Dunn) 등의 해석들을 분석하여 정리하였다. 이들에 의하면, 초기 기독교 공동체는 유대인들을 구성원으로 하여 팔레스틴을 중심으로 형성된 예수 운동으로 시작되었다. 이후 헬라화라는 사회적 과정을 거치면서 유대인의 뿌리에서 이방인에게로 확장되어 나갔으며, 바울의 기독교는 처음부터 도시환경을 중심으로 가정형태를 띠고 형성되었으며 그 구성원은 다수의 하위계층과 소수의 중, 상위계층으로 구성된 가부장적 구조로 이루어졌음을 밝혔다. 여기서 바울과 도시와의 상관관계를 분석함으로 그의 선교적 방편과 의도를 살펴보았다.

2장에서는 바울의 격언적 권면의 자료들의 기원을 살펴보았다. 바울의 윤리적 자료는 그의 독창적 창작품이 아니라 전통으로부터 물려받은 것들이다. 이러한 자료들을 어떤 과정과 기준을 거쳐서 바울이 '기독교화' 내지 '신학화'하였는지를 살펴보았다. 즉 자료의 기원과 성격 그리고 '신학화'의 전제가 무엇인지를 묻고, 격언적 권면의 용례와 당시의 보편적 세계관의 주된 윤리적 흐름들을 살펴보았다. 또한 예수의 교훈들이 어느 정도 바울의 권면에 반영되었는지를 살폈다.

3장에서는 바울의 윤리적 권면의 신학적 기초를 밝히고 그의 직설법과 명령법의 상관관계를 규명하였다. 자칫 신학적 기반을 떠난 윤리가 추상적 덕목이 될 위험성을 이곳에서 짚어 보았다. 뿐만 아니라 바울이 사용한 윤리적 권면의 양식과 유형이 어떠한지를 살핌으로써 당시 철학적 유형들과 어떤 연관을 갖고 있는지를 분석하였다.

4장에서는 앞의 장에서 추론된 결과들을 바탕으로 바울의 격언적 권면을 고찰하였다. 첫째, 갈라디아서의 정황과 본문의 위치를 살피고 바울 서신에 전반적으로 나타나고 있는 격언들과 갈라디아서 5:25 - 6:10의 본문에 집중된 격언들을 비교하였다. 둘째, 바클레이(W. Barclay), 베츠(H. D. Betz), 던(J. D. G. Dunn), 론지네커

(R. N. Longenecker) 등의 분석과 수사학적 표현들을 살펴보았다. 셋째, 갈라디아서 5:25 – 6:10을 집중적으로 분석하고 그 격언들의 출처와 기원들을 밝혀내고 그 자료들이 쓰이던 당시 사회에서의 유례와 기독교 공동체 안에서의 기능적 역할을 분석하였다.

5장에서는 4장까지 분석한 결과들을 근거로 하여 바울이 이러한 세속의 격언적 자료들을 그의 공동체 내에 사용하게 된 이유와 그 격언들의 효용성을 분석하였다. 바울이 당시 사회에서 일반적으로 쓰이던 도덕적 권면, 윤리적 자료, 철학자들의 격언적 표현들을 그의 공동체 안으로 가지고 들어와 사용한 목적을 밝힘으로 당시 일반 사회와의 관계성을 분석하고 그의 선교적 목적을 어떻게 완수하여 나가는지를 규명하였다. 그리고 이러한 자료들이 바울의 손을 거침으로 인해 드러나게 된 특성들을 밝힘으로써 기독교 윤리의 독특성을 확립하게 된 경위와 공헌을 규명하였다. 나아가 그 실용성과 한계를 짚어 봄으로써 더 나은 연구를 가능케 하였다.

마지막으로 본 주제의 결론과 드러난 한계와 전망을 제시하였다.

제1장
바울의 격언적 권면의 전제

1. '파라크레시스'(παράκλησις)의 신학적 의미

바울이 그의 회중들에게 사용한 '권면'(exhortation)은 헬라의 철학자들이 사용하던 일반적 연설이나 권유와는 다른 성질의 것이었다. 바울이 사용한 '권면'에 해당되는 헬라어는 '파라크레시스'(παράκλησις)이다. 이는 '권면하다', '위로하다', '격려하다', '권하다' 등의 뜻을 가진 헬라어 동사 '파라카레인'(παρακαλεῖν)에서 유래된 명사이다.36) 바울 당시에 일반적으로 통용되던 '권면'에 해당되는 용어 '파라이네시스'(παραίνεσις)는 세속적인 의미를 담고 있으며, 일반적인 위로와 권유의 성격을 띠고 있으며, 주로 철학자들이나 도덕 교사들에 의해서 사용되었다.37) 그러나 '파라크레시스'(παράκλησις)는 그리스도 안에서 하나님의 구원하시는 일에 근거를 둔 사도적 사역의 고유한 부분이며, 그리스도 안에서 그리스도의 온유와 관용에 의한 하나님의 자비하심에 따른 것이다.38) 따라서 '파라크레시스'(παράκλησις)로서의 '권면'은 하나님의 이름으로 하는 것이며, 성령의 능력으로 말하는 것을 의미한다.39)

'파라크레시스'(παράκλησις)는 신약성서에서 총 29회 사용되고 있으나 주로 바울 서신에 나타나고 있다.40) 주목할 점은 바울의 서신에서 사용되고 있는 '파라크레시스'(παράκλησις)는 헬라의 철학

---

36) *TDNT* 5, 793.
37) Ibid., 779.
38) 빌 2:1, 고전 1:10, 고후 10:1, 롬 12:1 등
39) *TDNT* 5, 794-796.
40) 성종현, **최신성서헬라어사전**(서울: 장로회신학대학교출판부, 1999), 320.

적 용례와는 다르게 쓰이고 있다는 것이다.

도드(C. H. Dodd)는 '파라크레시스'(παράκλησις)를 '디다케'(δι
δαχή)의 동의어이며 '도덕적 교훈'을 가리키는 말로 이해하였다.[41]
퍼니쉬(V. P. Furnish)도 도드의 의견에 동의하면서 '파라크레시스'
(παράκλησις)와 '디다케'(διδαχή) 사이의 엄격한 구분을 하는 것
은 부적합하다는 점을 지적하고 '파라크레시스'(παράκλησις)의 가
장 좋은 번역으로 '권면', '위로', '격려'로 보았다. 그리하여 '파라
크레시스'(παράκλησις)는 바울의 설교의 양면, 즉 "그리스도 안에
서 하나님의 사랑이라는 선물(gift)과 그에 따라 인간에게 부여되는
하나님의 요구(demand)를 내포한다."고 정의하였다.[42] 보른캄은 '파
라크레시스'(παράκλησις)를 명령법과의 관계에서 해석하였다. '바
울의 명령법'은 윤리적 진술로서 요구하는 위로이며, 위로적인 요
구로서 역시 '신적 권면'(divine exhortation)으로 보았다.[43]

따라서 '파라크레시스'(παράκλησις)는 '권면', '도덕적 교훈' 또
는 '신적 권면' 모두의 의미로 사용될 수 있으며, 사도적인 '신적
권면'으로서 '위로적 권면', '격려적 권면'의 성격을 띠고 있다. 이
와 같은 성격은 바울 서신의 권면 부분에서 사용되는 속격 전치사
'디아'(διά – 말미암아)의 용례에서 보다 분명하게 드러난다. 로마서
12:1의 권면 부분으로서 'διὰ τῶν οἰκτιρμῶν τοῦ θεοῦ'(그러므
로 내가 하나님의 모든 자비하심으로)에 이은 'παρακαλῶ οὖν ὑμ

---

41) C. H. Dodd, *The Apostolic Preaching and Its Developments*(London: Hodder & Stoughton, 1944), 8.

42) Furnish, 109. 퍼니쉬는 살전 2:2 – 4의 예를 들어 εὐαγγέλιον과 παράκλησις를 서로 대용적으로 사용할 수 있음을 지적하고 바울은 이 두 단어를 동일하게 생각하였다고 언급한다.

43) G. Bornkamm, "Taufe und Leben bei Paulus" in *Das Ende des Gesetzes*(München: Kaiser, 1963), 34 – 50.

ᾶς'(너희를 권하노니)에서 보듯이 '파라크레시스'(παράκλησις)는 권면의 '위로적 성격' 내지는 '격려적 성격'이 분명하게 나타난다. 빌립보서 2:1의 'εἴ τις οὖν παράκλησις ἐν Χριστῷ, εἴ τι παραμ ύθιον ἀγάπης'(그리스도 안에서 무슨 권면이나 사랑의 무슨 위로나)에서도 '파라크레시스'(παράκλησις)는 '위로적 성격의 권면'으로서 사용되었다. 이 권면의 구체적 내용으로 2:5의 '너희 안에 이 마음을 품어라 곧 그리스도 예수의 마음이니……'가 주어지고 있다.[44] 바울이 자주 사용하는 'σὺν κυρίῳ'(주님과 함께) 또는 'σὺν Χριστῷ'(그리스도와 함께)의 정형구 안에서도 바울 권면의 기초가 하나님의 구원행위에 기반을 둔 신적 권면임을 보여준다.

이상에서 보듯이 '파라크레시스'(παράκλησις)로서의 '권면'은 그리스도 안에서 하나님의 구원하시는 사역에 근거하며 사도적 사역의 고유한 부분으로서 성령은 권면 중에 역사하시며 권면은 예언의 한 기능임을 알 수 있다.[45] 이것은 사도적 사역의 중요한 요소로서 일반적인 권면이나 연설과는 성격을 달리함을 의미한다.

한편 권면이 지닌 특성과 기능에 대하여 디베리우스(M. Dibelius)는 '권면은 서로 연결되지 않는 일련의 상이한 훈계'[46]라고 보았다. 그는 당시 헬라세계에서 통용되던 권면을 '관습적인 권면'과 '시사적인 권면'의 두 가지로 구분하였으며, 바울의 경우 윤리적 권면들이 특정 교회나 어떤 구체적인 상황에 응답하기 위하여 주어진 것이 아니라, 최초의 그리스도인들의 일반적인 필요를 위해 주어졌으

---

44) 동일하게 몬 7, 9절에서도 "παράκλησις"가 같은 뜻으로 쓰이고 있다.

45) *TDNT* 5, 795-796.

46) M. Dibelius, *Geschichte der urchristlichen Literatur*(Munich: Kaiser, 1975), 140.

며, 그렇게 주어진 권면들이 바울 선교의 토대가 되었다고 주장하였으며,[47] 바울이 자신의 교회와 회중들에게 준 윤리적 권면에서 헬라의 관습적인 권면을 비평적으로 수용한 것으로 이해하였다.

따라서 권면의 기능적 특성은 교훈의 광범위한 적용을 가능케 하는 형태로서 일상생활에서의 적절한 사고와 행위에 대한 규칙이나 지침을 제공해 주는 것으로 보았다.

그러나 스크록스(R. Scroggs)는 바울의 윤리적 권면은 묘사이지 규정이 아니라고 언급하였다.[48] 바울은 구약성서나 예수의 말씀 그리고 헬라의 사상으로부터 유래한 자료들을 닥치는 대로 사용한 것이 아니었다. 그는 모름지기 윤리는 그것이 독보적이냐에 의해서가 아니라, 그것이 올바르냐에 의해서 판단되어야 함을 주장한다. 그리하며 바울은 올바른 윤리라면 그리스도교적 실존에 올바른 행동을 위한 인식론적 기초 위에서 그 출처를 가리지 않고 어디에서든지 빌려 쓸 용의를 가지고 있음이 분명하다는 것이다. 그리하여 바울은 어떤 출처에서 나온 어떠한 자료이든지 가리지 않고 자유롭게 참고하였으며, 그중에서 본래의 인간다운 삶의 실상을 표현하고 있다고 여겨지는 진술, 격언, 목록 따위를 선별하여 사용하였다고 주장하였다.[49]

이에 반해 베츠는 바울이 당대의 윤리 사상에 순응하여 그것을 별다른 거부감 없이 수용하였음을 지적하였다.[50] 그리하여 그리스도인

---

47) M. Dibelius, *Die Formgeschichte des Evangeliums*(Tübinggen: J. C. B. Mohr, 1959), 239-240.
48) Scroggs, 115.
49) Ibid., 124-125.
50) Betz, 584.

들이 일반 사회인들과 별다른 차별 없이 주변의 문화와 관습에 적응할 수 있었으며, 일반적 권면을 기독교 공동체 내에서 자연스럽게 사용한 결과 기독교 공동체와 주변 사회와의 경계를 허물 수 있었다.

이상에서 볼 때, 권면은 서로 연결되지 않는 상이한 훈계이나 그것은 하나의 규정으로서가 아니라 원칙으로서 묘사이며 주변 세계에서 통용되던 올바른 행위를 위한 진술임을 살펴볼 수 있다. 그렇지만 바울은 이러한 세속의 윤리적 격언 자료들을 여과 없이 무작위로 그냥 사용한 것이 아니라, 그의 사상에 내포된 신학적 기준에 따라 신학과 윤리 사이의 케리그마(kerygma)와 디다케(didache) 그리고 직설법(indicative)과 명령법(imperative)과의 상관성 속에서 세속의 일반적 권면, 특히 철학적 용례와는 다른 신적 권면(divine exhortation)으로서 그의 교회와 회중들에게 위로와 격려를 보내기 위하여 신학적 성찰을 거쳐 '파라크레시스'(παράκλησις)를 사용하고 있음을 알 수 있다.

이하 본서의 '파라크레시스'(παράκλησις)에 해당하는 용어는 이해를 돕기 위하여 '(신적) 권면'으로 통일하여 사용하고자 한다.

2. 격언의 삶의 자리로서 초기 기독교의 사회적 환경

1) 초기 기독교 공동체의 형성과 발달

초기 기독교 공동체가 놓여 있던 당시의 사회적 환경은 윤리적 격언의 삶의 자리임과 동시에 그것의 적용 현장으로서 중요한 의미를 갖는다. 당시의 사회적 환경을 이해함으로 말미암아 바울이 사용한 세속적 격언의 삶의 자리를 이해하고 그 기능과 역할을 규명할 수 있기 때문이다. 바울은 다양한 출처에서 격언들을 빌려 왔다. 각 격언은 그 나름의 사회적 환경을 가지고 있었으며 또한 고유한 역할을 가지고 있었다. 이러한 점에서 격언적 권면의 삶의 자리로서 초기 기독교 공동체의 사회적 환경을 살펴본다.

초기의 기독교는 유대교 내의 단지 하나의 새로운 종파나 그룹 정도로 여겨졌다.[51] 유대교는 종교적 다양성을 포용하고 있었으며 다양한 종파들이 존재하고 있었다.[52] 예루살렘 원공동체는 전적으로 유대교의 틀 속에서 움직였다. 칼 호이시(K. Heussi)에 따르면, 신자들은 율법을 지켰으며, 성전과 회당을 방문하였고, 자기들을 하나님의 백성으로 여겼으며, 점차 하나님의 택한 자들, 형제들, 신자들이라고 부르게 되었다.[53]

이와 같이 초기 교회는 유대교와의 연속성을 가지고 출발하였으며, 다음과 같은 몇 단계로 나뉘어 형성되고 발전하였다.

첫 번째 단계는 팔레스틴을 중심으로 형성된 예수 운동 시기이다. 초기 기독교인들 대부분은 유대인들이었으며 이들이 교회의 중

---

51) H. Chadwick, **초대교회사**, 박종숙 역(서울: 크리스찬 다이제스트, 1999), 12.

52) 콘첼만(H. Conzelmann)은 유대교 내의 다양한 양태를 몇 가지로 나누어 지적하였다. 지리적으로 아람어를 말하는 팔레스틴 유대교와 헬라어를 사용하는 디아스포라 유대교 그리고 현저하게 아람어를 사용하는 메소포타미아 디아스포라로 나누었다. 또한 제의적인 측면에서 네 그룹으로 나누었다. 제사장, 레위인, 이스라엘 백성 그리고 개종한 이방인들로 구분하였고, 신학적인 교육에 따라 율법학자와 평민을 구별하였다. 한편 종교적 그룹(당파)으로는 바리새파, 사두개파 그리고 혁명당원들로 나누었으며 에세네파와 사마리아인들을 특수하게 취급하였다. H. Conzelmann and A. Lindemann, **신약성서 어떻게 읽을 것인가**, 박두환 역(서울: 한국신학연구소, 2000), 268.

53) K. Heussi, **세계교회사**, 손규태 역(서울: 한국신학연구소, 2004), 43-44.

심에 있었다. 던에 따르면 오순절에 출현한 다양한 국민들 역시 유대인이었고 유대교로 개종한 자들이었다.[54] 따라서 이 운동의 중심은 유대인들이었으며, 이들은 구약에 근거한 메시아 운동의 연장선상에서 예수를 해석하였다. 예수 운동은 유대교 안에 나타난 갱신 운동이었고, 이 운동의 중심에 있는 예수는 바로 다가올 하나님의 나라(Kingdom to come)를 선포하는 자(the proclaimer)였다.[55]

두 번째 단계는 팔레스틴 중심의 예수 운동에서 나아가 디아스포라(diaspora)를 중심으로 새로운 기독교 공동체가 등장한 시기이다.[56] 이들은 팔레스틴 중심의 예수 운동을 새롭게 탈바꿈하였다. 초기 기독교 공동체 안에서는 더 이상 예수를 선포하는 자(the proclaimer)로 보지 않고 오히려 예수를 선포되는 자(the proclaimed)로 삼음으로써 예수 자신이 신앙의 대상으로 받아들여지게 되었다. 이로 말미암아 유대적 기독교 공동체는 비로소 예수 그리스도가 중심이 된 새로운 종교 공동체를 형성하게 되었다.

이와 함께 당시 예루살렘에는 일련의 박해들이 시작되었는데 이는 유대적 전통과 헬라적 전통이 융합되는 결과를 가져왔다.[57] 박해의 결과로 인해 헬라적 유대 기독교인들은 팔레스틴을 떠나게 되었고, 디아스포라를 중심으로 구성된 기독교 공동체는 대도시를

---

54) J. D. G. Dunn, *Unity and Diversity in the New Testament - An Inquiry into the Character of Earliest Christianity*, 2nd ed.(London: SCM Press, 1993), 237 - 239.

55) G. Theissen, **예수 운동의 사회학**, 조성호 역(서울: 종로서적, 1981), 7.

56) 칼 호이시는 기독교가 팔레스틴의 유대교의 고향으로부터 이방의 헬레니즘 - 로마로 넘어간 이 시기를 기독교가 이룩한 몇십 년 동안의 가장 중요한 성과로 보고 있다. 여기서 비로소 안디옥과 예루살렘이 서로 다른 종교적 윤리를 형성하게 되었으며 모세의 율법에서 벗어난 이방인들의 헬레니즘화된 기독교가 시작되었으며 그리스도인이라는 이름이 사용되었음을 중시하고 있다. Heussi, 46 - 52.

57) Heussi, 45 - 48.

중심으로 형성되었다.

웨인 믹스(W. Meeks)에 따르면 기독교는 팔레스틴의 작은 시골에서 탄생하여 로마제국의 도시들 안에서 가장 커다란 성공을 거두었고, 기독교 운동의 유리한 고지를 일치감치 점령하였다고 분석하였다.[58] 이 시대의 중심인물은 다름 아닌 바울이다. 바울은 도시 사람이었고 그의 기독교는 도시적이었으며,[59] 유대적 전통과 다른 새로운 기독교 체계를 형성하였다.

세 번째 단계는 주후 66년 이후 일어난 유대교 내의 변화와 저항 운동 시기이다. 팔레스틴의 지리적 경계를 벗어난 기독교 공동체가 헬라화 과정을 겪고 있는 동안 팔레스틴 지방에서도 새로운 변화가 일어났다.[60] 격렬한 유대 민족주의(The Zelotic Jewish Nationalism) 운동이 주후 66년부터 일어나 공개적인 혁명으로 나타났다. 이들은 예루살렘 성지를 점령하고 로마제국과 수년 동안 격렬히 투쟁하다 결국 주후 70년 실패로 마감하게 되었다. 이로 말미암아 유대 기독교는 급격한 몰락을 겪게 되었으며 예루살렘에서 떠날 수밖에 없게 되었다.[61] 이 저항 운동은 제국 전반에 흩어져 사는 디아스포라 유대인 등을 자극하여 혁명의 원인을 제공하게 되었으며,[62] 이로

---

58) W. A. Meeks, *The First Urban Christians - The Social World of the Apostle Paul*(New Haven and London: Yale University Press, 1983), 9 – 50.

59) 무엇보다 바울은 그의 언어 속에서 도시 사람임을 나타내고 있다. 예수의 비유가 주로 시골 지역을 배경으로 한 씨 뿌리는 비유, 가라지 비유, 사악한 농부의 비유 등을 들고 있는 반면, 바울은 학교, 운동 경기의 비유를 들고 있으며 헬라 수사학의 상투적 표현 등을 즐겨 사용한다. Ibid.

60) Heussi, 52 – 55.

61) Ibid., 53 – 54.

62) Bo Reicke, *The Epistles of James, Peter and Jude*(New York: Doubleday and Company, 1964), x v.

말미암아 기독교 공동체도 제국으로부터 새로운 경계를 받게 되었다.

믹스에 따르면 당시 메시아 예수를 믿는 신자들이 이미 헬라 – 로마 도시들의 유대인 공동체 속으로 들어가 상당한 성공을 거두고 있었으며, 이것이 박해의 빌미를 제공하게 되었다는 것이다.[63]

그러나 초기 기독교 공동체의 이러한 박해 상황은 오히려 정체성 확립을 위한 시간이 되었으며 결국 다양한 긴장들을 슬기롭게 극복하고 합의에 도달하게 되었다. 새롭게 합의에 도달한 초기 기독교는 새로운 이미지를 제시하여 나갔다. 타이센(G. Theissen)은 합의에 도달한 그리스도교의 새로운 확장을 다음과 같이 설명하였다.[64]

> 1) 팔레스타인의 기원에서 디아스포라 유대인에게로 범위를 확대하여 나갔으며
> 2) 가난한 자들의 토대 위에서 더 나은 계층으로 상승하여 나갔으며
> 3) 유대인 뿌리에서 이방인에게로 확장시켜 나갔으며
> 4) 상습적으로 문제를 일으키는 것으로 의심받았던 상태에서 사회적으로 가치 있는 요소를 제공하는 자랑스러운 자각으로 확대되어 나갔다.

이와 같이 초기 기독교는 팔레스틴 한쪽의 작은 종파 집단(sects)이나 정체 모를 불분명한 종교가 아니라, 성령의 힘에 의해서 힘 있게 추진되고 있는 보편주의적 운동이었다. 기독교는 다양한 사회 계층을 꿰뚫고 들어가며 다른 민족, 인종 및 계층의 벽을 허무는 생명력 있는 운동으로서 제시되기 시작했다.[65]

이러한 발달 단계를 거친 초기 기독교는 다양한 유형으로 나타

---

63) Meeks, 9 – 50.
64) G. Theissen, **복음서의 교회 정치학,** 류호성 · 김학철 역(서울: 대한기독교서회, 2002), 127.
65) Ibid., 129.

났다. 당시 사회 속에는 이미 다른 지역으로부터 유입되어 들어온 여러 가지 소종파 그룹들이 존재하고 있었으며,[66] 초기 기독교 공동체 역시 그레꼬-로마의 사회구조 속에서 하나의 작은 소종파(sect)로서 시작하였다. 그 과정을 살펴보면 다음과 같다.

첫 번째는 가정형태(household)의 공동체이다. 바울 기독교 공동체의 시작은 가정에서부터 출발하였다. 발쥐(D. L. Balch)는 심각한 사회적 긴장감이 로마 사회 내에 만연되어 있는 상황에서 가정은 민감한 사회적 긴장을 완화시키고 안전하게 성장할 수 있는 교회의 기본 단위임을 지적하였다.[67] 바울 서신의 4군데에서 그 개별적인 회중들을 'τῇ κατ' οἶκον ἐκκλησία'라고 언급하고 있다.[68]

> 고린도전서 16:19 "……아굴라와 브리스가와 그 집에 있는 교회가……"
> 로마서 16:5 "……저의 집에 있는 교회에도 문안하라……"
> 빌레몬서 2 "……네 집에 있는 교회에……"
> 골로새서 4:15 "……그 여자의 집에 있는 교회에……"

그 외의 다른 공동체들도 언급하고 있는데[69] 회원들의 집이 교

---

66) 이러한 소종파들에는 고대신화에 나오는 페르세포네(Persephone) 여신을 섬기는 엘류시스 밀의 종교, 고대 인도-이란에서 시작되어 페르샤와 로마 군인들에 의해서 유입된 미드라 밀의 종교, 이집트로부터 들어온 이시스, 살아 있는 모든 것의 어머니로 여겨지는 대모신인 시벨레 또는 마그나 마더(대모의 뜻) 밀의 종교, 식물의 신인 사바지오스(Sabazios) 등 동양에 기원을 둔 다양한 신흥종교들이 활동하고 있었다. H. Koester, **신약성서 배경 연구**, 이억부 역(서울: 은성출판사, 1996), 306-326, 586-603.

67) J. Stambaugh, and D. L. Balch, *The New Testament in Its Social Environment* (Philadelphia: Westminster Press, 1986), 138-140.

68) 예를 들면, 고전 16:19-아굴라와 브리스가의 집(에베소), 롬 16:5-브리스가와 아굴라의 집(로마), 몬 2-빌레몬의 집(골로새), 골 4:15-눔바의 집(라오디게아) 등이 있다.

69) 그 회원들이 소속되어 있는 집들의 명칭으로 불렸다. 여기에 해당되는 집들로 '아리스도불로의 집', '나기스의 집'(롬 16:10 이하) 등이 있으며, '글로에의 집'(고전 1:11), '가이사의

회로 사용된 실례를 보여준다. 따라서 'κατ᾽ οἶκον ἐκκλησία'는 기독교 운동의 기본 단위로서 세례를 베푸는 장소였으며,[70] 이곳에서 교회의 기본 요소인 성례전과 말씀의 선포가 이루어졌다.

이러한 점에서 가정은 초기 교회 공동체의 중심에 있었다는 사실을 알 수 있다.[71] 뿐만 아니라 가정 개념으로서의 기독교 공동체는 공동체 내부뿐만이 아니라, 대사회와의 관계에서 친근감과 안정감을 줄 수 있는 곳이었다. 오이코스의 구조는 당시 사회에서 정치적·도덕적으로 전체 사회의 안정을 위한 가장 기본적인 질서였다. 이러한 개념에 반응하여 스토아학파나 초대 기독교의 윤리적 권면들이 가정 규례와 같이 주로 가정 문제를 다루고 있음을 볼 수 있다.[72] 따라서 격언의 삶의 자리로서 초기 기독교 공동체로서의 가정은 중요한 역할을 하고 있다.

두 번째는 자발적인 조합 형태(voluntary association)의 공동체이다. 회당이나 기독교 공동체는 이들 중 하나로 여겨졌다. 로마제국 안에는 다양한 형태의 길드와 조합(collegia) 그리고 클럽들이 있었다. 회원권은 출생을 통해서가 아니라, 자유로운 결정에 의해서 이루어졌다.[73]

발췌에 따르면 이러한 조합은 주로 세 가지 형태로 나타났다.[74]

집'(빌 4:22)이 성도의 집으로서 교회(ἐκκλησία)로 사용되었다.

70) 고전 1:16에서는 바울이 세례를 베푸는 장소로 사용한 곳이 바로 '스데바나의 집'이었다.

71) F. Filson, "The Significance of the Early House Church." *JBL* 58(1939), 109 – 121.

72) 가정의 구성 요소인 세 쌍(three pairs), 즉 남편과 아내, 부모와 자녀 그리고 주인과 종에 관한 교훈들이 이를 반영하고 있다(골 3:18 – 4:1).

73) Meeks, 78.

74) 스탐바우와 발췌는 이러한 조합들을 확장된 가족의 개념으로 받아들였음을 지적하고, 그들 나름의 사회적 목적을 위하여 자발적인 연합의 다양한 형태들을 조직하였다고 보았다. 즉 어떤 신에 대한 제사, 공동의 특별 식사, 주연 그리고 정치적 의견 교환이나 견해의 확정과 같

1) 직업적인 조합(professional collegia): 이는 주로 해운업자, 하물 운반인들, 창고업자들, 제빵업자들, 가축상인들, 목수들과 그 밖의 동종 상업업자들로 구성되었다. 이들은 정치적으로나 경제적인 면에서 압력을 행사하지는 못했지만 상당한 영향력을 가지고 있었다.

2) 꼴리기아 소달리시아(collegia sodalicia): 이 조합은 종교적 클럽으로서 이들은 주로 특별한 신들을 숭배하는 외국인들이었다. 이들은 자기 국가의 신들을 섬기며 헌신하였는데 그들의 신앙을 위해 후원자를 선임하였고 정기적인 월례 모임을 가졌다. 각 도시에 있는 유대인 회당도 이와 같은 범주에 속하였다.

3) 꼴레기아 테뉴이오름(collegia tenuiorum): 이들은 주로 가난한 사람들로 구성된 조합이다. 이들은 법적으로 부끄럽지 않은 장례식을 치를 수 있는 단체를 구성하도록 허락되었으며, 회원들은 입회비와 소액의 월회비를 납부하였다. 구성원들은 주로 자유민, 해방된 자유민 그리고 노예들이었으며 월례 식사모임을 가졌다.

이들은 모두 어떤 신을 예배하였고, 직업적, 사회적으로 결속하였으며, 장례 단체들은 수호신을 두고 정기적인 희생 제의를 드렸다.[75] 당시 조합은 단순한 친목단체의 성격을 넘어서 공동식사, 목적에 따른 기부금제도, 후원자제도 그리고 종교의식 등을 행하였다.[76] 말허비(A. J. Marherbe)는 당시의 동업자들의 조합과 기독교 공동체가 상당한 유사성을 띠고 있음을 지적하고 있다.[77] 특히 해

은 것을 모임에서 처리하였다. 당시 이러한 조합 가운데 특히 유명한 것은 오르게네스 (orgeones), 디아소타이(thiasotai) 그리고 에라니스타이(eranistai) 같은 것들이 있다. Stambaugh and Balch, 124 – 126.

75) Stambaugh and Balch, 140.

76) Ibid.

77) Malherbe, 87 – 91.

치(E. Hatch)는 기독교 공동체를 자발적인 조합의 일종인 기독교 조합(Christian association)으로 해석하였다.[78]

기독교 공동체와 이런 모임들이 공유하고 있는 유사성은, 둘 다 친밀하게 교제하는 상호작용이 가능한 소공동체였으며, 이들 간에는 도덕적인 요소나 지위나 직업 등이 중요하지 않았으며, 공동의 식사와 형제애를 나눌 수 있는 행사에 참여하며 장례식, 연례행사 기념제 등에 함께 참여하였다.[79]

그러나 믹스에 의하면 당시 기독교 공동체는 다른 조합의 어떤 형태들을 전혀 따르지 않았다는 것이다. 이들 조합의 명칭으로는 디아소스, 팍티아, 큐리아, 코르푸스 등의 용어들이 사용되었으며, 직책의 이름으로는 프리타니스, 데큐리오네스, 큐인큐에날레 등의 명칭이 소공동체에서 사용되었다.[80] 하지만 기독교 공동체는 그들의 조직이나 용어를 전혀 사용하지 않았고, 기독교의 모임은 '에클레시아'로 불렸으며 그 회원들은 '거룩한 자들', '부름 받은 자들', '하나님의 사랑하는 자들'이라는 명칭으로 불렸다.

따라서 윤리적 격언은 신분을 초월하여 평등과 사랑을 강조하는 자발적 조합과 같은 공동체에 '서로 짐을 지라'는 권면의 자리로서 가장 적합한 삶의 자리가 되었다.

세 번째는 회당(synagogue) 형태의 공동체이다. 회당은 유대인들에게 있어서 조합과 가정이라는 두 가지 특성을 함께 지니고 있었다. 회당은 로마제국으로부터 합법적 단체인 조합으로서 인정을 받

78) E. Hatch, *The Organization of Christian Churches*(London: Rivingston, 1882), 26 – 55.
79) Meeks, 78.
80) Ibid.

고 있었으며,[81] 회당모임을 통하여 유대인들은 자신들의 종교와 정체성을 유지하고 생업과 사회적인 문제들에 대해 공동으로 대처하며 풀어 나갔다. 이들의 신앙은 유대교와 같이 구약성서에 나타난 오직 한 분 하나님을 믿었으며, 그 한 분 하나님은 역사의 주관자이시며 삶의 중심은 성서였다.[82]

회당과 바울 공동체 간에는 많은 유사성이 있다. 바울의 교회는 에클레시아라고 불렸는데 헬라 말을 하는 유대인들도 같은 용어를 사용하였다. 바울 공동체가 가정에서 모인 것과 같이 유대인들도 가정에서 모였다. 현재 남아 있는 고대 회당들은 대부분 개인의 가정집을 개조한 것들이다.[83] 모여서 하는 활동도 비슷하였다. 세례식, 입회식, 성경 읽기, 해석하기, 기도하기, 공동식사 등이 동일한 활동이었다. 다른 점은 바울 공동체에서는 예언이나 설교가 행하여졌으며, 사도들의 서신들을 읽는 일과 그리고 성령을 체험한 자들의 방언이나 현상들이 회당과 다른 독특한 점이었다.

바울 공동체가 이러한 회당의 유사한 내용들을 공유하고 있다는 것은 그들로부터 상당한 전통을 그대로 또는 수정하여 물려받았다는 것을 의미한다. 그러므로 사회적으로 종교적으로 그레코-로마 사회에 있어서 유대교 회당은 초기 기독교의 성공에 있어서 절대적 요소였다.[84] 바울은 선교의 초기 사역을 주로 회당에서부터 시작하였다. 이방 세계에서 생존의 문제에 직면해 있던 초기 기독교 공동

---

81) Stambaugh and Balch, 141.

82) W. A. Meeks, *The Moral World of the First Christians*(Philadelphia: Westminster press, 1986), 100-101.

83) Meeks, *The First Urban Christians*, 80.

84) Stambaugh and Balch, 141.

체는 회당과 같은 보호막 속에서 어느 정도 안전을 도모할 수 있었다.

바울의 격언은 이러한 상황에서 공동체의 일원이 되는 회원들에게 자연스럽게 주어질 수 있었다. 그리하여 초기 교회는 그리스도 안에서 정립된 구원 공동체로서 이 세상의 문제들을 적극 대처하고 나가는 공동체의 윤리를 점차 확보하여 나갈 수 있었다.

네 번째로 철학적 학파 형태(philosophical school)의 공동체가 있다. 초기 기독교 공동체가 발전하던 시기에 여러 가지 철학적 학파가 함께 상존하고 있었다. 철학적 학파는 당시 사회의 가치나 사상에 기인하여 출현하였다. 이 시대의 각 철학적 학파들은 삶에 대한 그들만의 독특한 방법을 가지고 있었다. 그 중심이 바로 윤리학이었다. 기원전 361년 이전에 플라톤은 사적인 제의 협회로서 자신의 학파를 조직하여 인간과 세계에 대한 이원론적 개념을 발전시켰다.[85] 스토아학파(the Stoics)는 절대정신(logos)에 의해 세상의 모든 것이 움직임으로 그 정신에 따라 사는 것이 참길이라고 가르쳤다.

견유학파(the Cynics)는 단순한 삶을 통하여 진정한 자유와 자기만족을 얻을 수 있다고 주장하였다. 이들이 사용하던 대화법으로서 바울 서신에 크게 영향을 미친 것이 바로 디아트리베(diatribe)이다. 디아트리베는 수사학적 대화를 통하여 문외한을 깨우쳤으며, 대중적 연설의 전형적인 양식이 되었다. 이러한 디아트리베는 초기 기독교 시대의 작가들과 바울에게 지대한 영향을 끼쳤다.[86]

바울 공동체를 이들 철학자나 수사학자들과 같은 유형으로 보는 주장이 있다. 콘첼만(H. Contzelmann)은 분명히 에베소에서 바울 학

---

85) Koester, 240 – 242.
86) Ibid., 260 – 261.

파가 조직되었다고 보고, "바울에 의해서 의도적으로 조직된 하나의 학파조직이며, 그 안에서 하는 일은 지혜를 추구하는 방법과 지혜교육으로서의 신학을 계속 공부하는 것"이라고 하였다.[87]

한편 저지(Judge)는 바울과 그의 수행원들이 원칙적으로 수사학적 모형을 따랐으며, 지역 공동체를 형성하였고, 그것은 종파 공동체로서 조직된 것이 아니라 학파공동체로서 조직되어 지성적 사역을 수행하였다고 주장한다.[88] 당시 철학은 단순한 이성의 산물이 아니라 종교적 믿음체계에 근거하였다는 점에서 철학학파는 일종의 종교적 성격을 띠고 있었다. 이들은 자신들의 사상을 전파하기 위해서 일종의 전도여행을 떠났으며, 자신들의 학파로 들어오는 것을 개종으로 보았다. 저지(Judge)는 바울을 이런 학파의 전도자와 같은 맥락에서 이해하였다. 그는 당시의 소피스트(sophist)들이 후원자들의 도움을 받아 사상을 전한 것과 같이 바울도 많은 후원자들의 지원을 받아 전도여행을 하였다. 이런 맥락에서 기독교 공동체는 제의 중심의 종교적 성격보다 사상이나 윤리가 중심인 당시의 학파적 성격을 띠고 있다고 규정하였다.[89] 교부시대의 순교자 저스틴(Justin)은 기독교를 '참된 철학'(the true philosophy)으로 정의하였으며,[90] 윌켄(R. L. Wilken)은 기독교 공동체를 조합적인 성격을 띤 철학적 학파로 언급하였다.[91]

---

87) Meeks, *The First Urban Chistians*, 82에서 재인용.

88) Ibid.

89) E. A. Judge, *The Social Pattern of Christian Groups in the First Century*(London: Tyndale, 1960), 4.

90) Meeks, *The First Urban Christians*, 81 – 84.

91) R. L. Wilken, "Collegia, Philosophical School and Theology", in *The Catacombs and the Colosseum*(Valley Forge: Judson Press, 1971), 269 – 291.

이와 같이 초기 기독교 공동체는 당시 사회 속에서 하나의 철학적 학파나 단체로 나타났다. 당시 철학학파들을 초기 기독교적 자료들의 양상들과 비교해 볼 때 언어 형태와 사고들을 제공하였으며 사회적 형태에까지 영향을 끼친 것은 사실이다.[92] 바울은 특히 그의 윤리적 권면의 방법으로 수사학적 디아트리베를 이들로부터 전수받아 사용하였다는 점에서 철학적 학파는 중요한 격언의 자리가 아닐 수 없다. 또한 바울은 순회 설교가(itinerant)로서 이들과 유사한 면을 공유하고 있다.

이와 같은 발전 단계와 다양한 형태를 띤 초기 기독교 공동체는 당시 사회의 조합이나 철학적 학파와의 연관성 속에서 그들과 공유할 수 있는 친숙한 요소들을 끄집어내어 같이 사용하였다. 가정을 중심으로 교회가 시작됨으로 인해 제국으로부터 보호막이 됨과 동시에 가정과 관련된 윤리적 권면이나 격언은 자연스럽게 주어질 수 있었다. 특히 사회의 기본단위가 되는 남편과 아내, 부모와 자식, 주인과 종에 대한 교훈은 국가와 사회를 유지하는 데 있어서 유익한 권면이 되었다. 그리하여 변화에 대해 두려움을 느끼고 있던 주변의 세속인들에게 자연스럽게 다가갈 수 있는 방편을 마련할 수 있게 된 것이다.

2) 사회적 환경과 기독교의 위치

바울의 초기 기독교와 그 주변을 둘러싸고 있는 사회적 환경은

---

92) Meeks, *The First Urban Christians*, 81 - 84.

다름 아닌 대화의 통로와 접촉 무대이며 윤리적 실천의 장이기도 하다. 이들과의 관계성 속에서 초기 기독교 공동체는 부침을 할 수밖에 없는 형편이었다. 이들과 공유된 전승(community's tradition)이나 공통의 지식(common knowledge)을[93] 가지고 있지 못하였던 초기 기독교 공동체는 필연적으로 이들과의 구체적인 접촉에서 함께 살아갈 동기부여를 위한 원칙들이 필요하였다. 바울은 이러한 원칙들을 세속의 격언들에서 찾아내어 점차적으로 그리고 지혜롭게 적용하여 나갔다.

교회는 더 이상 회당과 같은 보호막을 지닐 수 없었으며 유대인이라는 인종적 토대 위에 있지 않았다.[94] 그렇다고 신학적 정체성을 날카롭게 규정할 수도 없었다. 그것은 곧 정치적 위기를 초래하는 결과를 가져오기 때문이다.[95] 가정 교회는 이런 면에서 좋은 방편이 되며 출발점이 되었다.

바울은 구체적으로 이들과의 좋은 관계를 맺도록 권면하며 국가와 세금(롬 13:1 - 7) 등의 문제에 대하여 순응할 것과 특히 "할 수 있거든 너희로서는 모든 사람과 더불어 화목하라"(롬 12:18)고 권면하고 있다. 기독교 공동체와 주변 세계와의 화목은 곧 기독교 공동체의 생존과 직결된 문제였다. 따라서 초기 기독교 공동체의 주변 세계로서의 당시의 사회적 환경은 바울의 격언적 권면이 주어진 삶의 자리로서의 중요성을 내포하고 있다.

헬레니즘 세계는 바울 선교의 사회적 배경으로서 특히 도시사회

---

93) 공유된 전승이나 공동의 지식에 대해서는 II장 C. 3의 78페이지 참조.
94) Dunn, 674 - 675.
95) Ibid.

는 바울의 활동무대로서 중요한 전략적 기능을 수행하는 현장이었다. 바울은 자신이 만났던 위험에 대한 수사학적 고백에서 세 부류의 세상을 열거하고 있다. 즉 도시, 광야 그리고 바다로 나뉜다.[96] 사도행전에 따르면 바울은 헬라어를 사용하였으며, 그는 소읍 사람이 아닌 성의 시민임을 밝혀 천부장을 긴장시키는 모습이 나온다.[97] 또 로마서 15:19에 그가 기록하기를 "내가 예루살렘으로부터 두로 행하여 일루리곤까지 그리스도의 복음을 편만하게 전하였노라."고 전하고 있다. 여기서 그의 활동 지역의 범위를 추정해 볼 때 지역으로서 시골이 제외되어 있다는 것을 알 수 있다.

이와 같이 바울 선교의 주 무대가 시골이 아니라 도시임을 암시하고 있다. 바울은 도시에 집중하여 선교사역을 수행하였으며, 그의 선교 공동체는 처음부터 끝까지 도시를 중심으로 활동하였으며 지속적으로 그 운동이 전개되었다는 것을 알 수 있다.

불트만(R. Bultmann)은 바울은 헬레니즘 문화에도 접하였고 통속철학에도 정통하였으며 종교적 혼합주의 현상에도 익숙하여 있음을 지적하였다.[98]

믹스는 바울을 전형적인 헬라적인 도시 사람으로 보았다.[99] 다소 출신 바울과 그의 동역자들은 지중해 북동부 전역에 걸쳐 있는 도시들에 교회를 세우고, 광범위한 선교활동을 전개하였으며, 바울은 헬라어 학교나 운동경기장 혹은 공장에서 이끌어 온 헬라적 수사

---

96) 고후 11:26 "여러 번 여행하면서 ……시내(도시)의 위험과 광야의 위험과 바다의 위험과……"
97) 행 21:39 "……소읍이 아닌 길리기아 다소 시의 시민이니……"
98) Bultmann, 183.
99) Meeks, *The First Urban Christians*, 9.

학의 상투적인 표현을 즐겨 사용하였고, 여기에 더 정통해 있었다고 지적하였다.

바울의 생업에 관하여 론지네크(R. N. Longenecker)는 유대인은 손으로 하는 노동의 고상함을 주장하므로 지성과 노동의 교육을 동시에 받는다고 주장한다.[100] 반면에 호크(R. F. Hock)는 바울이 헬라철학자들이 가르치면서 생업을 가졌던 관례를 따랐다고 주장하였다.[101] 특히 견유주의 철학자들이 스스로 일하면서 삶으로 철학을 가르친 것을 실례로 들고 있다. 호크는 유대 랍비들이 토라를 가르치면서 생업을 가지게 된 것은 2세기 중반 이후의 일이라고 보기 때문에 바울이 여기에 영향을 받기는 어렵다는 것이다.[102]

그러나 이러한 주장은 바울의 경우 그의 선교 현장이라는 맥락을 고려하지 않고 있다. 바울이 생업을 가질 수밖에 없는 이유와 그것이 가능했던 선교 현장으로서 도시환경을 고려할 때, 바울은 필연적으로 장인이 될 수밖에 없었다. 도시의 수공업자들(handworkers) 중에는 노예와 자유인이 함께 섞여 있었으며, 이들은 낮은 신분에도 불구하고 철저히 도시에 속하여 있었으며 도시적 삶을 영위하고 있었다. 결과적으로 바울의 선교적 상황은 도시사회였기에 그의 사도직 수행과 생업을 동시에 가능하게 하였다.

믹스에 따르면 당시 도시에 집중했던 것은 바울만이 아니었다. 바울 이전에 예수를 메시아로 믿는 신자들이 이미 그레코-로마 도시들 가운데로 들어가 유대인 공동체 속으로 자신들의 새로운

---

100) Longenecker, 16.
101) R. F. Hock, **바울선교의 사회적 상황**, 전경연 역(서울: 대한기독교서회, 1996), 55-61.
102) Ibid.

종파적 메시지를 가지고 들어갔다.[103] 다메섹과 안디옥은 물론 다수의 그레코 - 로마 도시들 가운데 성공한 신자들이 자리 잡고 있었다. 안디옥은 최초로 그리스도인이라 불릴 만큼 성공한 신자들이 많이 있었으며,[104] 바울과 바나바를 최초로 선교사로 보낼 만큼 성숙한 신앙 공동체를 형성하고 있었다. 또한 정치적·군사적·상업적 중심지로서 로마제국의 가장 중요한 3, 4개의 도시 가운데 하나였다.[105]

바울 당시의 로마 사회는 후견인 제도의 중요성이 강조되었고 다양한 후견인 제도들이 있었다.[106] 이전 주인과 자유민, 부자와 가난한 자, 귀족과 사회단체, 주인과 노예, 장군들과 피정복민 그리고 심지어 황제에 이르기까지 자신보다 강한 자에게 순차적으로 복종하고 존경을 표해야 했다. 사회적인 관계 외에도 문학적인 후견인, 정치적인 후견인, 경제적인 후견인 제도 등이 다양하게 존재하고 있었다.

이러한 사회적 구조 안에 놓여 있는 초기 기독교 공동체 구성원의 사회적 신분에 대해서는 크게 두 가지로 나누어진다. 하나는 공동체 구성원들이 하류계층의 신분으로 구성되었다는 것과 다른 하나는 공동체 내에 부유하고 영향력 있는 상류층도 있었다는 것이다.

전자의 견해는 주로 다이스만(Deissmann), 트뢸취(E. Troeltsch), 케이스(S. J. Case) 그리고 게이저(J. Gager)에 이르기까지 사회적으로 낮은 신분의 하류계층으로 구성되었음을 주장하였다.[107] 트뢸취는

---

103) Meeks, *The First Urban Christians*, 10.
104) 행 11:26.
105) Meeks, *The First Urban Christians*, 10.
106) Ibid., 67 - 68.

초대교회는 가난하고 억눌린 사람들로 구성되었으며 보다 더 부유한 사람들은 2세기까지는 그 공동체에 들어가지 않았다고 주장하였다. 트뢸취는 초대교회의 발전은 교회가 가진 영적인 힘의 결과이지 어떤 유리한 사회적 역학이 작용한 것은 아니라고 하였다.[108]

다이스만은 신약성서의 수준이 당시의 문헌들과의 비교에서 문학적 수준이 낮았다는 점을 들어 초대 기독교의 구성원들은 사회적 신분이 매우 낮았다고 주장하였다.[109]

이들의 시각에서 볼 때 초대교회의 구성원들은 가난한 사람들과 박탈당한 사람들의 운동으로서 받아들여질 수 있다.

이에 반해 도브쉬츠(Ernst Von Dobschutz), 로마이어(Ernst Lohmeyer) 그리고 말허비(A. Malherbe)는 후자의 견해를 취한다. 로마이어는 초대 기독교 공동체 구성원은 사회적으로 동일한 계층에 속해 있으며 그 중심 구성원은 숙달된 숙련공이나 같은 직종에 종사하는 사람들이었으며, 상류층이나 다른 계층에 속한 사람들은 소수에 지나지 않았으나 전혀 하류계층으로만 구성되었다는 견해를 반박하고 있다.[110] 고린도전서 1장 26절의 바울의 보도는 많은 해석을 낳고 있다.

---

107) A. Deissmann, *Light from the Ancient East*(New York: Doran, 1927), 9, 466.; E. Troeltsch, The Social Teaching of the Christian Churches(London: George Allen and Unwin Ltd., 1931), 44.; S. T. Case, The Social Origins of Christianity (Chicago: University of Chicago Press, 1923); J. Gager, Kingdom and Community (NJ: Prentice-Hall, 1975).

108) Troeltsch, 45.

109) Deissmann, *Light from the Ancient East*, 466.

110) E. Lohmeyer, *Soziale Fragen in Urchristentum*(Darmstadt: Germany, 1973), 54, 87, 112.

‘지혜 있는 자’ - σοφοί
‘능한 자’ - δυνατόι
‘문벌 좋은 자’ - εὐχενεῖς

　이러한 사람들은 최소한 영향력 있는 부유한 신분을 나타낸다. 말허비는 여기에 대해 고린도 공동체 구성원들 가운데 하류층 출신의 다수와 함께 영향력 있고 부유한 사람들이 있었음을 지적하고 있다.111)

　저지(E. A. Judge)는 고린도 교회 내에는 지성인과 정치가와 귀족들이 많이 있지는 않았음을 지적하고 그러나 그리스도교로 개종한 하류층들은 이들을 상당히 의존하고 있었으며, 이들은 부양 가솔을 지원한 후원자 계층(owner and patron class)이 되었다고 주장하였다.112) 또한 저지는 초기 기독교 공동체는 로마제국의 도시를 중심으로 발전하였음을 주시하였다. 이로 말미암아 공동체 구성원들 가운데는 사회적인 명성과 부를 가진 상류층 사람들이 쉽게 들어와 공동체의 지도자 계층으로 부각될 수 있었으며, 이들은 하류층의 사람들을 신앙적인 면이나 윤리적 관점, 그리고 경제적인 측면에 이르기까지 후원하고 의존하는 결과를 가져왔다는 것이다.

　한편 타이센(G. Theissen)은 초기 기독교 공동체 내에 부유한 후원자와 의탁자들의 관계가 분명하게 발견되지는 않지만, 사회적으로 상류층에 속하는 자들이 중요한 역할을 수행한 것은 분명히 나타나고 있다고 지적하였다.113) 그 예로 고린도 공동체 내에 나타는

---

111) Malherbe, 29.
112) E. A. Judge, "The Early Christians as a Scholastic Community", Part Ⅱ. JRelS 1(1960-61), 59-60.
113) G. Theissen, "고린도 교회의 사회계층 - 초기 헬레니즘적 그리스도교의 사회학에 관한 연

직무에 관한 진술, 가정에 대한 진술, 회중을 위한 봉사에 대한 진술, 여행에 대한 진술과 같은 것들은 모두 상위 사회층의 신분에 맞는 격식들이며 하류층의 사람들에게는 맞지 않는다는 것이다.

이에 반해 스크록스(R. Scroggs)는 초기 기독교 공동체 안에는 노예가 그의 주인과 동등한 자격으로 참여하였다고 보았다.[114] 그는 고대 세계에서 교회나 다른 어떤 집단이 노예제를 제도로서 문제 삼아 저항했던 적이 없음을 지적하면서, 고린도전서 7장에서 바울은 노예 신분의 신자들에게 자유를 얻기 위해 굳이 애써 노력할 필요가 없음을 예로 들어 교회 안에서는 노예와 주인이 동등하게 간주되었음을 주장하였다.[115]

이렇게 볼 때 기독교 공동체 내에는 상위 지도층의 지배계급은 포함되지 않았으며, 오히려 도시 지주나 안정된 중간 계층이 지도자 계층으로 부각되어, 이들에 의해서 공동체는 움직여 나갔다는 것을 알 수 있다. 따라서 초기 기독교 공동체는 하류계층의 운동이 아니라 사회적으로 안정된 부유층이나 지도층이 후원자가 되어 이들이 대다수의 하류계층의 구성원들을 돌보고 이끈 운동이었다.[116]

바울 기독교의 이러한 위치와 상류계층과의 연관성은 바울 선교의 중요한 사안이 된다. 도시의 지주 및 부유층은 바울의 적극적인 후원자가 될 뿐만 아니라, 이들이 기독교 공동체의 지도자가 되어서 경제적인 측면은 물론 대사회적 관계 개선의 중요한 역할을 수

구", 김병수 역 **원시 그리스도교에 대한 사회학적 연구**(서울: 대한기독교서회, 1986), 297 –341.

114) R. Scroggs, **새 시대를 위한 바울**, 조동호 역(서울: 대한기독교서회, 1988), 85.

115) 고전 7:20–24.

116) Judge, *The Early Christians as a Scholastic Community*, 59–60., *St. Paul and Classical Society*, 19–36.

행할 수 있었다. 이들은 지식적으로 경제적으로 대사회적 운동의 중심에 설 수 있는 인물들이기 때문이다.

말허비는 바울의 시민권은 헬레니즘 국가에서 사회적 엘리트로 서의 지위를 의미하며 바울은 삶과 사상에 관해 토론의 기회가 열려 있는 잘 정착된 사람들 사이에서 활동하였다고 밝혔다.[117] 여기서 바울은 윤리 분야에서 철학자들과의 접촉이 활발하였으며 그들과 다른 점은 지속적으로 사신들을 왕래시킴으로써 자신과 연결시켰다는 점이다.[118] 또한 저지는 바울을 후원한 사람들을 부유한 사람들로서 교양 있는 사회적 엘리트들이었으며, 바울이 접촉했던 사람들은 잘 정착된 사람들임을 밝히고 있다.[119] 이와 같이 볼 때 바울은 안정적으로 정착하고 있는 도시의 사회적 엘리트들과 활발한 접촉을 통하여 그들의 철학적 문화적 사상들을 공동지식으로 함께 공유하였다는 것을 알 수 있다.

이상에서 살펴본 대로 이러한 도시적 환경이 윤리적 권면과 격언의 발달을 가능하게 하였다. 시골과 달리 도시는 부유한 자들과 지식인들 그리고 시민권을 소유한 사회적 엘리트들이 거주하고 있었으며 이동성이 용이한 곳이었다. 도시인들은 높은 수준의 교육을 받은 사람들이었으며, 수사학자들, 철학자들, 귀족들이 도시의 주류를 이루었으며 도시화는 곧 헬라화를 의미하였다.[120] 이러한 도시적 속성은 바울에게 있어서 전승자료의 출처가 되며 선교적 수단이 되었다. 이와 같이 헬레니즘 세계의 사회적 상황과 당시의 도덕

---

117) Marherbe, 47 - 48.

118) Ibid.

119) E. A. Judge, "St. Paul and Classical Society", *JAC* 15(1972), 32.

120) Meeks, *The First Urban Christians*, 11 - 13.

과 관습은 바울에게 있어서 중요한 격언의 출처와 아울러 선교적 자원으로서의 보고였다.

3. 요 약

바울이 사용한 권면은 '파라크레시스'(παράκλησις)로서 헬라의 통속 철학자들이 사용하던 권면이나 연설과는 성격을 달리한다. 바울 당시에 일반적으로 통용되던 '권면'에 해당되는 용어 '파라이네시스'(παραίνεσις)는 세속적 의미를 담고 있는 일반적 위로, 권유에 해당된다. 그러나 '파라크레시스'(παράκλησις)는 사도적 권위를 가진 '신적 권면'(divine exhortation)으로서 사도적 사역의 고유한 부분이며, 성령의 능력으로 행하는 것으로서 일반적 의미와 뜻을 달리한다. 보른캄은 '파라크레시스'(παράκλησις)를 바울의 명령법과의 관계에서 해석하여, 바울의 명령법은 윤리적 진실로서 요구하는 위로이며, 위로적인 요구로서 신적 권고로 보았다. 퍼니쉬는 '파라크레시스'(παράκλησις)를 '권면'으로 해석하고, 바울의 설교의 양면인 그리스도 안에서 하나님의 사랑이라는 선물(gift)과 그에 따른 인간에게 부여되는 하나님의 요구(demand)를 내포한다고 이해하였다. 이러한 신적 권위로서의 '파라크레시스'(παράκλησις)를 바울은 그의 회중들에게 전하였으나 권면의 내용은 기독교적인 것이 아니라, 오히려 세속적 내용을 담고 있는 일반 격언들이었다. 격언은 설명을 필요로 하지 않으며, 누구에게나 적용되며 자극을 줄 수 있으며, 일시적이 아니라 영속적 생명력을 지니고 있다는 특성상 당시 철학자들이 즐겨 애용하였으며, 바울 역시도 이를 효과적으로 사용하였다. 무엇보다 권면의 기능적 특성은 교훈의 적용범위가 광범위하다는 점이다. 권면이 일상생활에서의 적절한 판단과 행위에 대한 규칙이나 지침을 제공해 줌으로써 기독교 공동체와 주변 세계가 함께 통용할 수 있는 올바른 행위를 위한 진술이 될 수 있었다. 하지만 바울은 여과 없이 무작위하게 이러한 권면들을 사용한 것이 아니라, 그의 사상에 내포된 신학적 기준에 따라 신학적 성찰을 거친 신적 권고로서 그의 교회와 회중들에게 사용하고 있음을 알 수 있다.

바울의 초기 기독교 공동체는 세속 사회의 한가운데 위치하고 있었으나, 그 주변을 둘러싸고 있는 사회적 환경은 다름 아닌 대화의 통로와 접촉 무대이며 윤리적 실천의 장이기도 하였다. 뿐만 아니라 일반적으로 통용되던 격언적 권면의 삶의 자리에 위치하고 있었으며, 가정에서 시작하여 도시를 중심으로 형성되었다. 주변 세계와의 관계성 속에서 이들과의 공유된 전승(community's tradition)이나 공통의 지식(common knowledge)을 가지고 있지 못하였던 기독교 공동체는 이들과의 구체적인 접촉에서 함께 살아갈 동기부여를 위한 원칙들이 필요하게 되었다. 바울은 동기부여를 위한 원칙으로서 세속의 격언들을 찾아내어 신학적 성찰을 거쳐 지혜롭게 사용하여 이를 공동의 지식으로 적용할 수 있었다. 바울은 그의 교회들에 "할 수 있거든 너희로서는 모든 사람과 더불어 화목하라"(롬 12:18)고 권면하였다. 이는 기독교 공동체와 주변 세계와의 화목은 곧 기독교 공동체의 생존과 직결된 문제였기 때문이다.

아직 형성과정 중에 있는 기독교 공동체의 정체성은 매우 유동적이었으며 단지 유대교 내의 하나의 새로운 종파나 그룹 정도로 여겨졌다. 공동체 안에는 다양한 신분의 사람들이 들어왔으며 소수의 상류층을 중심으로 다수의 하류층이 구성원이 되어 상호 돌보고 이끌게 되었다. 이들 가운데 도시의 지주 및 부유층은 초기 교회의 대사회적 관계 개선의 중요한 역할을 수행하였다. 이러한 도시적 환경이 시골보다는 윤리적 권면과 격언의 발달을 가능하게 하였으며 수사학자들, 철학자들, 귀족들이 도시의 주류를 이루고 헬라화를 선도하였다. 이와 같은 도시적 속성은 바울에게 있어서 전승자료의 출처가 되며 격언적 권면을 가능케 하는 선교적 수단과 환경이 되었다.

제2장

격언적 권면들의 자료

베커(J. Christian Becker)는 바울의 서신들을 상황적이고 권위 있는 서신으로 보았다.[121] 바울은 그의 서신에서 어떤 이론적이고 윤리적인 일반 진술을 하고 있는 것이 아니라, 각 지역교회의 생활 속에서 발생하는 특정한 문제와 선교전략에 대한 문제들에 응답하고 있다. 믹스는 바울의 기독교가 한 사람에 의해서 이루어진 것이 아니라, 다양한 관계집단에 의해 이루어졌으며, 그의 서신들은 전통적인 자료들을 자주 인용하고 있으며, 그 자료들은 바울 공동체의 공통적인 의식들, 규칙들, 권면사항들 또 정형화된 믿음들의 흔적을 제시하고 있다고 서술하였다.[122]

바울이 기독교로 개종하였을 때는 이미 많은 디아스포라 교회들이 실재하고 있었으며[123] 다양한 전승들이 교회 안에 존재하고 있었다. 양식사 및 전승사적으로 형성된 본문들이 벌써 교회의 전승에서 만들어져 있었으며, 바울은 그러한 전승들을 필요에 따라 강조하거나 해석하고 보충하여 사용하였던 것이다. 그는 분명히 '전해 받은 것'(παραλαμβάνειν)을 '전해 준다'(παραδιδόναι)는 랍비 학파에서 사용되던 전승의 방법을 사용하여 그의 교회들에 다양한 권면들을 하였던 것이다. 권면적인 본문들도 바울 이전에 형성되어 있었으며, 구약성서와 유대적인 격언지혜도, 헬라철학의 목록들도, 악덕 목록도, 가훈표도 이미 존재하고 있었다.[124] 바울은 이러한 자료들을 효과적으로 인용하고 변조하여 그의 윤리적 자료들로서 기꺼이 사용하였다.

---

121) Becker, 37.
122) Meeks, *The First Urban Christians*, 7 - 8.
123) 로마 교회는 바울 이전에 이미 존재하고 있었고 바울이 가장 가 보고 싶어 하였다(롬 1:10).
124) Furnish, 44 - 50.

1. 구약성서와 유대교

바울의 구약성서 사용에 대하여 그것을 무시하는 입장과 이해하고 변호하는 입장으로 양분되어 있다. 전자의 부류는 바울의 구약성서 사용을 그의 신학의 주제에 있어서 부차적이고 주변적인 것으로 간주하는 학자들이다. 퍼쉬 가드너(Persh Gardner)는 바울 신학의 형성요소로서 구약성서를 부인하였다.[125] 하르낙(Adolf von Harnack)은 바울은 유대주의 적대자들과 논쟁을 하는 상황에서만 구약성서를 제한적으로 사용하였다고 주장하였다.[126] 그리고 불트만(R. Bultmann)은 바울 사상의 기초적인 요소로서 헬레니즘계 공동체의 케리그마를 중요시하였고 구약성서를 거의 인정하지 않았다.[127] 그는 바울이 새로운 케리그마를 표현하기 위해 제한적으로 구약성서의 신화적인 언어와 상징을 이용하였다고 보았다. 뿐만 아니라 구약성서를 주로 율법에 대한 증거로서만 사용하였다는 것이다.

다른 한편에서는 바울 신학에서의 구약성서의 중요성을 강조하고 해석학적으로 정당한 근거를 제공하는 것으로 간주하는 학자들이 있다. 엘리스(E. E. Ellis)는 구약성서의 본질과 그 역사에 대한 바울의 전제들이 수용된다면 바울이 구약성서 본문을 다루는 방법에 있어서 어떠한 잘못도 찾을 수 없다[128]고 함으로써 바울의 구약

---

125) R. B. Hays, *Echoes of Scripture in the Letters of Paul*(New Heaven: Yale University Press, 1989), 6 – 7.

126) Ibid., 7.

127) Bultmann, 183 – 184.

128) E. E. Ellis, *Paul's Use of the Old Testament*(Grand Rapids: Baker, 1981), 121.

해석을 정당화하였다.

론지네크(R. N. Longenecker)는 바울의 구약성서 인용의 대부분이 원구절의 의미를 그대로 나타내고 있다고 보았으며, 그의 성서 해석이 미드라쉬적 주석 방법을 강조하고 있다고 분석하였다.[129] 바울에게서 종말론적인 성취와 메시아 임재와 같은 기독교적인 전제들과 아울러 유대교적인 전제들에서 그의 이론적인 해석의 근거를 이해할 수 있다고 봄으로써 바울의 신학에서 구약의 중요성을 인정하였다.

따라서 바울의 구약성서 인용의 문제는 본문 형태에 대한 기술적인 문제와 아울러 역사적 배경과 해석에 관심을 두고 있다는 것을 알 수 있다.

바울은 구약성서를 자유롭게 인용하고 사용하였으며, 100개가 넘는 구약 본문을 그의 서신에서 사용하고 있다.[130] 그가 사용한 주요 역본은 유대교 성서의 헬라어 역본인 70인 역(LXX)임이 분명하다. 이는 바울 서신에 나타나는 본문상의 언어적 동일성에 있어서 70인 역의 어휘, 어법, 관용구들 그리고 사상의 표현 방식이 일치하기 때문이다.

바울의 구약성서 인용의 대부분은 그의 주요 서신서들인 로마서, 갈라디아서, 고린도 전·후서에 집중적으로 분포되어 있다. 특히 로마서 9~11장에는 무려 30개가 넘는 구약성서 인용들이 나타나고 있다.[131] 바울이 구약성서를 인용함에 있어서 본문 그대로를 인

---

129) R. N. Longenecker, *Biblical Exegesis in the Apostolic Period*(Grand Rapids: Eerdmans Publishing, 1975), 121.

130) M. Silva, "Old Testament in Paul", *Dictionary of Paul and His Letters*(Downers Grove: Inter Varsity Press, 1993), 630 – 634.

용할 때도 있지만, 율법학자답게 선택적으로 결합하거나 변형하여 인용할 경우도 많았다.[132] 바울은 로마서 12에서 15장 전체에 이르기까지 광범위한 권면들을 한 후 끝맺는 부분에서 시편 68:10을 인용한 후 "무엇이든지 전에 기록한 바는 우리의 교훈을 위하여 기록된 것이니 우리로 하여금 인내로 또는 성경의 안위로 소망을 가지게 함이니라."(15:4)고 말한다. 바울이 그의 교회의 독자들에게 성서 구절들을 그들의 상황에 실제로 적용하여 사용하고 있는데(롬 4:23 - 24, 고전 10:6이하) 이것은 바울이 구약성서를 어떻게 사용하고 있느냐를 보여주는 중요한 예증이다.

바울은 그의 서신들 가운데서 이른바 '생활률 부분들'에서 구약성서의 본문들을 훈계적인 용법으로 사용하였다. 로마서 12:16(스스로 지혜 있는 체하지 말라)은 잠언 3:7(스스로 지혜롭게 여기지 말지어다)의 직접적인 인용이다. 로마서 12:19(친히 원수를 갚지 말고 하나님의 진노하심에 맡기라 기록되었으되 원수 갚는 것이 내게 있으니 내가 갚으리라고 주께서 말씀하시니라)는 신명기 32:35(그들이 실족할 그때에 내가 보복하리라 그들이 환난 날이 가까우니 그들에게 닥칠 그 일이 속히 오리로다)로부터 인용된 것이다.

고린도전서는 특별히 도덕적 교훈이 필요한 상황에 놓여 있는 고린도 교회에 경고적으로 보낸 서신이다. 바울은 고린도 교회의 회중들에게 윤리적인 교훈을 하고자 하는 목적에서 구약성서의 자

---

131) 바울은 유대교 성서의 헬라어역본인 70인 역을 의존하고 있었다. 70인 역의 어휘나 문체, 관용구들이 바울에게 많은 영향을 끼쳤다. 따라서 70인 역을 본문으로 하였을 때 그중 대표적인 것들 몇을 예를 들면 다음과 같다. 롬 9:7 = 창 21:12, 롬 9:12 = 창 25:23, 롬 9:15 = 출 33:19, 롬 9:29 = 사 1:9, 롬 10:16 = 사 53:1, 롬 10:18 = 시 18:5.

132) 예를 들면, 롬 9:33 = 사 28:16와 사 8:14, 롬 10:11 = 사 28:16의 변형.

료들을 적용시키고 있다. 특히 고린도전서 10장에서 바울은 구약의 역사적 사건들을 상기시켜 현재의 상황과 밀접하게 연결시켜 그의 회중들을 윤리적으로 교훈하였다. 바울은 이스라엘 백성들의 출애굽 사건을 들어서 세례와 성만찬을 비유하였고(1, 3절), 음식과 음료를 신령한 것으로 구별하였다(4절 상반). 그리고 반석을 그리스도에 비유하여 교훈한다(4절 하반).

이와 같이 바울은 출애굽 사건, 모세의 인도, 반석으로부터의 음료, 여호와의 보호하심, 광야의 방랑 생활에 대한 구약성서의 역사적 서술들로부터 경고적 주제를 끌어내어 사용하고 있다(출 17:6, 민 20:11). 바울은 민수기 14:29 - 30의 예를 들어 이스라엘 백성들이 광야에서 하나님의 심판을 받은 것을 상기시킨다(5절). 이것은 고린도 교인들에게 이스라엘 백성과 같이 같은 악덕을 다시 반복하지 않도록 교훈하기 위하여 구약성서의 실례를 인용한 것이다. 6절에서는 출애굽기 32:6을 인용하여 이스라엘과 같은 죄악을 짓지 말도록 경고한다. 그리하여 결론적으로 고린도 회중들에게 교훈하고자 하는 말을 한마디로 요약할 수 있었다. "선 줄로 생각하는 자는 넘어질까 조심하라."(12절).

바울은 사도적 호소를 함에 있어서도 동일하게 구약성서로부터 얻은 자료들을 사용하였다. 고린도 교인들에게 '성도를 위한 연보'를 모으는 데 참여할 것을 호소(고후 9:1)하면서 출애굽기 16:18을 들어 사용하고 있다. 즉 "많이 거둔 자도 남음이 없고 적게 거둔 자도 부족함이 없었다."는 구약의 말을 인용하여 8:15에서 그의 회중들에게 헌금에 참여할 것을 호소하고 있다.

특정한 윤리적 교훈을 위하여 바울은 구약성서의 구절을 직접 인용하고 있다. 고린도전서 6:16에서 남자와 여자의 한 몸이 된다는 것은 창세기 2:24로부터 인용한 것이다. 고린도전서 9:9에서는 "곡식을 밟아 떠는 소에게 망을 씌우지 말라."는 구절이 신명기 25:4에서 정확하게 인용하여 사도들은 교인들로부터 생활비를 받는 것이 당연함을 상기시키고 있다. 그 외도 직접적으로 인용한 구절들은 다음과 같다.

> 고린도전서 9:13 = 신명기 18:1 / 성전에서의 제사장 직무
> 고린도전서 10:14, 10:23 = 레위기 7:6 / 우상숭배 금지
> 고린도전서 16:26 = 시편 23:1 / 땅에 충만함은 주의 것
> 고린도전서 16:13 = 시편 30:25 / 믿음에 굳게 서서 남자답게 강건하여라

이와 같이 바울은 윤리적인 교훈에서 구약성서의 본문을 사용하고 있음을 알 수 있다. 바울이 윤리적인 상황에서 사용하는 성서 본문들 중의 40% 이상이 구약성서 토라에서부터 온 것이다. 그 외에도 예언서(주로 제2이사야)나 시편, 잠언에서도 인용되고 있다.[133]

하지만 바울은 구약성서를 사용함에 있어서 그것을 일반화시켜서 주요 문제들에 적용하지는 않았다. 기독교인들의 책임과 관련이 된 것, 우상숭배 문제나 개인적인 도덕이나 공동체에 관계된 것, 교회의 훈련, 그리고 세상과의 관계들과 관련을 가지면서 신학적으로 사용되었다.[134]

퍼니쉬는 바울이 구약성서를 인용함에 있어서 지키고 있는 세 가지 원칙을 밝혔다.[135]

---

133) Furnish, 32 - 34.
134) Ibid.

1) 인용문들은 언제나 간단하며
2) 결코 결의론적으로 해석되거나 이용되지 않으며
3) 구약성서로부터 끌어내린 윤리적 격언들과 명령들은 비교적 적게 사용하고 있다.

즉 바울은 자신의 윤리적 자료들 전체 가운데서 구약성서를 사용한 예는 잠언에서 약 20%만을 가져오고 십계명이나 토라의 다른 부분에서도 지극히 제한적으로 사용하였다는 것이다. 이것은 바울이 구약성서 사용을 최대한 자제한 것은 다름 아니라 구약성서를 도덕적 교훈의 자료집으로나 윤리적 규범의 지침서로 여기지 않았다는 것의 의미한다. 즉 바울은 구약성서의 지혜나 규례들을 율법주의적인 방식으로 수집하거나 조문화하거나 해석하지 않았다는 의미에서 구약성서가 바울의 윤리적 자료가 되지 않는다는 것이다.

그러나 실제적인 면에서 바울은 구약성서를 그의 윤리적 교훈의 목적으로 그의 회중들에게 실제적 자료로서 로마서 4:23 - 24, 15:14, 고린도전서 9:9 - 10, 10:6 이하에서 적용하고 있다. 여기서 바울은 구약성서를 하나님과 그의 백성 간의 약속이 그리스도 안에서 성취되었다고 믿는 해석학적인 면에서의 적용을 의미한다(고후 3:7 이하). 바울은 조문화된 율법적 의미로서 구약성서를 윤리적 권면에 일반적으로 적용한 것이 아니라, 그의 회중들에게 절대권인 권위를 가지고 호소할 때 구약성서를 해석학적인 면에서 윤리적인 책임들과 이해를 얻기 위해서 선별적으로 적용하고 있는 것이다.

다음의 바울이 직간접으로 인용하거나 변형하여 사용한 구약성서 사용의 구체적인 예들이다.[136]

---

135) Ibid.

갈 1:13 - 14 / 유대교 전통, 갈 3:16이하 / 이스라엘의 역할, 갈 3:7, 29 / 참 이스라엘, 갈 3:8 - 9 / 족장들의 역할, 갈 5:14 = 레 19:18, 갈 5 - 6장 / 윤리적 내용을 호소하기 위해 구약 다수 사용, 고전 10:4 = 출 17:6, 민 20:11, 고전 10:5 = 민 14:29 - 30, 고전 10:6 = 출 32:6, 고전 10:7 = 민 25:1, 21:5 - 6, 16: 41, 49, 고전 10장 / 이스라엘의 출애굽, 모세의 인도, 야웨의 보호, 바위의 유형론적 해석, 고전 10:14, 10:23 = 레위기 7:6 / 우상숭배 금지, 고전 16:13 = 시 30:25, 고전 16:26 = 시 23:1, 고전 18:18 = 레 7:6, 고전 9:13 = 신 18:1, 고전 9:9 = 신 25:4, 고후 6:16 = 레 26:11 - 12, 겔 27:37, 사 52:11 - 12, 삼하 7:14, 창 2:24, 고후 6:16이하 = 레 26:11 - 12, 겔 27:37, 사 52:11 - 12, 삼하 7:14, 고후 8:15 = 출 16:18, 고후 8:21 = 잠 3:4, 고후 9:1 / 연보, 고후 9:7 = 잠 22:8, 고후 9:9 = 시111:9, 고후 9:10 - 11 = 이사야 55:10, 호세아 10:12, 고후 11:22 / 아브라함의 후손, 롬 1:16, 3:1 / 유대인의 특권, 롬 1:18 - 3:20 = 잠24:12, 시편 14:1이하, 53:2이하, 5:10, 10:7, 36:2, 사 59:7 - 8, 롬 2:24 = 사 52:5, 롬 3:2이하 = 5:10, 10:7, 36:2, 사 59:7 - 8, 잠 24:12, 롬 4:23 - 24 / 구약성서 사용방법, 롬 4장 / 족장들의 역할, 롬 9:5 / 이스라엘의 역할, 롬 9:7 = 창 21:12, 롬 9:9 = 창 9:9, 롬 9:12 = 창 25:23, 롬 9:13 = 말 1:2 - 3, 롬 9:15 = 출 33:19, 롬 9:17 = 출 9:16, 롬 9:25 - 26 = 호 2:25, 2:1, 롬 9:27 - 28 = 호 2:1a, 사 10:22 - 23, 롬 9:29 = 사 1:9, 롬 9:33 = 사 28:16, 8:14, 롬 9 - 11장 / 그리스도인임과 동시에 이스라엘인, 롬 10:5 = 레 18:5, 롬 10:6 - 8 = 신 9:4, 30:12 - 14, 롬 10:11 = 사 28:16, 롬 10:15 = 사 52:7, 롬 10:16 = 사 53:1, 롬 10:18 = 시 18:5, 롬 10:19 = 신 32:21, 롬 10:20 = 사 65:1, 롬 10:21 = 사 65:2, 롬 11:26 - 27 = 사 59:20 - 21, 27:9, 롬 11:3 = 왕상 19:10, 롬 11:34 - 35 = 사 40:13, 롬 11:4 = 왕상 19:18, 롬 11:8 = 신 29:3, 사 29:10, 롬 11:9 - 10 = 시 68:23 - 24, 롬 12:16 = 잠 3:7, 롬 12:19 = 신 32:35, 롬 12:20 = 잠 25:21 - 22, 롬 12 - 15장 / 윤리적 내용을 호소하기 위해 구약 다수 사용, 롬 13:9 = 레19:18, 롬 14장 = 사 45:23, 49:18, 롬 15장 = 시68:10, 빌 3:4 - 6 / 유대적

---

136) 이 부분은 던(Dunn)과 김세윤의 자료들을 종합하였다. Dunn, 189 - 195. 김세윤, **예수와 바울**, 수정 증보판(서울: 도서출판 제자, 1995), 319 - 356.

인 배경, 살전 4:6 = 시 93:1 - 2, 살전 5:8 = 사 59:17, 살전 4 - 5 장 / 윤리적 내용을 호소하기 위해 구약 다수 사용.

이상의 서신들에 살펴본 바에 의하며 바울은 구약성서를 인용함에 있어서 다음과 같이 사용하였음을 알 수 있다.

1) 문자적으로 완전히 일치하는 원문 그대로를 인용하거나
2) 두 본문을 선택적으로 결합하여 사용하거나
3) 새로운 어휘를 첨가하거나
4) 어느 정도 부분적으로 변화시켜 사용하였다.

인용 방법은 신학적 해석에 따라서 선택하였으며, 구약성서를 인용하거나 사용할 때는 그의 독자들에게 인용사실을 알리는 도입형식(introductory formula)인 '기록된 바와 같이'(καθὼς γέγραπται)라는 문구를 도입서두에 사용하고 있다(롬 9:13, 33, 10:15, 11:8, 26). 이는 성서의 절대적인 권위에 호소할 때 쓰는 유대교 전통에 따른 표현이다.

바울 당시에는 외경들도 정경인 구약성서와 공동으로 사용되고 있었다. 바울에게서 윤리적 교훈들과 외경의 병행구들이 내용상 일치하는 점들을 발견할 수 있다. 또한 묵시 문학적 유대교의 윤리적 자료들과 바울의 윤리적 자료들 사이에 내용상, 형식상의 유사한 자료적 관계들을 찾아낼 수 있다. 하지만 이런 특수한 신구약 중간기의 자료들이 가지고 있는 내부적 문제(개작 등)들로 인하여 정경화된 구약성서와 동일하게 바울의 윤리적 교훈에 영향력을 끼치지는 못하였다.[137]

바울의 사상에서 그의 유대적 유산은 그의 성서이해와 사용에 있어서 중요한 요소이다. 1세기의 유대교 주석은 랍비문헌, 후기 팔레스틴 작품들, 그리고 알렉산드리아 유대공동체의 자료들이 이에 해당된다. 랍비문헌은 탈굼, 탈무드 그리고 미드라쉬로서, 랍비 문헌의 해석에 대한 가장 오래되고 일반화된 규범들은 힐렐의 7가지 규칙들로서 전해진다.[138) 탈무드와 미드라쉬의 유대적 성향에 대해서는 주후 70년 이후의 바리새적 요소가 반영되어 있기에 다소의 반대의 목소리가 있다.[139)

그러나 쿰란종파의 사본들은 주전 1세기의 유대교의 묵시적인 면을 잘 반영하고 있다. 알렉산드리아의 유대적 주석은 필로(Philo)로 대표된다. 그는 알레고리적 성서해석을 시도하였다. 이러한 유대적 요소들이 바울의 사상에 적지 않은 영향을 미쳤다. 갈라디아서 4:21 - 31의 두 언약에 대한 바울의 알레고리적 해석은 필로의 주석과 비교된다.

엘리스(E. E. Ellis)는 유대적 주석에 대한 바울의 사용과 관련된 것으로, 메시야 의식, 타락론, 이브의 죄의 본질, 창조에 있어서의 남성 우선권, 제2아담론, 광야의 바위, 시내산의 천사들, 아브라함의 씨와 같은 것을 들고 있다.[140) 엘리스는 유대교 주석방법에 대하여 랍비들은 귀납적인 추론에 탁월하였으며, 헬라화된 유대인들은 성서를 우화적인 것으로 만들었으며, 묵시주의자들은 구원자와 구원에 대한 신적인 약속의 해석을 열렬히 해석하였다고 보았다.[141)

---

137) Furnish, 35 - 38.
138) Ellis, 41 - 42.
139) Ibid.
140) Ibid., 56 - 76.

갈라디아서 3:16에서 바울이 시도하고 있는 아브라함의 자손에 대한 해석은 랍비적 주석과 관련된다.[142] 여기서 바울은 이스라엘의 장래의 희망이 걸려 있는 약속이 아브라함의 '자손'에게 주어졌다고 설명하면서 '자손'을 복수와 단수로 구별하여 해석한다. 즉 아브라함의 '자손들'($\tau o \tilde{\iota} \varsigma \ \sigma \pi \acute{\epsilon} \rho \alpha \sigma \iota \nu$)이 아니라 '자손'($\tau \tilde{\omega} \ \sigma \pi \acute{\epsilon} \rho \mu \alpha \tau \iota$)으로서 그리스도를 지칭하였다. 따라서 '자손'인 그리스도에 속한 사람은 모두 다 아브라함의 '자손'($\sigma \pi \acute{\epsilon} \rho \mu \alpha$)이며 약속에 따른 후사이다. 이러한 문자적 해석은 탈무드에서 사용되고 있는 방법이다. 바울과 탈무드와의 차이점은 바울이 문법적인 해석보다 신학적인 해석을 하고 있다는 점이다.

이상에서 볼 때 바울은 그의 윤리적 자료의 근원으로서 구약성서와 유대적인 자료들을 사용하였다는 것을 알 수 있다. 하지만 바울이 단순히 그것을 있는 그대로를 비판적 수용 없이 사용한 것이 아니라, 그리스도인으로서 하나님의 구속 행위에 상응하는 윤리적 행위와 그에 따르는 요구를 해석하는 자료로서 구약성서를 사용하고 있다. 즉 구약성서는 그의 윤리적 교훈을 위한 규칙들, 경고들, 격언과 잠언 등을 보관하는 창고가 아니었다. 바울은 윤리적인 규칙이나 격언, 잠언 등을 수집하거나 구약성서를 결의론적으로 적용시킨 것이 아니며, 유대적으로 상응하는 상당한 구절들이 있다 할지라도 그것은 하나의 근원만을 가진 것이 아니라는 것을 전제하여야 한다.

그러므로 헬라적인 것뿐만이 아니라 다른 전승의 가능성도 동시

---

141) Ibid., 44 - 45.
142) Ibid., 70 - 73.

에 열어두어야 한다. 왜냐하면 바울이 활동했던 1세기의 사회문화적 환경은 유대주의와 헬라주의는 물론 다양한 철학적 종교적 사상이 혼재해 있었으며, 다양한 사상들 간의 경계를 단순하게 구분지을 수 없는 상황이기 때문이다. 따라서 바울의 전승의 근거를 유대주의와 헬라주의라는 이분법으로 단순하게 분리할 수는 없다.

결론적으로 바울의 서신들은 다양한 랍비적 사고 양식들과 교훈의 형식들, 윤리적 주제들과 친숙했다는 것을 반영해 주고 있으며, 바울의 자료들 중에 형식적으로 랍비적 요소들이 있는 것도 사실이다. 그러나 바울의 견지에서 자의적으로 랍비적 전통과 연관시키려 한 어떤 증거도 나타나지 않는다. 그러므로 바울이 랍비적 입장에서 전승에 대한 자의식을 가진 것이 아니라, 단지 권면하려는 목적을 가질 때 전혀 비랍비적 입장에서 전승을 이용하고 있다는 사실을 알 수 있다.

2. 헬레니즘의 영향

1) 바울과 헬레니즘

바울의 사상을 연구하는 학자들 가운데 바울이 오히려 유대적 영향력을 더 많이 받았음을 주장하는 경향이 있으나,[143] 결코 헬라적

---

143) E. P. Sanders, *Paul, the Law, and the Jewish People*(Minneapolis: Fortress Press, 1983), 4 - 10.

영향을 무시할 수 없다. 오히려 바울은 사상형성에 있어서 헬라철학의 깊은 영향을 더 많이 받았으며, 그 시대의 공용어인 코이네 헬라어를 사용하였다.

쾨스트(H. Koester)에 의하면 바울은 그 시대의 공용어를 솜씨 좋게 훌륭하게 다루었지만 전적으로 일상어들을 사용하였다고 지적하였다.[144] 바울은 수사학 교육과 견유학파 - 스토아학파의 비판적인 논쟁 문체 훈련과 헬라화된 회당에서의 설교 등으로 생략법과 파격 구문을 많이 사용하였다.

론지네크의 주장에 의하면, 기독교의 진리를 설명하기 위하여 바울은 헬라철학에서 사용되는 종교적인 용어를 들어 사용하고 있으며(골 1:15 - 20) 헬라철학의 저자들을 인용하고 있다(행 17:28, 고전 15:33, 딛 1:12)는 것이다. 그는 헬라철학자들과 유사한 방식으로 유신론적으로 논쟁하며(롬 1:19 - 20, 2:14 - 15), 그리고 헬라철학의 통렬한 비난 표현을 사용하고 있다고 지적하였다(롬 2:1 - 3:20, 9:1 - 11:36).[145]

바울이 속해 있던 유대교는 디아스포라 유대교였다. 디아스포라 유대교는 팔레스틴 유대교와 달리 헬라적인 관심들과 개념들, 표현 양식 등 전체적으로 헬라적 영향이 두드러져 있었다. 물론 팔레스틴 유대교도 헬라의 영향력에서 벗어나 있지 않았다. 바울의 서신을 위시해서 대부분의 초대교회 문서들은 헬라 세계 안에서 형성되었으며, 그 세계 안에 있는 교회와 회중들을 위해서 쓰인 것이다.

바울의 경우도 그 자신이 이미 헬라적 영향력과 경건이 가미된

---

144) Koester, 167.
145) Longenecker, **바울의 사역과 메시지**, 21.

70인 역 성경을 읽었으며 그의 교회들에 보낸 서신에서도 헬라어를 사용했다. 언어적으로도 70인 역의 어휘, 어법, 관용구들, 사상 형식들이 바울의 표현양식에 분명하게 드러나고 있으며,[146] 그의 서신들 속에서 헬라철학의 일반적 사고와 양식들이 나타나 있다.

바울이 윤리적 교훈을 위해서 사용한 헬라적 자료를 추적함에 있어서 그가 사용한 헬라적 자료들을 증명하는 일은 거의 불가능하다.[147] 퍼니쉬에 따르면, 고린도전서 15:33의 "악한 동무들은 선한 행실을 더럽히나니"와 같이 헬라 저작임이 분명한 글에서조차도 바울이 어떤 문헌적 자료로부터 그 본문을 직접 알게 되어 인용한 것이 아니라, 사회 일반에서 보통 사용되는 일상적인 잠언으로부터 알고 사용한 것으로 보았다. 이와 같이 세속적인 자료가 분명한 것들조차도 바울 서신들 안에서는 그 출처를 언급하지 않고 있다.[148]

이와 같이 바울의 윤리적 교훈을 위한 헬라적 자료는 특별히 근원이 밝혀진 개별 자료에서보다는 당시 사회에 널리 퍼져 있던 일반적인 헬라자료들에서 밝혀지고 있다. 일반적인 헬라자료라고 함은 그 당시 헬라 사회 안에서 널리 퍼져 있던 스토아주의 운동에 의해서 친숙하게 자주 사용되던 구절들이나 은유들, 용어들을 말한다. 이들의 용어는 당대의 사람들은 누구나 익히 알고 있던 것이었으며 바울도 이들의 일반적인 자료들을 사용한 것이다.[149]

---

146) C. D. Stanley, *Paul and the Language of Scripture: Citation Technique in the Pauline Epistles and Contemporary Literature*, SNTSMS 69(New York: Cambridge University Press, 1992), 70-71.

147) Furnish, 45.

148) Ibid.

149) J. B. Lightfoot, *St. Paul' Epistle to the Philippians*(London & Cambridge: Macmillan, 1896), 270.

바울의 서신들에 나타나는 일반적인 헬라적 은유와 용어들은 다음과 같다.[150]

1) 고린도후서 10:3이하, 데살로니가전서 5:8 / 삶을 전투에 비교한 것
2) 고린도전서 9:25 / 운동(올림픽)경기로서 은유한 것들
3) 고린도전서 15:28 / 하나님을 만유의 주(황제와 비교하여)로 언급한 것
4) 로마서 11:36 / 만물이 주로 말미암고 주로 돌아간다는 것
5) 빌레몬서 8 / 'τὸ ἀνῆκον'(윤리적 행위로서 마땅한 일)이라는 용어 사용한 것
6) 고린도후서 12:15 / 타인을 위해서 '허비하고' '허비된다'는 개념
7) 고린도후서 8:6이하, 빌립보서 4:11 – 12 / 외적인 변화에 요동치 않는 삶
8) 빌립보서 4:8 / '사랑스러우며'(προσφιλής), '칭찬할 만하며'(εὔφημος) 용어 사용한 것

특히 'προσφιλής', 'εὔφημος'의 두 단어는 헬라적 어조가 확실한 자료로서 신약성서에서나 70인 역에서도 나오지 않는 헬라적 어조이다. 특히 '덕이 있든지'(ἀρετή), '기림이 있든지'(ἔπαινός)는 헬라의 철학자들이 즐겨 사용하는 단어로서 헬라적 윤리적 자료들에서 확고하게 자리하고 있는 용어들이다. 이러한 구절들에서 바울의 용어들이 헬라의 통속적인 철학의 어휘로부터 왔다는 것은 확실하다.

불트만(Bultmann)은 바울이 헬라의 통속철학의 영향을 받았음을 보여주는 실례로 그의 설교에서 당시의 유행하던 견유학파와 스토아학파의 설교자들이 즐겨 쓰던 디아트리베(diatribe) 대화의 방식을 사용하고 있음을 들었다.[151] 그는 통속 헬라철학의 대화에서처럼

---

150) Furnish, 45 – 47.

가상적인 대화를 시도한다. 마치 청중이 앞에 있는 듯이 설정을 하여
질문의 내용을 가정하고(고전 15:35, 롬 9:19, 11:19, 고후 10:10),
내용을 더욱 강조하기 위해서 수사학적 질문인 '너는 알지 못하느
냐?'를 던지며(롬 6:16, 11:2, 고전 3:16, 롬 6:3, 7:1), 잘못된 결론
을 이끌어 낸 후에 다시 그 결론을 논박하여 바른 결론으로 유도
(롬 6:1, 15, 7:7)하는 등 일반 헬라의 철학자들이 청중들에게 사용
하던 방법을 그대로 그의 회중들에게 적용하고 있다.

바울이 그의 서신에서 사용한 대표적인 디아트리베(Diatribe) 대
화체는 다음과 같다.[152]

1) 가상청중 설정

a) 고린도전서 15:35 "누가 묻기를 죽은 자들이 어떻게 다시 살아나
  며 어떠한 몸으로 오느냐 하리니"
b) 로마서 9:19 "혹 네가 내게 말하기를 그러면 하나님이 어찌하여
  허물하시느냐 누가 그 뜻을 대적하느냐 하리니"
c) 로마서 11:19 "그러면 네 말이 가지들이 꺾인 것은 나로 접붙임을
  받게 하려 함이라 하리니"
d) 고린도후서 10:10 "그들의 말이 그의 편지들은 무게가 있고 힘이
  있으나 그가 몸으로 대할 때는 약하고 그 말도 시원하지 않다 하니"

2) 대화유도 '너는 알지 못하느냐'

a) 로마서 6:16 "너희 자신을 종으로 내주어 누구에게 순종하든지 그
  순종함을 받는 자의 종이 되는 줄을 너희가 알지 못하느냐……"
b) 로마서 11:2 "하나님이 그 미리 아신 자기 백성을 버리지 아니하

---

151) Bultmann, 509.
152) Furnish, 45 - 47.

셨나니 너희가 성경이 엘리야를 가리켜 말한 것을 알지 못하느냐"

   c) 고린도전서 3:16 "너희는 너희가 하나님의 성전인 것과 하나님의
       성령이 너희 안에 계시는 것을 알지 못하느냐"

   d) 로마서 6:3 "무릇 그리스도 예수와 합하여 세례를 받은 우리는 그
       의 죽으심과 합하여 세례를 받은 줄을 알지 못하느냐"

   e) 로마서 7:1 "형제들아 내가 법 아는 자들에게 말하노니 너희는 그
       법이 사람이 살 동안만 그를 주관하는 줄 알지 못하느냐"

3) 잘못된 결론 설정 후 논박하고 바른 결론 지음

   a) 로마서 6:1 "그런즉 무슨 말을 하리요 은혜를 더하게 하려고 죄에
       거하겠느냐"

   b) 로마서 6:15 "그런즉 어찌 하리요 우리가 법 아래에 있지 아니하
       고 은혜 아래에 있으니 죄를 지으리요 그럴 수 없느니라"

   c) 로마서 7:7 "그런즉 우리가 무슨 말을 하리요 율법이 죄냐 그럴
       수 없느니라 율법으로 말미암지 않고는 내가 죄를 알지 못하였나
       니……"

한편 바울은 헬라적 개념을 그대로 빌려 온 경우도 있었지만 필
요에 따라 그 용어에 다른 의미를 불어넣어 그의 서신들 전후 문맥
에서 다른 의도로 재정의하여 사용하였다. 불트만은 바울이 어떤
형식적인 문제들에서도 헬라적인 형태를 변경시키거나 재정의하고
있음을 지적하고 있다. 즉 바울에 의해서 헬라의 통속적인 철학의
용어가 전혀 다른 의미가 부여되어 사용되었다는 것이다. 예를 들
면 '자유'(ἐλευθερία)와 '자족'(αὐτάρκεια, 빌 4:11)의 개념이 바
울에 의해서 일반적인 의미에서 신학적인 의미로 변형되었다.[153]
'자유'와 '자족'이 '그리스도 안에서의 자유와 자족'의 개념으로 바

---

153) Ibid., 336 – 361.

꿈으로 해서 의미의 전환이 일어나 재규정된 헬라적 개념이 되었다. 불트만은 이 개념에 대하여 "믿는 자는 자기의 생명, 자기 자신을 이미 자신의 염려의 대상으로 삼지 않고 이 염려를 버리므로 자신을 철두철미 은혜에 맡기고 자신을 '신' 내지 '주'(κύριος)의 소유로 알면서 그를 위해 산다."고 해석하였다.[154]

바울은 형식뿐만 아니라 개념적으로도 헬라의 영향을 받았다. 통속 철학에서의 주요한 '양심'(συνείδησις)의 개념은 모든 사람에게 있어서 일반적인 '공동의 지식'이었으나,[155] 바울에 의해서 철저히 윤리적 의미로 해석되었다. 히브리어에는 '양심'에 해당되는 단어가 없으며 LXX에서도 이 단어가 나타나지 않는다. 이 용어는 신약성서 중에서도 오직 바울 서신들에서 최초로 그리고 가장 빈번하게 나타나고 있다. 특히 고린도전서 8:7 이하와 10:25 이하에서 사용되는 것은 바울이 그의 적대자들 사이에 널리 통용되던 단어를 사용한 것으로 보인다. 고린도에서 제사 음식물을 먹는 문제뿐만이 아니라 다른 상황들에서도(롬 2:15, 9:1, 13:5, 고후 1:12, 4:2, 5:11) 양심의 개념은 바울 윤리에서 중요한 역할을 담당한다. 따라서 이 용어가 자연스럽게 사용되었다는 것은 바울이 헬라세계로부터 이 용어를 빌려 왔다는 결론을 내릴 수 있다.

이상에서 살펴본 대로 바울은 헬라의 코이네 공용어를 사용하며 헬라철학의 용어와 대화법과 수사학을 사용하는 등 헬레니즘의 영향을 크게 받았음을 알 수 있다. 특히 그의 윤리적 교훈에 있어서 자료적으로 주로 헬라의 통속 철학적인 자료들에 의존하고 있음이

---

154) Ibid., 337.
155) Ibid., 213.

드러난다. 이것은 바울의 윤리적 교훈의 양식이나 내용은 바울의 유대적인 배경으로 충분히 설명될 수 없다는 것이다.[156] 물론 구약성서를 인용할 때와 헬라적 개념을 사용할 때의 적용이 같을 수는 없지만, 바울이 구약성서를 인용할 때는 보다 랍비적으로 적용하나, 여기서는 보다 철학적 내지 수사학적인 방식으로 사용하고 있다.

퍼니쉬는 이러한 면에 대한 해석으로서 바울 시대의 혼합성을 들고 있다.[157] 즉 바울의 유대교는 실질적으로 헬레니즘에 의해서 어느 정도 수정되었으며, 바울의 사상은 바울 자신 속에 두 배경의 혼합을 반영하는 것이 아니라, 오히려 그의 시대의 혼합주의적인 문화를 반영하고 있다는 것이다.

바울이 헬라적 유대인으로서 디아스포라라는 점을 전제한다면 바울 윤리의 자료는 보다 헬라적이라는 사실을 인식하게 된다. 물론 바울이 랍비적으로 구약성서를 그의 윤리적 교훈에 적용하고 있지만 그는 랍비가 아니었고, 헬라의 통속적인 철학을 윤리에 적용하고 있지만 그는 헬라의 통속 철학자가 아니었다. 그는 철저히 그리스도의 복음을 전하는 메신저로서 그리고 그 사명에 충실한 사도로서 그의 윤리적 교훈은 이 메시지와 사명의 광범위한 상황 안에 위치하고 있다.[158]

따라서 바울의 윤리적 교훈은 다양한 방식들에서 헬라적인 형식들과 개념들에 의존하고 있다는 사실을 알 수 있다.

---

156) Furnish, 49-51.

157) Ibid.

158) Ibid.

2) 전통적인 지혜

바울의 윤리적 가르침의 상당한 부분은 그 내용과 양식에 있어서 이전의 전통적 가르침을 반영하고 있다. 그는 유대지혜와 율법들 가운데 이방인들에게 적용될 수 있는 것들은 적극 활용하였으며, 음행과 우상에게 바쳐진 음식물에 대하여 단호한 입장을 보이는데(고전 8:7), 이는 바울이 유대교의 유산에서 직접 받은 전통적인 주제이기 때문이다.

바울은 전통으로부터 기독교적인 것과 비기독교적인 것의 구별 없이 기독교에 덕을 세우는 데 유익한 것들을 선택하여 사용하였다(고전 9:19 – 23, 10:23). 이를 위하여 바울은 단선적인 용어보다 가급적 포괄적인 용어인 '선과 악'(롬 2:7 – 10)과 같은 단어들을 사용하고 있다. 이것은 비그리스도인들의 반응이 그리스도인의 행동에 영향을 미치는 요소가 되기 때문이다(롬 14:16, 고전 10:31 – 33, 살전 4:11 – 12, 5:15).

바울의 지혜 전승에 의한 표현들을 반영하고 있는 가장 분명한 특징들은 그의 악덕과 미덕 목록이다. 이 목록들이 담고 있는 내용들은 스토아학파를 비롯한 다른 윤리나 도덕 목록에서도 전형적으로 찾아볼 수 있는 것들이며, 이러한 목록들 가운데 악덕 목록들이 보다 더 일반적인 것들이었고 반면에 미덕 목록들을 그다지 보편적이지 못하였다.

(1) 악덕 목록

바울은 자신의 서신 가운데 전통적인 미덕들과 악덕들에 관한 목록을 종합하여 놓았다. 바울은 악덕 목록에 39개의 독특한 악행들과 관련하여 42개의 서로 다른 단어들을 사용하였다. 이러한 목록들은 일반적인 교훈들을 모아 무작위적으로 나열해 놓은 것이 아니라 악덕 목록 속에 들어 있는 몇 가지 악덕들은 서신을 받는 교회의 상황과 불가분의 관계가 있다. 고린도전서 6:9에 "불의한 자가 하나님의 나라를 유업으로 받지 못할 줄을 알지 못하느냐 미혹을 받지 말라 음행하는 자나 우상숭배하는 자나 간음하는 자나 탐색하는 자나 남색 하는 자나……" 여기서 '더러움', '음란함' 그리고 '호색함'(ἀκαθαρσία, πορνεία, ἀσέλγεια)의 3개의 악덕은 고린도 교회의 상황을 반영하고 있다. 당시 고린도 교회는 이러한 문제들로 인하여 심각한 상황에 빠져 있었으며,159) 바울은 이러한 상황을 해결하기 위하여 전력을 다하여 논박하며 그들이 속해 있는 정황과 관련하여 언급하고 있다.

이러한 상황을 반영하는 고린도 교회의 악의 목록의 예는 다음과 같다.

1) 고린도전서 5:1 – 10 – 전반적인 구조 내에 있는 음행의 문제
2) 고린도전서 6장 – 음행의 악행과 호색과 그에 부수적인 죄악들의 문제
3) 고린도후서 12:20 – 21 – 분쟁과 관련한 전적으로 고린도 교회의 상황에 적용된 문제

---

159) '음행을 피하라'(고전 6:18a)는 훈계는 헬레니즘 – 유대교의 십이 족장의 계약서(루우벤의 계약서 5:5) 가운데 들어 있는 훈계와 동일하다.

특별히 거론되는 악덕과 관련된 단어는 다음과 같다.[160)

ἔρις(분쟁) 고린도전서 1:11, 3:3
ζῆλος(시기) 고린도전서 3:3, 비교 13:14
φυσιώσεις(교만) 고린도전서 4:6, 18 - 19, 5:2, 8:1, 비교 13:4
ἀκαταστασίαι(어지러움) 고린도전서 14:33

나머지 4개의 악덕은 의미상 이것들과 밀접한 관계를 지니고 있다.

Θυμοί(분노)
ἐριθείαι(거만함)
καταλαλία(중상함)
ψιθυρισμοί(수군수군하는 것).

로마서 1:29 이하와 갈라디아서 5:19 - 21에 있는 악덕 목록들과 그것들이 속해 있는 정황들과의 관련성에 대해, 이런 악덕 목록들은 고린도전서와 고린도후서에 있는 목록들과 마찬가지로 '사회적 악덕들', 즉 공동체의 생활을 부패시키는 악덕들이다.[161) 공동체를 부패시키는 악덕들은 다음과 같다.

1) 로마서 1:29 - 31 - 탐욕, 악의, 시기, 살인, 분쟁, 사기
2) 갈라디아서 5:19 - 21 - 원수를 맺는 것, 분쟁, 시기, 분냄, 방탕

그 외에 바울의 서신에 산재해 있는 악의 목록은 다음과 같다.[162)

---

160) Furnish, 84.
161) Ibid.
162) Dunn, 662 - 663.

1) 로마서 1:29 - 31

"모든 불의, 추악, 탐욕, 악의, 시기, 살인, 분쟁, 사기, 악독, 수군 수군 하는 자, 비방하는 자, 하나님께서 미워하시는 자, 능욕하는 자, 교만한 자, 자랑하는 자, 악을 도모하는 자, 부모를 거역하는 자, 하나님을 미워하는 자, 우매한 자, 배약하는 자, 무정한 자, 무자비한 자"

2) 로마서 13:13

"방탕, 술 취함, 음란, 호색, 다툼, 시기"

3) 고린도전서 5: 6:9 - 10

"음행하는 자, 우상숭배하는 자, 간음하는 자, 탐색하는 자, 남색하는 자, 도적, 탐욕을 부리는 자, 술 취하는 자, 모욕하는 자, 속여 빼앗는 자"

4) 고린도후서 12:20

"다툼, 시기, 분냄, 당 짓는 것, 비방, 수군거림, 거만함, 혼란"

5) 갈라디아서 5:19 - 21

"음행, 더러운 것, 호색, 우상숭배, 주술, 원수 맺는 것, 분쟁, 시기, 분냄, 당 짓는 것, 분열함, 이단, 투기, 술 취함, 방탕함"

6) 골로새서 3:5, 8

"음란, 부정, 사욕, 악한 정욕, 탐심, 분함, 노여움, 악의, 비방, 너희 입의 부끄러운 말"

이상에서 보듯 헬레니즘 세계의 일반적 악행들은 개인적인 악행들에 집중하고 있는 반면, 바울의 경우는 특별히 공동체 생활을 위하여 그 목록을 구성하고 있다. 바울은 떠돌아다니며 연설하는 철학자나 또는 거리의 설교자가 아니라 그는 사도였으며 회중들의 지도자였다. 그리하여 그의 윤리의 목록들은 다분히 사도적 기능을 반영하고 있으며 공동체적 성격을 형성하는 데 치중하고 있다.[163]

---

163) Furnish, 84.

(2) 미덕 목록

바울의 서신들 속에는 기독교적 정황에 더 많은 영향을 받고 더 많이 동화된 미덕 목록이 있다. 바울은 미덕 목록에서는 16개의 독특한 '미덕들'과 관련하여 20개 정도의 단어들을 사용하고 있다. 따라서 신약성서 전반에 걸쳐 바울이 말하고 있는 '미덕'들의 종류는 악덕들의 종류의 약 1/3에 불과하며, 또한 이 미덕들은 사랑, 깨끗함, 참됨이라는 세 가지 주제에 모아져 있다.[164]

  1) 사랑(ἀγάπη) – 고린도후서 6:6, 갈라디아서 5:22
  2) 깨끗함(ἀγνότης) – 고린도후서 6:6, 빌립보서 4:8
  3) 참됨(ἀλήθεια) – 고린도후서 6:6, 빌립보서 4:8

갈라디아서 5:22 – 23의 '미덕들'은 '성령의 열매'(ὁκαρπὸς τοῦ πνεύματος)들로서 집합적으로 모아져 있다. 이러한 것들은 인간의 노력에 의해 성취될 수 있는 품성들이 아니라, 하나님의 은총에 의해 주어지는 것들로서 '성령의 열매'로 표현된 것이다.

성령의 열매로서 이러한 여러 가지 품성들은 헬레니즘의 세속적 의미 속에 나타나 있는 도덕적 '의무들'(καθήκοντα)로서 나열되어 있는 것이 아니라, 그리스도인은 무엇보다도 성령 속에서 살아가는 새로운 삶의 본질들 가운데 중요한 것을 묘사하고 있는 것이다.[165]

이 목록은 그 구성에 있어서 '삼중의 운율'(threefold rhythm)을 지니고 있다. 이는 수사학적 균형을 명시하고 있으며 내용의 유사

---

164) Ibid., 86.
165) Ibid., 86 – 89.

성을 보여주고 있다.

1) 사랑, 희락, 화평,
2) 오래 참음, 자비, 양선,
3) 충성, 온유, 절제

사랑은 세 집단 가운데 가장 우선순위에 있다. 사랑은 고린도전서 13장에서 보여준 바 가장 중요한 미덕이다. 뒤이어 나오는 미덕들은 사랑을 표현하는 방법을 나타내는 목록으로 사랑에 포함된다. 뿐만 아니라 '믿음, 소망, 사랑'이라는 다른 미덕을 연상시킨다. 이러한 미덕은 바울에게서만 보게 되는 독특한 목록으로서 가장 헬라적인 바울의 창조 작품으로 보인다.166) 바울의 이러한 창조적 예를 빌립보서 4:8의 내용에서도 동일하게 볼 수 있다.

"종말로 형제들아 무엇에든지 참되며 무엇에든지 경건하며 무엇에든지 정결하며 무엇에든지 사랑할 만하며 무엇에든지 칭찬할 만하되 무슨 덕이 있든지 무슨 기림이 있든지 이것을 생각하라."

다른 한편 이 목록은 당시 유행되고 있던 철학에서 그 어휘를 찾을 수 있는 것으로서 바울의 서신 가운데서 볼 수 있는 가장 헬레니즘적 구절들이다. 바울은 여기서 헬라 철학적 기원을 찾을 수 있는 몇 개의 윤리적 용어들을 사용하고 있다. 그렇지만 바울은 이 용어들을 들어서 어떤 '특정한 윤리'를 설교하기 위해 사용하고 있지는 않다. 물론 비록 이 용어들이 헬레니즘적 세속윤리의 최고의

---

166) Ibid., 88.

이상들을 묘사하고 있지만, 여기서는 단지 바울의 권면의 전체적인 맥락 안에서 해석되지 않으면 안 된다.

바울 서신에 산재해 있는 미덕 목록은 다음과 같다.[167]

   1) 고린도후서 6:6
     "깨끗함, 지식, 오래 참음, 자비함, 사랑, 진리의 말씀"
   2) 갈라디아서 5:22 - 23
     "사랑, 희락, 화평, 오래 참음, 자비, 양선, 충성, 온유, 절제"
   3) 빌립보서 4:8
     "참됨, 경건함, 옳음, 정결함, 사랑받을 만함, 칭찬받을 만함"
   4) 골로새서 3:12
     "긍휼, 자비, 겸손, 온유, 오래 참음, 서로 용납함, 피차 용서함"

각 목록의 용어들에서 보듯이, 이 목록들은 바울의 서신들에서만 나타나는 특유한 것이 아니며, 기독교, 유대교 또는 헬라에 특유한 것도 아니다.[168] 베츠는 이를 '당시의 관습적인 도덕'이라고 하였다.[169] 그러므로 초기 기독교가 당시 사람들이 전혀 경험하고 들어 보지 못한 새롭고 고상한 윤리를 세상에 가지고 들어왔다고 할 수 없다는 것이다.[170] 이 말은 기독교 윤리의 상당 부분은 당시 세계에서 널리 통용되고 있던 관례적인 것이었다는 점을 지적한 것이다.

그러나 바울은 단지 이들 가운데 전해지던 이전 세대의 전통적인 지혜들을 단순히 전달하는 매개자로서의 역할만을 한 것은 아

---

167) Dunn, 664.

168) Ibid., 662 - 665.

169) Betz, 282 - 283.

170) 퍼니쉬는 "바울의 관심은 독창적인 또는 오로지 기독교에서만 볼 수 있는 내용을 담은 도덕을 만들어 내는 것이 아니었다."고 하였다. Furnish, 72.

니다. 쉬라게의 지적과 같이 바울은 비기독교적 자료를 사용함에 있어서 선택적으로 그리고 비판적으로 선별하여 받아들일 것과 버릴 것을 구별하였다.[171]

바울은 당시 사람들의 정서와 마찬가지로 미덕을 강조하고 여러 악덕들을 혐오하였으며 다음과 같이 혐오하는 것과 장려하는 것을 대비하고 있다.[172]

1) 'πλεονεξία'는 직역하면 '더 많이 가지려는 요구', 따라서 '탐욕', '만족할 줄 모름'은 널리 단죄된 악덕으로서 스토아학파를 비롯한 여러 악덕 목록들에 공통으로 포함되어 있던 악덕이었다. 로마서 13:13에 나오는 목록에 들어 있는 상당수의 항목들은 사람들로부터 널리 비난받아 온 것들이었을 것이다.[173]

2) 'ἀρετή'(선함, 미덕)이라는 말만이 거론되고 다른 목록들에서 아주 높이 평가되는 'εὐδαιμονία'(행복)라는 말이 전혀 나오지 않는다는 것은 바울의 우선순위가 다른 것들과는 달랐음을 보여준다. 빌립보서 4:8-9의 목록도 일반적으로 '미덕' 또는 '칭찬할 만한 것'으로 여겨져 온 것들을 의도적으로 언급한다.

3) 'ἐγκράτεια'(절제)라는 미덕은 헬라의 철학 윤리[174]에도 등장한다.

4) 'πραΰτης'(온유)도 높이 평가된 미덕이었으나, 헬라 사상에서는 그러한 것들이 지나쳐서는 안 된다고 생각하였다.

---

171) W. Schrage, *Die konkreten Einzelgebote in der paulinischen Paränese*(Gütersloh: Gütersloh Verlagshaus, 1961), 202.

172) Dunn, 664-665.

173) 고전 14:40, 살전 4:12.

174) 소크라테스는 '엔크라테이아'(enkrateia)를 주요한 미덕으로 여겼고, 아리스토텔레스의 Ethics 에서 자세히 다루어졌다.

바울이 동성애적 행위와 우상숭배들을 단죄한 것은 헬레니즘과는 구별되는 철저히 유대적 전승에 따른 것이다.[175] 기독교적인 것은 고린도전서 13장에서 '사랑'을 최고의 미덕으로 올려놓은 것과 갈라디아서 5:22에서 '겸손'을 높이 평가한 것이다.[176] 갈라디아서 5:19 - 21에서는 분파주의를 경계하기 위해서 악덕을 선별하였고,[177] 골로새서 3:5에서는 음행[178]을 경계하기 위해서 선별하였다. 실제로 이러한 윤리 목록들은 그레꼬 - 로마 세계에서 일반인들에게 널리 퍼져 있었음과 마찬가지로 초기 그리스도인들에게도 널리 보급되어 있었다.

이와 같이 바울의 윤리적 가르침의 많은 부분은 전통적인 지혜를 활용한 것이었다. 바울이 최후의 심판에 관하여 말할 수 있었던 것(롬 2:6 - 11)은 소위 권선징악의 '선'은 상을 받고 '악'은 벌을 받을 것이라는 전통적인 관점에서 당시 세계에서 도덕의식과 윤리적 태도에서 상당한 정도의 공감대를 형성하고 있다는 것을 알았기 때문이었다.[179] 그래서 바울은 자신 있게 '양심'에 대하여 호소할 수 있었으며, 자기가 섞여 살았던 사회들이 옳고 그름에 대한 성숙한 의식을 갖고 있음을 확신하였다.

---

175) 창 19:5, 레 18:22, 20:13.

176) 빌 2:3, 골 3:12. 헬라 사상에서 일반적으로 '겸손'은 노예근성과 아주 밀접하게 결부되었기 때문에 긍정적인 미덕이 되지 않았다.

177) '원수 맺는 것, 분쟁, 시기, 분냄, 당 짓는 것, 분열함, 이단, 투기' 이 같은 금언들은 '성령 안에서 행하라'는 말이 무엇을 의미하는지를 갈라디아 교인들에게 실제적인 견지에서 구체적인 가르침을 주고자 하는 바울의 욕구를 보여주는 것이다. Barclay, *Obeying the Truth*, 153.

178) 골 3:5 "음란과 부정과 사욕과 악한 정욕과 탐심이니……" 여기서 보게 되는 5가지 음란과 관계되는 것들은 일상생활에서 늘 경계의 대상이 되었다.

179) Dunn, 664 - 665.

3) 견유학파와 스토익철학

견유주의(Cynic)는 소크라테스로부터 철학하는 방법을 전수받았다. 이 학파의 창시자는 소크라테스의 제자였던 안티스테네스(Antisthenes)이다. 그는 모든 쾌락을 엄격하게 삭감하고 검약한 생활을 하였다. 그의 제자로서 유명한 디오게네스(Diogenes)는 건방진 행동으로 말미암아 '개'(κύων)라고 불렸으며 여기서 이 학파의 명칭이 나오게 되었다. 이들은 문화적 가치들과 귀족들의 관습을 거절하였으며, 가장 단순한 생활을 하였다. 디오게네스는 독립을 얻기 위하여 모든 소유물을 남에게 나누어 주었으며, 최소한의 생필품으로 생활하는 자족의 삶을 주장하였으며, 본성에 맞게 사는 것은 단순한 삶을 사는 것을 의미한다고 옹호하였다. 본성에 맞지 않는 것은 대중의 의견에 영합하여 행하지 않았으며 부끄러움을 개의치 않았다.[180]

이들의 검약과 건방진 행동은 사회적 관습에 대한 도전과 거부의 표현이었다. 이들의 금욕적 생활은 인간의 태도 안에 자리 잡고 있는 망상들을 몰아내고 본성을 회복하려는 시도이다. 이들은 난폭하고 사나운 언어를 사용하고, 더러운 옷을 입고 공중 앞에서 미친 척하거나 용변을 보는 등의 행위를 하며, 사회적 관습에 어긋나는 행동을 일으킨 것은 비난을 도발하여 스스로 경멸의 대상이 되고자 한 것이었다. 이들의 이러한 행동은 자신들보다 보는 사람들로 하여금 부끄럽게 만들었다. 쾌락을 거부하고 불명예를 찾음으로써 고난과 무관심 그리고 자유를 주장하였다. 이러한 견유학파는 진리

---

180) F. Gerald Downing, *Cynics and Christian Origins* (Edinburgh: T & T Clark, 1992), 50.

를 보여주었고 대중들의 윤리적 치유에 효과적이었다.[181]

이들의 주된 특징은 사람은 덕과 본성에 의해 사는 것으로 충분하며, 그러한 삶은 인간의 능력 안에 있다는 것이다.[182] 사람의 도덕적인 노력에 의해 덕 된 삶이 획득될 수 있으며, 운명이 개인의 삶을 주장하지 못한다고 주장한다. 이들은 스토아학파의 독단과 전통적 종교에 대하여 비판적이었다.[183] 이들 가운데 일신론자도 있었으며 대체로 신의 존재를 믿었다.

견유주의는 도덕적 철학의 교리들을 전수한 것이 아니라, 행위의 모본들을 만들어 냈고, 간단한 격언들을 지닌 일화들을 만들어 냈다.[184] 이들의 가르치는 방법으로 후대에 크게 영향을 미친 것은 비온(Bion)에 의해서 창시된 '디아트리베'(diatribe)라는 논쟁 방법이다. 비온은 플라톤과 아리스토텔레스의 철학의 영향을 크게 받은 인물이었다. 디아트리베란 말은 원래 '소일거리'(pastime)라는 뜻이었으며, 후대에 스콜레(σχολή - 여가)라는 학파를 지칭하는 말로 사용되었다.[185] 따라서 이 견유주의자들은 어떤 교리나 사상을 전파하는 학파가 아니라, 생활 방식을 표현하는 자들이었다.[186]

이들이 사용한 디아트리베의 특징은 기교적인 언어를 경멸하고 심지어는 무례하기까지 한 토속적인 언어와 비유들을 사용한다. 가공의 반대자에 대하여 반론과 공격, 수사학적인 질문을 던지고 일

---

181) Ferguson, 350.
182) A. J. Malherbe, *The Cynic Epistles: A Study Edition* (Missoula, Mont.: Scholars Press, 1977), 117.
183) Ferguson, 350.
184) Koester, 260.
185) Ibid.
186) Ferguson, 348.

화들이나 두드러진 인용문들을 사용하여 대중적 연설의 전형적인 양식을 만들어 냈다. 후대에 문외한을 끌어들이는 방법으로서 철학을 연구하는 전문가나 학생들을 대상으로 플라톤적 대화를 대신하여 사용되었다. 디아트리베는 초기 기독교 시대의 작가들, 즉 알렉산드리아의 필로(Philo), 세네카(Seneca), 무소니우스(Musonius), 에픽테토스(Epictetos) 등의 기독교 저작가들에게 큰 영향을 미쳤다. 신약성서에서는 바울에게 특히 로마서에 지대한 영향을 미쳐 바울은 그의 교회와 성도들에게 디아트리베 양식을 사용하여 윤리적 권면을 하게 된다.[187)]

견유학파는 독단론과 대중종교를 거부하고 현자를 중시하였으며, 도덕가들의 핵심주제들을 일상의 생활 속에서 통용되게 하였다. 이들은 시장을 비롯하여 사람이 모이는 곳에는 어디서든지 대담하고 솔직한 연설을 하였으며, 심지어 무례한 독설로서 자신들의 의사를 표출하였다. 이들은 대중철학에 크게 공헌하였고, 철학을 대중화하여 스토아철학의 발달 배경을 마련해 주었다. 이들의 금욕적 생활은 기독교의 수도생활에 크게 영향을 미쳤다.

한편 제노(Zeno)에 의해서 세워진 스토아학파(Stoicism)는 초기부터 세계적이고 범신론적이었다. 이들은 과학과 종교에 관심을 가졌다. 과학은 세계의 합리적 질서를 증명하고 종교는 로고스(λόγος)의 섭리적 보살핌을 증명한다고 보았다. 이들은 철저하게 유물론적 세계관을 가졌으나 헬레니즘 시대에 들어서서 신들에 대한 신앙의 부흥을 지원하였다. 신은 이성적 원리인 로고스로서 목적을 가지고 세계의 질서를 지혜롭게 통치하고 있다고 보았다. 스토아철학은 당

---

187) Downing, 44.

시 사회의 혼란스러움을 조정하여 혼합주의적 경향과 조화를 이루었으며 바람직하고 철학적인 이론적 설명을 제공해 주었다.

스토아철학자들은 덕을 모든 정치적·사회적인 덕과 분리하였으며 사회적 구조 안에 있는 모든 표면적이고 경험적인 동기로부터 윤리학을 구분하였다. 이들의 도덕적 행동의 유일한 목표(τελός)는 '로고스와 일치하여 사는 것'(ὁμολογουμένως ζῆν)이며 또한 '자연과 일치하여 사는 것'(ὁμολογουμένως τῆφύσει ζῆν)이다.[188] 스토아철학은 삶의 목표를 덕으로 보았으며, 인간은 이성적이기 때문에 덕이 높은 사람은 이성(로고스)에 의하여 산다. '본성에 의거하여 사는 삶'은 보편적인 공식이었으며 모든 사람은 세상을 꿰뚫고 흐르는 로고스에 의거하여 살아야 한다. 따라서 본성에 의거하여 산다는 것은 이성적으로 사는 것을 의미하며, 덕 또는 완전함은 이성적 본성에 의거하여 사는 것을 의미한다.[189]

스토아학파의 윤리학에 대한 세 가지 결론은 다음과 같다.[190]

1) 윤리학의 목표는 쾌락이 아니라 자신의 참된 본성인 로고스 이성에 대한 통찰이다.
2) 인간은 본성적으로 사회적 동물이다.
3) 본성, 즉 모든 인간의 로고스는 동일하다.

이들은 인간의 사회적·인종적 특성들은 본성적으로 주어진 것

---

188) Koester, 253.
189) Ferguson, 359.
190) Koester, 253.

이 아니기 때문에 중요하지 않다는 것이다. 이들의 이러한 윤리적 사고는 표면적으로 황제나 노예가 남아 있었지만 이상적 사회를 향한 본질을 제시하였다는 점에서는 높이 평가된다.

스토아철학에서의 윤리는 모든 사람은 로고스를 가지고 있으나 이 이성을 가진 인간 본연의 모습은 영혼의 감정과 애착의 위협을 받고 있다는 것이다. 그런데 이 애착은 영혼의 질병이다. 욕구, 두려움, 쾌락뿐만이 아니라, 후회, 슬픔, 동정 등도 병적인 상태로서 지혜로운 사람들의 무정념의 상태에 이르기 위해서는 이 상태를 벗어나야 한다.

스토아학파는 아리스토텔레스의 내적인 가치, 물리적인 가치, 표면적인 가치를 거부하고 플라톤의 신중, 불굴의 정신, 절제, 정의 등 주요 가치와 자연에 따르는 것을 표준으로 받아들였다. 이러한 것들이 도덕적인 격언으로 '언제 어디서나 선하다고 간주되는 것'을 장려하고 이를 일반화시켰다.[191] 그리하여 스토아학파의 윤리는 대중적 도덕의 기초가 되었으며 당시 사회의 주된 사상적 흐름이 되었다. 반면에 에피쿠르스의 윤리는 쾌락주의라고 여겨 거부하게 된 것이다.

스토아철학자들은 환경에 의존하지 않는 참된 행복을 찾을 수 있었으며, 진리를 나타내는 방법으로 풍유적인 방법(allegoric method)을 사용하여 발전시켰다. 이는 전통적인 믿음과 새로운 철학과의 연결을 위하여 과거의 종교의식들과 신화들을 재해석하기 위함이었다. 호머를 위시한 고대의 작품들의 종교적 의미를 발견하기 위하여 풍유적인 방법에 손질이 가해지고 다듬어졌으며 후대에 기독

191) Ibid., 255.

교 신학자들이 성경 본문을 해석하게 된 표준적 방법이 되었다.

스토아철학에 결정적인 발전을 가져온 인물은 포세이도니오스이다. 그는 역사요, 지리학자요, 점성가요 철학자였다. 그는 스토아 사상을 후기 헬레니즘 사상과 혼합하여 보다 일반적인 체계로 재구성하였다. 이로 말미암아 로마제국 시대에 지식층의 세계관에 지대한 영향을 미치게 된다. 포세이도니오스는 소크라테스 초기의 사상, 플라톤 철학, 아리스토텔레스 철학으로부터 많은 요소를 빌려 왔으나 에피쿠로스학파와는 구별하였다. 그 결과 수백 년 동안 이교도 사상가 키케로와 플루타크, 유대인 사상가인 필로, 기독교 사상가 저스틴, 클레멘트 등에 큰 영향을 미쳤으며 스토아 윤리학은 이 세계를 정복할 준비가 되어 있었다.[192]

그런 반면 당시의 종교는 죄의식이 결여된 숭배로서의 종교였으며 윤리적 요소가 결여된 단지 의식으로서의 종교였다. 반면에 철학은 윤리적 요소를 담고 있었으며, 학파들을 중심으로 스승과 제자의 공동체를 구성하여 마치 신앙공동체와 같은 형태를 띠었다. 따라서 그레꼬-로마 철학은 일반인들의 윤리적 근거로서의 자리매김을 하고 있었으므로 전통적 종교를 비판하면서 도덕적 영적 방향을 제시할 수 있었다. 방랑하는 견유학파의 철학자들의 순회는 마치 바울과 초대 제자들의 사역방식과 유사하였다. 스토아철학은 자연적 질서에 순응하고 자족을 강조하고 그들이 주장하는 영, 양심, 로고스, 덕과 같은 용어들은 신약성서와 낯설지 않다. 악에 대한 극복, 세속적 가치에 대한 경시와 정죄, 내적 자유의 강조 등은 신약성서의 윤리와 맥을 같이한다. 이들의 신관 외에 상당한 부분

---

192) Ibid., 257-258.

에서 신약성서와 친근한 내용을 공유하고 있다. 이러한 자료들은 특히 공동지식으로서 널리 사용되던 것들이며 같은 문화의 경계 내에 있는 자들은 상호간에 설명 없이 이해할 수 있는 것들이다. 바울은 그의 공동체와 주변 세계가 함께 공유할 수 있는 이러한 공동지식을 선택하여 기독교의 보편성을 확보하여 나가고자 하였다.

이상에서 보듯이 당시의 철학은 종교보다 초기 기독교에 더 많은 영향을 끼치게 되었다. 그것은 당시의 철학이 오늘날과 같이 형이상학적 학문이나 이론으로서가 아니라, 일상적 삶의 방식에 관여하여 종교와 같은 기능을 담당하고 있었기 때문이다. 이들은 단순한 삶과 자족하는 생활방식, 덕과 본성에 대한 강조, 디아트리베 방식에 익숙함, 로고스에 대한 통찰, 로고스와 일치하는 삶의 추구 그리고 풍유적인 방법에 의한 철학가들이 대중 연설 등은 일반 대중의 삶을 주장하기에 충분하였다. 그러므로 당시의 철학은 소수의 지식층이나 귀족들을 위한 고립된 형이상학이 아니라 다수의 일반 대중들의 생활 속에 구체적으로 접촉되는 현상학적 경험들이었다.

지금까지 살펴본 결과 헬레니즘은 혼합주의와 복합주의가 융합된 하나의 보편성을 띤 시대정신이라는 사실을 알 수 있다. 바울의 서신은 헬레니즘의 세계주의적 보편성의 영향을 많이 받았다. 따라서 바울 기독교는 그 기원을 유대에 두고 있지만 결실은 유대를 벗어나 그레꼬-로마 세계에서 맺어 갔으며, 신앙의 근간은 유대에 두고 있지만 양식과 표현은 헬라에 두고 있음을 알 수 있다.

헬레니즘 시대정신은 이성의 소유, 즉 지혜로운 자였다. 지혜로운 자는 사회에서의 행동, 전쟁에서의 불굴의 용기, 정치적 결정을 내릴 때의 신중함, 타인과의 교제시의 절제 등을 통해서 덕을 소유하고 있음을 제시하였다. 이것은 자기 자신과 완전한 조화를 이룸으로 운명의 속박을 극복하는 개인의 참된 행복 추구에 있어서 결정적인 요소였다. 지혜로운 자는 노예의 일이나 황제의 일이나 간에 자신에게 주어진 정치적 지위나 교육이나 세상적인 무엇을 하든 참된 행복의 소유를 증거하였다. 이러한 지혜자로서의 처신과 사상은 특히 바울적인 관점과 일치한다.[193)

헬라의 철학 특히 스토아주의는 기독교에 상당한 영향을 주었다. 풍유적 해석방법뿐만이 아니라 그들이 사용하던 용어들 중 일부는 초기 기독교로 들어와 자연스럽게 사용되었다. 예를 들면 영, 양심, 로고스, 덕, 자급자족, 말의 자유, 합리적인 봉사 등이 있으며, 특히 남편과 사회의 기본적 단위인 가족 구성에 관한 것(엡 5:21 - 6:9, 골 3:18 - 4:1)과 사회적 지위에 관한 권면들은 내용에 있어서 스토아의 영향을 나타낸다.[194) 바울은 일련의 과정을 거쳐 이러한 자료들을 대중지혜로서 함께 공유할 수 있도록 하여 기독교의 제도화를 준비시켜 나갔다.

결국 헬레니즘은 바울에게 있어서 선교자원의 출처이면서 동시에 그의 선교무대로서의 세계이기도 하다.

---

193) 이러한 경향을 바울은 '마치 ……이 아닌 것처럼' 하라는 공식으로 표현하였다. 고전 7:29 - 31 "…… 아내 있는 자들은 없는 자같이 하며, 우는 자들은 울지 않는 자같이 하며, 기쁜 자들은 기쁘지 않은 자같이 하며, 매매하는 자들은 없는 자같이 하며, 세상 물건을 쓰는 자들은 다 쓰지 못하는 자같이 하라" 이와 같은 바울의 언급은 지혜자의 사상과 처신을 잘 나타내 주고 있다.

194) Ferguson, 368.

3. 예수의 교훈

바울이 예수의 교훈을 어느 정도 그의 윤리적 교훈 안에 가지고
와서 적용하였는가에 대하여 학자들 간에 의견이 다르다.

알렉산더(Archibald B. D. Alexander)는 예수와 바울 사이의 연속
성이 있다고 보는 견지에서, 바울의 윤리를 그리스도의 윤리에 대
한 바울의 해석으로 보았다.[195]

스코트(C. A. A. Scott)는 바울의 윤리를 본질적으로 예수의 윤리
적 원칙들을 새로운 상황과 문제들에 적용한 것이라고 봄으로써,
바울을 예수의 윤리적 가르침을 해석하고 적용한 자로 보았다.[196]

데이비스(William D. Davies)는 바울이 자신을 윤리교사로서 그
의 기본적인 자료들을 예수의 말씀들에 의존하여 구성하고 있다고
주장하였다.[197]

이들은 다 같이 바울을 예수의 교훈을 빌려 왔을 뿐만 아니라
예수의 교훈의 해석자로 보고 있다.

반면에 존 녹스(John Knox)는 바울이 예수의 교훈을 철저하게 왜
곡시켰다고 주장하였으며,[198] 디벨리우스(M. Dibelius)는 예수의 단
순한 문화 속에서 주어진 교훈들이 바울이 처해 있던 복잡한 헬라

---

195) Archibald B. D. Alexander, *The Ethics of St. Paul*(Glasgow: James Maclehose &
    Son, 1910), 23.

196) C. A. Anderson Scott, *New Testament Ethic: An Introduction*(New York: Macmillan
    Company, 1930), 76.

197) W. D. Davies, *Paul and Rabbinic Judaism: Some Elements in Pauline Theology*,
    2nd ed.(London: SPCK, 1955), 136.

198) John Knox, *The Ethics of Jesus in the Teaching of the Church*(Nashville: Abingdon
    Press, 1961), 75.

사회의 상황에서는 너무나 시대에 뒤진 것들이어서 교회는 헬레니즘 사회에 눈을 돌렸고, 그곳에서 헬레니즘적 유대교와 통속철학에서 실제적인 자료들을 빌려 왔다고 주장하였다.[199]

바울이 예수의 교훈을 그의 윤리적 자료로 사용하였는지의 여부는 예수와 바울의 관계성에 관한 문제와도 연관이 된다. 예수의 선포와 바울의 신학 사이의 역사적 불일치를 지적한 바우르(F. C. Baur) 이래 윌리엄 브레데(W. Wrede)가 1904년 그의 저서 「바울」(Paulus)에서 예수와 바울의 관계성에 대한 논쟁을 일으켜 신약학의 본격적인 주제가 되었다.[200] 예수와 바울의 전통적인 관계는 주와 사도 또는 종으로서의 관계로 수직적인 해석을 하여 왔으며,[201] 바울이 받은 전승 가운데 초대교회의 전승은 주로 예수의 말씀과 행적에서 유래한다.[202] 예수 그리스도는 신앙의 절대적인 대상으로서 그의 삶과 교훈 그리고 약속을 맡은 자로서 바울은 이방에 전파하였다. 바울은 어디까지나 예수의 메시지와 선교적 사명을 벗어날 수 없었다.

그런 반면 기독교 신학의 발전과정에서 전통적인 주종의 수직관계에서 수평적 관계에 관심을 가지면서 새로운 시각을 갖게 되었다. 바울은 단지 예수의 메시지를 되풀이해서 전하는 사자로서가 아니라 예수의 교훈과 삶을 해석하여 유대중심적인 종교를 세계종교로 발전시켜 나갔다. 이런 면에서 바울을 기독교의 제2의 창시

---

199) M. Dibelius, *Urchristentum und Kultur*(Heidelberg : Carl Winters Universitätsbu-chhand-lung, 1928), 18.

200) 오우성, "예수와 바울의 관계성에 대한 소고", **계명신학** 제8권(대구: 계명대학교, 1993), 36.

201) Ibid., 35.

202) Ibid., 40.

자로 여기게 된 것이다.[203]

바울은 팔레스틴 공동체나 헬레니즘 공동체를 통하여 예수의 전승을 받았으며, 그의 교훈을 자신의 윤리적 교훈의 자료로 사용하였다. 브루스(F. F. Bruce)는 바울이 받은 전승은 윤리적이며 관행적인 규례, 그리스도의 말씀과 행위 그리고 그리스도의 죽음과 부활의 메시지가 주축을 이루고 있다고 주장하였다.[204] 유전이라고도 불리는 그의 윤리적 권면은 데살로니가후서 2:15, 3:6, 10, 고린도전서 11:2, 22 등에 나타나 있다.

바울 자신이 '전해 받은' 교의적 공식들이나 의전적인 자료를 '전해 준다'고 할 때(고전 15:3 이하 11:23), 그가 사용한 용어들인 'παραλαμβάνειν'과 'παραδιδόναι'는 전승의 매개를 가리키는 기술적인 용어들로서 주로 랍비학파에서 사용하던 말로서 신약서신 전반에 나타난다.[205] 바울의 전승들 가운데 예수의 말씀도 포함된다는 것은 쉽게 입증될 수 있다.[206]

1) 고린도전서 7:10 – 11 – 이혼하지 말라 / 마태복음 5:32, 19:9, 마가복음 10:11 – 12, 누가복음 16:18

2) 고린도전서 9:14 – 재정적인 지원받을 권리 / 누가복음 10:7, 마태복음 10:10

3) 고린도전서 11:23 – 25 – 성만찬 제정의 말씀 / 마태복음 26:26 이하, 마가복음 14:22 이하, 누가복음 22:17 이하

---

203) Ibid., 36.

204) F. F. Bruce, **예수와 바울**, 이길상 역(서울: 아가페출판사, 1988), 45.

205) 'παραλαμβάνω'는 신약성서에서 50회 사용되었으며 복음서와 바울의 서신에 주로 나타난다. 'παραδίδωμι'는 119회 사용되고 있으며 역시 복음서와 바울 서신에 주로 나타나고 있다. 성종현, 321, 319.

206) Furnish, 51.

4) 고린도전서 14:37, 데살로니가전서 4:15 – 주의 말씀에 대한 언급 /
공관복음서 암시구절

던은 바울의 윤리적 전승이 가지고 있는 가장 뚜렷한 특징으로
서 전승의 권위가 매우 광범위함을 들었다. 여기에는 예수의 삶 전
반, 즉 그의 말씀과 행위까지 다 포함되는 것으로 보았다.[207] 그 실
례들은 다음과 같다.

1) 말씀전승: 고린도전서 7:10 – 11, 고린도전서 9:14
2) 행위전승: 로마서 6:17, 고린도전서 11:1, 고린도후서 10:1, 빌립보
서 2:5, 골로새서 2:6, 에베소서 4:20
3) 모범전승: 고린도전서 4:16 이하, 11:1 이하, 빌립보서 3:17, 4:8
이하, 데살로니가후서 3:6 – 9, 데살로니가전서 6:1
4) 윤리적 교훈전승: 로마서 12:14, 13:9, 16:19, 고린도전서 9:4, 13:2,
갈라디아서 5:14, 빌립보서 4:6, 데살로니가전서 5:12, 13, 15

이러한 예수 전승의 전반적인 내용들에 대해서 단편적 형태로든,
다양한 주제 모음들이든 이미 집성된 것들에 대하여 바울은 매우
해박한 지식을 지니고 있었으며, 초대 교인들도 친숙하게 알고 있
었다. 무엇보다 예수 전승은 원시 기독교 공동체에 매우 중요한 의
미를 가지고 있었으며, 공동체의 통일화 요소로서 작용하였다.
던은 이러한 예수 전승들을 가리켜 '그리스도의 법'(갈 6:2, 고전
9:21)이라고 하였다.[208] 그리하여 그는 윤리적 전승이란 영적인 전
승으로서 성령과 무관하게 또는 독립적인 권위를 가진 어떤 것이

---

207) Dunn, *Unity and Diversity*, 68 – 69.
208) Ibid.

아니라, 성령의 지시하에 해석되어야 하고, 성령의 지도라고 인식되는 한에서만 지켜져야 하는 전승이라고 주장하였다.[209]

이런 면에서 바울은 예수의 전승 가운데 윤리적 전승을 어떠한 상황에서도 반드시 복종해야 할 일련의 '법규'로서가 아니라 제 상황에 비추어 적용해야 할 '원리'로 간주하였음을 알 수 있다.

퍼니쉬는 다음과 같이 3가지 면에서 예수의 교훈을 바울이 사용하고 있음을 증명하였다.[210]

> 1) 구체적인 인용들 때문에 바울은 예수의 말씀 중에 어떤 전승들과 친숙해 있었으며 그러한 교훈의 요소를 소유하고 있음이 확실하다. 예를 들면 고린도전서 7:25 결혼하지 않는 자에 대한 가르침 / Q 자료, 고린도전서 7:12 주의 명령과 자신의 의견구별 / Q 자료 등이다.
> 2) 바울 서신에서 예수에 대한 직접적인 언급이 하나도 없다는 것과 예수의 교훈에 대한 직접적인 언급이나 인용이 상대적으로 적은 것은 그의 독자들이 교훈들을 잘 알고 있다고 전제했기 때문이다. 바울은 구약성서만큼 예수의 교훈을 활발하게 사용하고 있지 않다.
> 3) 바울은 예수의 말씀을 '교훈'으로서 기독교인들을 '제자들'로서 가리킨 적이 없는 것이다. 제자란 말은 바울에 의해서 한 번도 사용되지 않았다.

바울은 예수의 말씀들을 인용할 때, 그의 언급은 예외 없이 '주'(Κύριος)로 인용하고 있다.[211] 바울은 지상적인 교사로서 예수를 보거나 뛰어난 랍비의 교훈으로서 그의 말씀을 언급하지 않고 있으며, 예수를 부활하여 이 세상을 통치하시는 그리스도요 교회의

---

209) Ibid.
210) Furnish, 54 – 55.
211) 고전 7:10, 7:12, 25, 9:14, 11:23, 14:37, 살전 4:15에서 '주'(예수)로 언급하고 있다.

주로 보았다는 것이다.

레쉬(A. Resch) 바울 서신에서 공관복음서와의 평행구절이 925개 나 된다고 주장하였다.[212] 그는 에베소서에서 133개, 목회서신에서 100개, 사도행전의 바울의 설교들에서 64개의 평행구들이 있음을 발견하였으며, 기록된 로기아(logia) 자료들은 바울과 복음서 기자들이 함께 사용하였다고 보았다.

바울의 윤리적 교훈에만 한정하여 공관복음서와 평행구를 이루는 것은 아래와 같다.[213]

1) 로마서 12:14 "너희를 박해하는 자를 축복하라, 축복하고 저주하지 말라"
   마태복음 5:44 "너희 원수를 사랑하며 너희를 핍박하는 자를 위하여 기도하라"
   누가복음 6:27 – 28 "너희 원수를 사랑하며……너희를 저주하는 자를 위하여 축복하며"
2) 로마서 12:17 "아무에게도 악을 악으로 갚지 말고 모든 사람 앞에서 선한 일을 도모하라"
   마태복음 5:39 "너희 원수를 사랑하며 너희를 박해하는 자를 위하여 기도하라"
3) 로마서 13:7 "조세를 받을 자에게 조세를 바치고 관세를 받을 자에게 관세를 바치고 두려워할 자를 두려워하며 존경할 자를 존경하라"
   마태복음 22:21 "가이사의 것은 가이사에게 하나님의 것은 하나님께 바치라"
   마가복음 12:17 "가이사에게 세금을 바치는 것이 옳으니이까 옳지 아니하니이까(14)……가이사의 것은 가이사에게 하나님의 것은

---

212) 오우성, 46.

213) 이 부분은 퍼니쉬의 책(Furnish, 53 – 54)을 참고로 하여 대한성서공회의 개역개정판 성경을 이용해 구성하였다.

하나님께 바치라"

4) 로마서 14:13 "서로 비판하지 말고 도리어 부딪칠 것이나 거칠 것
을 형제 앞에 두지 말라"
마태복음 18:7(눅 17:1 - 2) "실족하게 하는 일이 없을 수는 없으
나 실족하게 하는 그 사람에게는 화가 있도다"
마가복음 9:42 "누구든지 나를 믿는 이 작은 자들 중 하나라도 실
족하게 하며 차라리 연자맷돌이 그 목에 매여 바다에 던져지는 것
이 나으리라"

5) 로마서 14:14 "무엇이든지 스스로 속된 것이 없으되 다만 속되게
여기는 그 사람에게는 속되니라"
마가복음 7:15(마 5:11) "무엇이든지 밖에서 사람에게로 들어가는
것은 능히 사람을 더럽히지 못하되 사람 안에서 나오는 것이 사람
을 더럽게 하는 것이니라"

6) 데살로니가전서 5:2 "주의 날이 도둑같이 이를 줄을 너희 자신이
자세히 알기 때문이라"
누가복음 12:39 "너희도 아는 바니 집 주인이 만일 도둑이 어느
때에 이를 줄 알았더라면 그 집을 뚫지 못하게 하였느니라"
마태복음 24:23 "그때에 사람이 너희에게 말하되 보라 그리스도
가 여기 있다 혹은 저기 있다 하여도 믿지 말라"

7) 데살로니가전서 5:13 "너희끼리 화목하라"
마가복음 9:50 "서로 화목하라"

8) 데살로니가전서 5:15 "악을 악으로 갚지 말게 하고 ……"
마태복음 5:39 - 47 "악한 자를 대적하지 말라 누구든지 네 오른
편 뺨을 치거든 외편도 돌려 되며……"

레쉬에 이어서 데이비스는 바울의 생각은 예수의 말씀에 깊이
젖고 스며들어 있으며 바울 자신이 예수의 말씀을 보존하려는 시
도, 즉 Q와 같은 어떤 로기아 자료에서 비롯된 어떤 시도에 관여
했으며 또한 기여했음이 분명하다고 주장한다.[214] 데이비스는 바울

---

214) Furnish, 56.

에게서 공관복음서와 평행되는 구절들이 상당히 많이 발견된다고 지적하면서 로마서와 데살로니가전서 골로새서 등에서 평행구절을 끌어내었다. 기타 예수의 교훈을 빌려 쓴 것으로 여겨지는 것들은 다음과 같다.215)

1) 로마서 12:21 "선으로 악을 이기라"
   마태복음 5:39 이하 - 무저항에 대한 예수의 교훈
2) 로마서 13:8 "피차 사랑의 빚 외에는 아무에게든지 아무 빚도 지지 말라 남을 사랑하는 자는 율법을 다 이루었느니라" - 사랑의 계명
   마태복음 22:34 이하, 마가복음 12:28 이하, 누가복음 10:25 이하 "주 너의 하나님을 사랑하라 하셨으니……네 이웃을 네 자신과 같이 사랑하라 하셨으니 이 두 계명이 온 율법과 선지자의 강령이니라" - 사랑의 이중계명
3) 로마서 14:10 "네가 어찌하여 네 형제를 비판하느냐 어찌하여 네 형제를 업신여기느냐 우리가 다 하나님의 심판대 앞에 서리라"
   마태복음 7:1 "비판을 받지 아니하려거든 비판하지 말라 너희가 비판하는 그 비판으로 너희가 비판을 받을 것이요 너희가 헤아리는 그 헤아림으로 너희가 헤아림을 받을 것이니라"
4) 데살로니가전서 4:8 "그러므로 저버리는 자는 사람을 저버림이 아니요 너희에게 그의 성령을 주신 하나님을 저버림이니라"
   누가복음 10:16 "너희를 저버리는 자는 곧 나를 저버리는 것이요 나를 저버리는 자는 나 보내신 이를 저버리는 것이라"
5) 데살로니가전서 4:9b "너희들 자신이 하나님의 가르치심을 받아 서로 사랑함이라"
   요한복음 13:34 "새 계명을 너희에게 주노니 서로 사랑하라"
6) 데살로니가전서 4:15 - 16 "주께서 호령과 천사장의 소리와 하나님의 나팔 소리로 친히 하늘로부터 강림하시리니……"
   마태복음 24:30 - 31, 요한복음 6:39 - 40 "징조가 하늘에서 보이겠고 그때에 땅의 모든 족속들이 통곡하며 그들이 인자가 구름을

---

215) Ibid., 56 - 59.

타고 능력과 큰 영광으로 오는 것을 보리라……"

7) 데살로니가전서 5:3 "그들이 평안하다 안전하다 할 그때에 임신한
여자에게 해산의 고통이 이름과 같이 멸망이 갑자기 그들에게 이
르리니 결코 피하지 못하리라"
누가복음 12:39 이하 21:34 "만일 도둑이 어느 때에 이를 줄 알았
더라면 그 집을 뚫지 못하게 하였으리라 그러므로 너희도 준비하
고 있으라 생각하지 않은 때에 인자가 오리라 하시니라"

8) 데살로니가전서 5:6 "깨어 정신을 차릴지라"
마태복음 24:42, 마가복음 13:37, 누가복음 21:36 "깨어 있으라"

9) 데살로니가전서 5:16 "항상 기뻐하라"
누가복음 6:23, 10:20 "기뻐하고 뛰놀라"

바울은 자신의 신학과 실천 속에서 예수 전승의 중요한 특징을
상기하고 기꺼이 인용하고 있다. '그리스도 안에' 또는 '주 안에'라
는 어구들은 특별한 태도나 처신을 하라고 권면할 때 주된 동기의
역할을 하고 있다. 통상적 형태는 '그리스도 안에서'(ἐν χριστῷ),
'그리스도 예수 안에서'(ἐν χριστῷ Ἰησοῦ)로 주로 사용되며, '주
예수 그리스도 안에서'(ἐν κυρίῳ Ἰησοῦ χριστῷ)라는 좀 더 격식
을 차린 형태로 쓰인다.[216] 이러한 어구는 바울의 특징적인 어구로
서 바울 서신 외에서는 거의 쓰이지 않는 용어이다.[217] 그리고 '주
안에서'(ἐν κυρίῳ)는 바울의 서신에서 47번 나오는데 목회서신에
는 등장하지 않는다.[218]

던은 이러한 용어들이 가지는 특징으로 세 가지를 들었다.[219]

---

216) 이 어구들은 바울 서신에서 83회(에베소서 목회서신 제외 시 61번) 나온다.
로마 13회, 고전 12회, 고후 7회, 갈 7회, 엡 13회, 빌 10회, 골 3회, 살전 4회, 살후 2회,
몬 3회, 목회서신 9회.

217) 바울 서신 이외에서는 벧전 3:16, 5:10, 14에서만 쓰인다.

218) 롬 8회, 고전 9회, 고후 2회, 갈 1회, 엡 8회, 빌 9회, 골 4회, 살전 3회, 살후 1회, 몬 2회.

219) Dunn, *Theology of Paul*, 396 – 401.

1) '그리스도 안에서' 일어났거나 그리스도께서 장차 행하실 일에 의
   존하는 구속행위를 가리키는 좀 더 객관적인 용법이다.
2) 주기적으로 신자들이 '그리스도 안에', '주 안에' 있다고 말하는
   좀 더 주관적인 용법이다.
3) 바울이 자신의 사역을 염두에 두거나 그의 독자들에게 특정한 태
   도나 조치를 취하라고 권면할 때에 사용하는 용법이다.
   바울이 이러한 용어를 사용함으로써 권면이 고찰하는 내용이 좀
   더 권위를 갖게 되며, 공동체를 하나로 묶는 그리스도에 대한 공유
   된 체험을 밝혀 준다.

김세윤은 바울의 서신 가운데 예수의 말씀을 언급하거나 암시한
것이 25곳 이상이며, 예수 말씀의 반향이라고 여겨지는 곳이 40가
지 이상임을 밝혔다.[220] 그는 결론짓기를 하나님 나라를 중심으로
한 예수의 가르침과 바울의 신학 전체 사이에는 진정한 연속성이
존재하며, 바울이 '하나님 나라', '아바'와 같은 특별히 예수적인
용어를 사용하고, 율법, 성전, 종말론 등에 대하여 예수의 가르침을
반영하고 있으며, 죄인들에 대한 환영, 겸손과 섬김 등과 같이 예
수의 자세와 행위를 구체적으로 반영하고 있으므로 바울은 분명히
예수의 가르침을 알고 있으며, 예수와 바울 간에는 신학적 연속성
이 있음을 밝혔다.[221] 또한 바울은 윤리적 권면과 종말론에서 자신
의 가르침을 주님의 권위로 뒷받침하기 위하여 가끔 예수의 말씀
을 인용하였다고 지적하였다.[222]

그러나 바울은 이러한 간접적인 권면의 동기를 밝히면서도 분명
하고 직접적으로 예수의 가르침이라고 명시적인 예수 인유(allusion)

---

220) 김세윤, **바울신학과 새관점**(서울: 두란노, 2002), 413-482.
221) Ibid., 479-482.
222) Ibid., 481.

를 하지 않고 있다.[223] 바울이 자신의 권면에 좀 더 권위를 두기 위해서는 필연적으로 예수의 말씀을 인용한 것이라고 출처를 밝힐 필요가 있었을 것이다.

여기에는 전승의 공동체 안에서의 작용과 인유의 기능에 대한 이해를 필요로 한다. 하나의 공동체는 언어와 은유들, 전문 용어들과 기억들을 함께 공유하고 있다.[224] 던은 인유의 특성에 대하여 특정 집단의 '내부 언어'와 같은 '공유된 전승'(community's tradition), '공동의 지식'(common knowledge)이라는 말로 정리하고 있다.[225] 그에 의하면 한 공동체 내에서 구성원들 간에 대화를 할 때 공유된 전승은 공동의 지식으로서 오해나 곡해 없이 상호간에 그대로 통용된다. 심지어 약어와 같은 축약도 의사소통에 불편함이 없이 그대로 사용된다. 이는 같은 공동의 지식은 집단의 내부언어이기 때문에 설명을 필요로 하지 않는 특성을 지니고 있다. 그러므로 인유를 알아듣지 못하는 사람은 공동체의 일원이 아니라는 것을 드러낸다. 반면 인유를 알아듣는다는 것은 그 공동체에 속한 사람임을 확인시켜 준다. 그러므로 공유된 전승을 알고 있어야 인유들을 설명 없이 받아들일 수 있게 되며 공동의 지식을 갖게 된다.

따라서 공유된 지식에 대한 인유들은 매번 그 출처를 밝힐 필요가 없다. 또한 공동체의 친밀도의 정도에 따라서 인유들은 더 많이 사용되며, 인유의 사용이 많을수록 공동체를 더욱 결속력 있게 묶어 주는 역할을 하게 된다. 바울은 자신이 세운 교회들에 전승들을

---

223) 고전 7:12, 25의 주의 말씀이라고 밝힌 것은 예외.
224) Dunn, 651 – 652.
225) Ibid.

전달하였고, 교회들은 그러한 전승들을 공동의 지식으로 인식하고 있었을 것이다. 이런 면에서 바울은 전승들을 인유할 때 매 경우 그 출처를 일일이 밝힐 필요가 없었다. 만약 바울이 예수의 말씀이나 가르침을 전할 때마다 출처를 일일이 밝혔다면 그것은 인유로서의 성격을 상실하고 그 힘은 오히려 약화되었을 것이다. 그러므로 출처를 밝히고 해석을 덧붙이는 인유는 공동체를 하나로 묶는 효과를 상실한다.[226]

이와 같이 바울이 그의 교회들에 권면하면서 대부분 직접 인유가 아니라 간접 인유를 사용하였다는 사실은 그것들을 받고 있는 공동체가 친숙히 알아듣고 이해하고 있으며, 그 권위를 받아들이고 있다는 사실을 보여준다. 결과적으로 인유적 표현은 예수 전승을 강화시키며 공동체 내에서 공유된 전승으로 받아 공통의 지식으로 삼고 있다는 사실을 입증하여 준다. 나아가 바울은 그의 주변 세계의 전승 자료를 사용함에 있어서도 동일한 원칙을 가지고 적용하였다. 그리하여 공동지식을 함께 사용함으로써 바울 공동체와 주변 세계가 함께 공유할 수 있는 대중지혜를 소유하게 된 것이다.

이상에서 살펴본 대로 예수의 교훈에 대한 바울의 인유와 암시는 분명하며, 예수 말씀임을 명확히 밝히는 경우도 있지만, 대부분 그것들을 반영하거나 자신의 언어로 재현하여 자신의 회중들에게 알맞게 사용하였다. 바울은 사도로서 예수의 가르침을 그의 윤리적 교훈에 사도적 권위를 더하기 위하여 적절하게 사용하였으며, 랍비나 헬라의 철학자와 같이 스승의 말을 그대로 인용하지는 않았다.

---

226) Ibid.

4. 영지주의(Gnosticism)

　바울의 서신들 가운데 영지주의적 사고가 반영되어 있음을 볼
때, 그의 사상적 배경으로서 영지주의에 어느 정도 영향을 받은 것
으로 보인다.[227] 슈미탈스(W. Schmithals)는 바울의 적대자들이 영
지주의자였음을 지적하고 있다.[228] 바울이 영지주의적 자료와 전승
에 어느 정도 익숙해 있었는가 하는 문제는 그의 윤리적 권면의 성
격을 이해하는 데 중요한 자료가 된다.

　영지주의의 기원에 대해서는 여전히 논쟁 중에 있으며, 영지주의
의 형태는 이교사상, 유대교 그리고 기독교적 요소를 모두 함유하
고 있다. 특히 절대자 사상, 영혼불멸과 물질경시의 사상, 지혜의
의인화, 천사론, 유대적 신비주의 등에 있어서 더욱 그러하다. 영지
가 기독교 이전에 이미 존재하고 있었는가, 아니면 그것이 단지 그
리스도교 내적으로 이단과 관련된 현상인가 하는 문제는 여전히 풀
리지 않고 있다.[229]

　그러나 퍼킨스(P. Perkins)는 영지주의와 기독교는 동일한 환경에
서 발생하였다고 보았다.[230] 즉 그리스도에 대한 신약성서의 이해
와 천상의 계시자에 대한 영지주의적 표현은 형성되어 가는 과정
중에 있었으며, 영지주의의 신화화는 유대교와는 대립되었지만, 이
방인들과의 동질성과 결속을 지속하였던 기독교에 대해서는 중대

---

227) Ferguson, 308.
228) P. Perkins, **영지주의와 신약성서**, 유태엽 역(서울: 감신대성서학연구소, 2004), 119.
229) Conzelmann and Lindemann, 305 – 308.
230) Perkins, 51 – 52.

한 위협이 되지는 않았다는 것이다.

이에 반해 아돌프 하르낙(A. von Harnack)은 영지를 그리스도교의 철저한 세속화 혹은 헬라주의화로 파악하였다.[231] 하르낙은 헬라주의화를 두 가지 상이한 형태들로 구분하였는데, 하나는 그리스도교와 헬라주의가 서로 느리게 융합된 곳에서는 삼위일체론과 양성론과 같은 고대 교회의 교의가 생겨났으며, 반면에 그리스도교와 헬라주의가 빠른 화학적인 반응으로 하나가 된 곳에서는 영지(기독교 종교철학)가 생겨났다고 보았다.

그렇지만 부세트(W. Bousset)는 영지주의를 종교사학파의 시각에서 정의하였다.[232] 종교사학파는 영지를 처음부터 신화론적 특징을 가지고 있는 전 그리스도교적 현상이며 그 사고의 중심은 구속신화라고 이해하였다.

다른 한편 요나스(H. Jonas)는 역사적인 발단에서 영지주의를 규명하려고 하지 않고 영지의 현상학적 규정을 시도하였다.[233] 그는 온전한 영지적 체계로서 비그리스도교적 형태로서 규정하였다. 이를 위해 그는 만다교로부터 출발하였다. 영지에 있어서 결정적인 것은 신화가 아니라, 세상으로 추방되었으나 인식을 통해 해방을 경험하는 사람들의 특별한 영지적 자아이해이다. 이러한 영지적 자아이해로부터 다양한 세계상들이나 신화들 속에서 볼 수 있는 세상과 인간에 대한 특정한 이해를 할 수 있다. 영지적 자아이해는 고대 후기의 일반정신이었기에 다양한 영지적 현상이 있을 수 있다

---

231) Conzelmann and Lindemann, 306.

232) Ibid., 306-307.

233) Ibid., 307.

는 것이다. 유대적인 것과 그리스도교적인 것도 여기서 유래한다.

그러나 쉰케(H. M. Schenke)는 영지의 본질에 대하여, 영지는 세상과 현존에 대해 신조어, 미사여구, 인위적인 신화들을 통해 부정적인 세계상을 표현하는 고대 후기의 종교적인 구원운동이라고 정의하였다.[234] 그리하여 영지주의는 근본적으로 이교도 논쟁자들에 의한 용어사용에 지나지 않는다고 보고 영지주의 개념(Gnosticism)을 명백히 거부하였다.[235]

이상과 같이 영지와 영지주의에 대한 정의는 다양하고 복잡하여 단순히 정의 내리기에 쉽지 않다. 그러나 영지주의적 사고의 경향은 여전히 신약성서와 바울에게 있어서 영향력을 미치고 있다. 따라서 영지주의는 그리스도교 이전, 즉 바울 이전에 존재하고 있었던 현상으로 여겨진다.

영지주의적 자료로는 영지적 원서들과 이들을 대적하기 위해 교부들에 의해서 만들어진 적대적 영지문서들이 있다.[236] 이 문서들

---

234) Ibid., 308.

235) Ibid.

236) 영지적 원서들 가운데는 다음과 같은 것들이 있다. a) 코르푸스 헤르메티콤(Corpus Hermeticum): 3세기 문헌으로 그리스어로 된 다양한 철학적·종교적·자연과학적인 논문이 포함되어 있다. 논문 1과 13은 영지주의적 문헌으로 소중한 자료이다. 영지의 초기 단계를 알 수 있는 자료들이다. b) 나그 함마디의 본문들(Nag Hammadi): 1945년 이집트 북부 나그 함마디 근처에서 발견된 영지주의 문서들의 모음집이다. 총 13권으로 되어 있으며 1200쪽과 53개의 문서로 구성되어 있으며 콥틱어로 기록되었다. 원문이 아닌 사본들로서 4세기 초에 기록된 것들이다. 그러나 본문의 내용은 보다 초기로 거슬러 올라간다. 개별적인 문서들은 영지주의적 사고의 다양한 단계와 형식들을 표현하고 있다. 비그리스도교적인 영지 문헌들로는 "3가지 형태의 프로테노이아"(Die dreigestaltige Protenoia)와 "아르혼텐의 본질"(Das Wesen Archoten)이 있다. 예수 전승에 관한 해석을 담고 있는 문헌으로 도마복음서와 빌립보복음서가 있다. c) 그리스도교적-영지적 원서들: 도마행전, 솔로몬의 송가(Oden Solomos)가 있다. d) 마니교 문서들: "케팔라이아"(Kephalaia) 문서, "마니교의 설교들", "마니교의 시편" 영지의 후기 문서들이지만 오래된 전승 자료를 담고 있는 많은 구절들이 있다. e) 만다교의 문서들: 긴차(Ginza="보물", 요한의 책, 만다교 예배의식) 비교적 후대의 자료이나 오래된 전승을 담고 있다. 한편, 교부들에 의한 영지

은 무엇보다 대그리스도교적 – 영지주의적 체계들을 위한 중요한 자료가 되고 있다.[237]

한편 영지주의자와 바울의 관계성에 대해서는 서로 의견이 일치하지 않고 있다. 라이첸슈타인(R. Reitzenstein)은 바울을 일컬어 '가장 위대한 영지주의자'라고 하였다.[238] 던은 바울은 적지 않은 점에서 정통교부들에게보다는 이단적인 영지주의자들에게 보다 더 근접했던 견해들을 가지고 있었다고 지적하였다.[239] 갈라디아서 1:12, 15절에서 바울은 자신이 받은 복음은 사람들로부터 받은 것이 아니라, 하나님의 직접 계시로 말미암아 받았음을 주장하였다. 복음이 예루살렘 사도들과 그들의 전승에 의존하지 않았다는 바울의 이러한 선언은 영지주의자들의 태도와 일치하고 있다는 것이다. 이들 영지주의자들은 정통 교부들의 교회 전승에 반대하여 자신들의 계시를 중요시하기 때문이다.[240]

여기에 대하여 슈미탈스는 진정한 영지주의적인 것으로 인정하고 영지적 사도 바울은 사도적 계승보다 계시에 의해서 그의 신분이 밝혀졌음을 지적하였다.[241] 바울은 고린도전서 2:6 – 3:1절에서 참된 지혜를 언급하였는데, 신령한 자들과 육에 속한 자들을 구별하는 영지주의자 발렌티누스파의 주장과 일치하였다. 이것은 영지

적 문서들 가운데는 다음과 같은 것들이 있다. a) 이레니우스의 "이단에 반대하여: 180년" b) 힙폴리트의 "모든 이단 반박: 225년" c) 기타: 발렌티니아너, 바질리데스, 오피텐 등의 작품이 있다. Conzelmann and Lindemann, 308 – 310.

237) 이러한 영지주의적 요소를 신약성서 가운데 특히 요한복음, 에베소서, 골로새서를 위시한 바울 서신에서 직접적으로 발견하게 된다.

238) Beker, 28.

239) Dunn, *Unity and Diversity*, 288.

240) 엡 3:3.

241) W. Schmithals, *Paul and the Gnostics*(ET: Abingdon, 1972), 29.

주의자들이 자신들의 가입자들에게 가르쳤던 비밀의 지혜에 해당된 것이었다.[242]

이와 같이 영지주의적 요소를 지닌 바울에 대한 견해들은 여러 면에서 나타난다. 바울은 율법과 복음 그리고 믿음과 행위 사이의 대립을 여러 번 날카롭게 지적하였다(롬 5:20, 7:6, 갈 3:2). 특히 고린도후서 3:6절에서는 "율법조문은 죽이는 것이요 영은 살리는 것이니라"는 후대에 마르시온이 구약과 율법 그리고 하나님에 대하여 철저히 적개심을 갖도록 하는 촉진제가 된 것이다.[243] 또한 갈라디아서 3:2 이하에서 바울은 율법에 대해서 가혹하게 다루고 있다. "무릇 율법행위에 속한 자들은 저주 아래 있나니……"(10), "아무도 율법으로 말미암아 의롭게 되지 못할 것이 분명하니……"(11), "율법의 저주에서 우리를 속량하셨으니……"(13) 이러한 바울의 진술은 철저히 구약과 율법을 배척하는 영지주의적 진술이다.

뿐만 아니라 바울은 고린도 교회에서의 영지주의자들의 견해에 쉽게 동조하였다(고전 10:26). 신령한 은사에 높은 가치를 두고 지혜를 존중하며 금욕적인 태도를 취하는 일련의 영지주의적 상황에 대하여 바울은 그들과 사상을 공유하였다(고전 2:6 - 3:4, 7장, 9:27). 몸의 부활에 대한 바울의 견해는 정통적이라기보다는 영지적인 것으로 해석된다.[244] 바울은 자연적인 몸과 영적인 몸을 구별한 것과 '살과 피'는 하나님 나라를 유업으로 받을 수 없다(고전 15:44 이하, 15:50)고 진술한 것은 예수의 부활에 대한 이해보다 진보한 면

---

242) Ibid., 151.
243) Dunn, *University and Diversity*, 289.
244) Ibid., 290.

을 보여주고 있으며, 물질에 대한 헬라적인 혐오감을 신중히 받아들이고 있음을 시사한다. 이상과 같은 면에서 바울의 영지주의자적인 일면을 보게 된다.

그러나 이와 같은 견지에서 바울에게 영지주의적 성향이 있다는 사실은 불가피하지만, 그렇다고 그가 영지주의자들과 동일한 인물로서 평가받아서는 안 된다고 본다. 왜냐하면 바울은 자신의 메시지에서 분명히 영지주의적인 경향을 보이는 대적자들과의 투쟁에서 "지식은 교만하게 하나 사랑은 덕을 세운다"(고전 8:1, 10:23, 12:21 등)고 명시함으로써 지식의 교만성과 사랑의 우위성을 밝히고 영지주의적 요소와 분명한 구분을 짓고 있기 때문이다.

바울에게 있어서 사랑은 율법 없는 자들을 얻기 위하여 율법 없는 자처럼 행동하게 했던 동인이었다(고전 9:20, 롬 14:1 - 15, 고전 8 - 10장, 갈 5:13 - 6:5). 분명 바울의 케리그마는 십자가에 못 박힌 그분은 주 예수 그리스도라는 그의 기독론에서 영지주의와의 경계를 명확히 구분 짓는다. 바울은 결코 기독교적 요소와 결합된 영지주의를 받아들일 수도 없었으며, 영지주의자들과 동화될 수 없었다. 바울 서신의 전반적인 지배 사상은 비록 영지적 그림자가 짙게 드리워도 분명한 주체는 영지적 지식이 아니라 그리스도 예수에 대한 믿음이다.[245]

---

245) 바울의 대표적인 서신인 로마서와 갈라디아서의 중심 주제는 영지주의적 요소인 지식이나 계시가 아니라 의인은 믿음으로 말미암아 살리라는 그리스도 안에서의 믿음이다. 롬 1:16 - 17, 3:21 - 22, 갈 3:11.

5. 가훈표의 윤리

바울의 후기 서신은 바울의 초기 가르침과 긴밀한 연관성을 가지고 있으며, 초기 교회의 윤리적 실천 내용을 볼 수 있는 연장선상에 있기에 여기서 살펴보고자 한다.

바울 당시는 가정이 국가의 기본적인 조직을 대변하였다.[246] 가정은 고도로 조직화되었으며 위계질서가 엄격하게 형성되어 있었다. 가정의 단위는 대가족제도의 형태를 띠었으며, 남편과 아내, 부모와 자녀 그리고 주인과 노예의 기본적인 구성을 갖추고 있었다. 가정의 정점에는 남편이 서 있었으며 아내와 자녀 그리고 마지막에는 노예나 시종이 자리하고 있었다. 이러한 가족은 국가의 기본단위이기도 하였지만 종교적 단위이기도 하였다.

로마제국은 가부장적 가족제도를 정치 안정의 근본적인 힘으로 여기고 이를 지키는 데 주력하였다. 이러한 위계질서를 해치는 것은 곧 국가의 근본을 흔드는 것으로 여겨졌다.[247] 따라서 이러한 구조를 함부로 변경시키거나 해친다는 것은 곧 사회적 탄핵의 대상이 되었으며 법적인 조치를 당하였다. 가정의 위계적인 구조에 대한 도전은 곧 로마에 대한 도전으로 간주하였으며, 남자와 여자가 평등하다거나, 자녀들도 부모에 대한 권리를 가지고 있다거나, 노예들이 주인과 동등하다고 주장하는 어떠한 집단도 반역죄를 피

---

246) D. C. Verner, *The Household of God - The Social World of the Pastoral Epistles* (California: Scholars Press, 1983), 28.

247) D. Balch, *The Origin, Form and Apologetic Function of the Household Duty Code in 1 Peter*(Ph.D. dissertation, Yale University, 1974), 155.

할 수 없었다.[248]

이러한 사회적 상황에서 기독교 공동체는 '가훈표'라는 당시 사회의 윤리적 기준과 접촉하게 되었다.

바울의 후기 서신들 가운데 일정한 형태의 윤리적 권면의 내용을 지닌 '가훈표'(Haustafel)가 자주 나타난다. 바울의 후기 서신에 나타나는 가훈표는 다음과 같은 것이 있다.

1) 골로새서 3:1 – 4:1 / 아내 – 남편, 자녀 – 부모, 종 – 상전,
2) 에베소서 5:22 – 6:9 / 아내 – 남편, 자녀 – 부모, 종 – 상전
3) 디모데전서 2:8 – 15 / 남자 – 여자
   6:1 – 2 / 종 – 상전
4) 디도서 2:1 – 10 / 늙은 남자 – 늙은 여자, 젊은 여자 – 젊은 남자,
   종 – 상전
5) 베드로전서 2:18 – 3:7/ 사환 – 주인, 아내 – 남편

이러한 가훈표의 주요한 특징은 가정에 속한 여러 구성원들이 각자 지켜야 할 의무를 담고 있다. 이 가훈표는 주로 긴밀한 상호 연관성을 맺고 있는 남편과 아내, 부모와 자녀 그리고 주인과 종의 형태로서 세 쌍의 관계로 구성되어 있다.

기독교 가훈표의 모델은 '오이코노미아'(οἰκονομία – 가정경영)에 관한 규율에서 시작되었다.[249] 이 규율은 가정이 국가의 기본단위라는 중요성을 감안하여 국가는 국가 질서의 일부로서 가정의 기본적인 관계들인 남편과 아내, 아버지와 아들, 주인과 종의 관계

248) P. J. Achtemeier, Joel B. Green and Marianne M. Thompson, **새로운 신약성서 개론**, 소기천, 윤철원, 이달 역(서울: 대한기독교서회, 2004), 350.

249) Dunn, *Theology of Paul*, 666 – 667.

를 규정한 것이다.

디벨리우스(M. Dibelius)는 가훈표는 고대 헬라로부터 전승되어 오던 스토익의 의무목록(stoic duty lists), 즉 '마땅히 지켜야 할 것' (τò καθῆκον)을 기독교화한 것으로 보았다.[250] 고대 헬라 세계에서는 전통적 가치를 지키기 위한 의무들을 가르쳐 왔다. 신과 국가에 대하여, 부모와 자녀, 남편과 아내 친족에 대한 의무를 담고 있는 가훈표는 헬라세계의 일반적 규범이었다. 디벨리우스는 이러한 가훈표는 기독교 공동체가 세상과의 관계를 유지하고 구성원들을 살게 하기 위한 윤리적 가르침을 목적으로 사용된 것으로 보았다.

그러나 크르츠(J. E. Crouch)는 기독교 공동체가 사회로부터의 심각한 도전에 직면하자 이러한 사회적 긴장과 압력으로부터 자신들을 보호하기 위하여 일반적으로 널리 인정되고 있던 전통적 규례로서 기독교 가훈표를 받아들인 것으로 보았다.[251] 따라서 가훈표의 내용도 그 당시 갈등의 중심적 문제로서 논의되고 있던 여인과 종에 관한 규례를 담고 있다.

가훈표는 고대 헬라철학에서 시작된 것으로서 철학뿐 아니라, 수사학 등 당시 사회의 전체에 널리 알려져 있던 기본 윤리구조로서 일반 대중에게 불문율로서 받아들여지고 있던 것들이었다. 당시 이시스의 제의나 유대교는 전통적 사회의 가부장 제도를 붕괴시킨다는 주목을 받았다. 그리하여 이들은 가훈표를 받아들여 자신들이 사용함으로써 대사회적으로 자신들이 사교가 아님을 나타내 보이

---

250) M. Dibelius, *An die Kolosser: Epheser an Philemon*(Tübingen: J. C. B. Mohr, 1913).

251) J. E. Crouch, *The Origin and Intention of the Colossian Haustafeln*(Göttingen: Vandenhoeck and Ruprecht, 1972).

려고 하였다. 이러한 정치적 목적에서 제국의 백성들에게 그들의 전통을 존중하고 사회적으로 불순하지 않는 좋은 시민의 모습을 보이고자 하는 전략적 목적으로 가훈표를 수용하였으며, 또한 당국으로부터 사이비 집단으로 오해받고 있는 단체들이 자신들이 사회적으로 또는 정치적으로 국가에 해를 끼치는 단체가 아님을 증명해 보이기 위한 호교론적(apologetic) 목적으로 가훈표를 사용하였다.

한편 엘리오트(J. F. Elliott)는 초기 기독교 공동체는 사회의 소외된 자들을 불러 모아 그들을 주축으로 구성되었음을 지적하고, 이들은 이 땅 위에서 나그네 된 자들(벧전 1:1, 2:1) 거류민들(벧전 1:17)로서 이들에게 가장 필요한 것은 절대적인 소속감이었음을 지적한다.[252] 그리하여 이들은 자신들이 현재 소속되어 있는 구조와는 전혀 다른 새로운 소속감을 기독교 공동체 안에서 찾게 되었고, 이들은 이런 새로운 공동체를 '가족'으로 불렀다. 이는 하나님이 아버지가 되고 구성원 서로는 형제자매로서 '새로운 하나님의 가족'이 형성된 것이다. 가훈표는 바로 이러한 새로운 가족들의 정체성을 위하여 필요하였다.

또한 가훈표는 기독교 공동체의 내부적 정체성뿐만이 아니라 외부적 화합을 위해서도 사용되었다. 새로운 가족의 정체성이 분명하여질수록 드러나는 새로운 현상은 사회와의 분리화 현상이었다. 하나님의 가족으로서 이들은 사회에 대한 거부감을 강하게 가지게 되었고 점차 분리되어 가는 현상을 보이게 되었다. 기독교 공동체는 세상에 흡수되어서도 안 되지만 세상으로부터 분리되어서도 안 된다. 따라서 이들은 분리와 동시에 화합이 필요하였다. 기독교 공

---

252) J. E. Elliott, *A Home for the Homeless*(London: SCM Press, 1982), 21 - 24.

동체는 하나님의 새로운 가족임과 동시에 세상을 향하여 나아가야 할 선교적 공동체 역할을 수행하여야 하는 이중적 성격을 띠고 있었다.

이러한 상황에서 가장 필요한 공동체의 대안은 가훈표였다. 가훈표는 당시 사회의 질서와 국가의 근간이었기 때문에 이 가훈표를 받아들인다는 것은 사회와의 분리를 단절시키는 조치였으며 동시에 사회에 대하여 문을 열어 두는 개방성을 의미하였다. 이로써 기독교 공동체는 자신들의 정체성과 동시에 선교적 사명을 감당하는 두 가지 일을 동시에 수행할 수 있었다.

게르트 타이센은(G. Theissen)은 기독교 공동체의 새로운 가족을 '사랑의 가부장'(love – patriarchism)으로 설명하였다. 기독교 공동체는 사회와 격리되어 있던 하류계층의 사람들로 시작하였지만 점차 상류계층의 사람들이 들어오고 그들이 지도자들로서 부각되자 사회와 분리되어 가던 급진주의적 사고가 수그러들고 사회와 융화되어 가는 변화가 일어나게 되었다. 기독교 공동체는 사회적으로 안정된 계층이 공동체의 일원이 됨으로써 온건한 보수성을 띠며 기독교 공동체를 사회화시켜 나갔다. 이러한 변화를 주도한 사상이 바로 '사랑의 가부장주의'이다. 사랑의 가부장주의는 헬라와 로마 세계의 근간이 가부장주의를 받아들이되 남편과 아내, 부모와 자녀, 주인과 종의 관계를 절대적인 권위주의를 대신하여 사랑에 기초한 상호관계를 형성함으로써 하나님 아버지를 가장으로 모신 새 가정을 지켜 나갔다.[253] 이로 말미암아 기독교 공동체는 사회 일반이나 로마제국으로부터 우호적으로 여길 수 있는 새로운 전기를

253) G. Theissen "고린도 교회의 사회계층" **원시 그리스도교에 대한 사회학적 연구**, 337.

마련하게 된 것이다.

이상에서 살펴본 바와 같이 기독교 공동체는 당시 사회질서의 근간인 가훈표를 받아들임으로써 로마제국과 사회로부터 사이비 종교로 지적받아 전통과 질서를 파괴시킨다는 오해를 해소하고, 그 사회로부터 분리가 아닌 화합을 보여줌으로 공동체의 정체성을 인정받아 사회적 도전과 갈등을 해소시켜 나갈 수 있었다.

그러나 기독교 공동체는 무조건적으로 당시의 유행하고 있던 가훈표를 그대로 받아들인 것이 아니라 나름대로의 기준을 가지고 있었다. 헬라의 철학적 성격을 띠고 있던 가훈표는 비판적인 수용을 거쳐 기독교 공동체와 당시 사회가 공통적으로 공유할 내용들만 받아들여졌다. 가정과 사회는 비기독교인뿐만이 아니라, 기독교인에게도 동일하게 사회적이며 정치적일 수밖에 없다. 따라서 가훈표의 기독교화는 기독교 공동체가 몸담고 있는 주변 세계에 대한 기독교인의 사회적 행동 지침의 성격을 띠게 되었다.

가훈표의 내용 중 스토아학파의 특징인 가정경영의 성격을 띠고 있는 골로새서와 종들에 대하여 길게 언급하고 유대적 성격을 띠고 있는 에베소서 6:5 - 9 등이 수용되었으며 여기에 '주 안에서'라는 기독교적 성격이 주어졌다.[254]

이러한 기독교화된 성격의 가훈표는 바울 기독교 이후 하류층과 상류층으로 구성된 후기 기독교 공동체 구성원들을 통합하여 정체

---

254) '주 안에서', '주'라는 표현은 골로새서 가훈표에서만 일곱 번이나 주어지고 있다.
골 3:18 "이는 주 안에서 마땅하니라" 3:20 "이는 주 안에서 기쁘게 하는 것이니라",
3:22 "주를 두려워하여", 3:23 "주께 하듯 하고", 3:24 "주께 받은 줄 아나니", 3:24
"너희는 주 그리스도를 섬기느니라", 4:1 "너희에게도 하늘에 상전이 계심을 알지어다" 이
와 같이 '주 안에서'라는 문구는 세속의 자료들을 기독교화하는 장치로서 사용되었다.

성을 확립하게 하여 주었으며, 부단한 사회와의 융합을 통하여 구조화되어 가는 교회를 지속할 수 있었을 뿐만 아니라, 로마제국 내에서 결국 공인된 국가 종교로 탈바꿈하는 중요한 계기가 되었다.

6. 초기 기독교 공동체의 윤리적 근거와 기준

바울 당시 초기 기독교 공동체는 불가피하게 주변 세계와의 연관성 속에서 영향을 주고받으면서 성장하였다. 기독교는 무엇보다 세속과의 접촉점으로서 종교로서의 윤리성을 회복하는 것이 급선무였다. 당시의 일반 종교는 오늘날의 종교적 기능을 수행하지 못하였고 윤리성도 갖추지 못하고 있었다. 오히려 철학이 종교적 역할을 수행하고 있었으며 종파적 성격을 띠고 있었다.

당시 로마제국은 저급한 도덕성이 만연해 있었으며, 이러한 모든 부도덕의 진원은 종교와 관련이 있었다.[255] 다산 숭배의식의 영향으로 매춘은 강요된 종교적 행위였으며, 신과 연관이 있었고, 사원에는 천 명의 신전 창녀들이 거주하고 있었다. 이런 면에서 철학자들은 종교의 타락상을 비판하였고 오히려 이들은 높은 차원의 도덕적, 윤리적 가르침을 베풀었다.[256] 그리하여 수사학 및 당시 유행하던 철학들은 사회의 다양한 집단들에 각자의 책임에 따라 공

---

255) Ferguson, 69-71.

256) 당시 묘지에 새겨진 비문들은 고대 세계의 도덕적 가치의 바른 기준을 제공해 주는 중요한 자료였다. 비문은 상류층의 것들이 아니라 주로 평민들의 것들로서 상류층의 관점에서 본 것과는 달랐다. 비문 가운데 남편이나 아내를 칭송한 내용들을 살펴볼 때 많은 평민들이 상당히 정숙한 삶을 살았음을 보여준다. Ferguson, 70-71.

적의무를 가르쳤다.257) 뿐만 아니라 남편과 아내, 부모와 자녀, 주인과 종과 같은 세 그룹의 의무들을 교훈하였으며 이것들은 신약성서의 가정규례의 가르침과 유사성을 갖고 있다.258)

그레꼬-로마 시대의 철학은 오늘날과 같이 형이상학적이며 이론적이며 비판적인 학문이 아니었다. 당시의 철학은 실천적이며 삶의 방법이었다. 따라서 철학은 학문이 아니라 오늘날의 종교와 같은 생활이었다. 그레코-로마 시대의 지식층의 종교는 다름 아닌 철학이었다. 철학은 이들에게 도덕적 영적 방향을 제공해 주었으며, 각 철학학파의 독특한 신념들과 행동양식은 자체적인 삶의 방식을 가지고 있었다.

또한 철학자들의 주된 관심사는 윤리학이었다. 그들은 존경하는 스승과 그의 가르침을 중심으로 제자그룹(신자들)의 공동체를 형성하였다. 뿐만 아니라 철학은 오늘날의 종교에서와 같이 '성자들'과 '순교자들'을 가지고 있었으며, 종교적 세계관과 삶을 위한 지침들을 가지고 있었다.259) 당시 일반 종교는 단지 신들에 대한 경배의 요소만 가지고 있었고 윤리적 내용을 포함하고 있지 못하였으나, 철학은 그 시대를 위한 윤리와 양심을 제공했다.

철학자들은 대중 종교에 대해 서슴없는 비판들을 전개했다. 그들은 전통적 신화의 신인동형론과 부도덕, 다신론, 미신적 종교행위, 그리고 상스런 희생제사들을 비판했다. 그리하여 희생제사 때의 적

---

257) 예를 들면, 플루타크(Plutarch)는 자녀교육(The Education of Children 10[*Moralia* 7E])에서 남자가 마땅히 처신해야 할 규범을 가르치고 있다. 즉 신, 부모, 원로, 법, 외국인, 법관, 친구, 여성, 자녀 그리고 노예들에 대하여 어떻게 처신을 해야 하는가를 언급하고 있다. Ibid., 71.

258) 엡 5:21-6:9, 골 3:18-4:1, 딛 2:2-10, 3:1, 벧전 2:16-3:7과 비교.

259) Ferguson, 320.

절한 태도, 신에 대한 가치 있는 개념, 이성적 예배, 그리고 정의로운 행동 등을 강조했다.[260] 이러한 경향은 세기 초 유대인 및 기독교 작가들이 이교들을 공격할 때 사용되었다.

말허비(A. Malherbe)는 철학의 목적을 도덕적 실천으로 보았다. 즉 사람이 해야 할 옳은 일을 알고 사회적 관계성 속에서 책임을 실천하도록 가르치는 것이 철학의 목적임을 밝혔다.[261] 헬레니즘 철학들의 주된 관심사는 윤리학이었고, 목표는 옳고 그름을 분별하며 바르게 사는 방법을 가르치는 것이었다. 이러한 대중 철학의 도덕적인 가르침은 유대교 및 초기 기독교에서 발견되는 가르침과의 유사점들은 고대 세계의 다른 어떤 면에서보다도 신약성서와 보다 더 밀접한 관계임을 밝혀 준다.[262]

말허비는 철학자들이 사용한 도덕적 권면의 양식 세 가지를 다음과 같이 정의하였다.[263]

1) 'protrepsis'는 특별한 관점이나 혹은 탁월성을 보여줌으로 해서 얻게 되는 삶의 방법(모범)을 채택하라는 권면이었다. 철학자들은 철학적인 삶을 따르라는 권면으로서 사용하였다. 'protrepsis'는 사람들로 하여금 철학적인 생활방식으로 살거나, 어떤 학파에 가입하거나, 철학이 가르치는 도덕적인 행동을 따르라고 권면하였다. 이러한 권면들은 사람들로 하여금 선택적 행동방식을 버리게 하고, 변호하거나 반박하는 일에 대하여 논박하며, 새로운 삶을 선택하는

260) Ibid., 321.

261) A. Malherbe, *Moral Exortation: A Greco-Roman Sourcebook*(Philadelphia: Westminster Press, 1986), 30.

262) Ferguson, 321-322.

263) Malherbe, 121-134.

것을 방해하는 사람의 잘못을 비난할 것을 요구했다.

2) 'paraenesis'는 주로 편지나 연설에서 여러 형태로 나타나는 것으로, 어떤 주어진 행동 방침을 따르거나 반대되는 행동을 삼가라는 도덕적 권면을 의미한다. 'paraenesis'는 'protrepsis'보다 더 넓은 뜻으로 쓰이며 격려와 만류로 구성되어 있으며 일상적 상황 속에서 행할 유용한 규율을 내포하고 있다. 'paraenesis'는 상호간의 우호적인 관계에 있거나 또는 가르침을 주는 사람이 도덕적으로 우월한 사람이라는 것을 전제로 하며, 쌍방이 속해 있는 사회나 공동체 내에서 이미 받아들여진 행위의 습관들을 포함한다. 그러나 주어진 상황과는 연관되지 않는다.

'paraenesis'의 일반적인 기법들은, 권면을 듣는 자의 앞으로의 행동에 대하여 더 이상 요구할 것이 없음,[264] 이미 알고 있는 것에 대해 상기시킴,[265] 이미 행한 훌륭한 행동에 대한 칭찬과 계속적으로 행할 것을 권면함,[266] 옳지 않은 행동에 대해 책망,[267] 본받아야 할 모범을 제시,[268] 간단한 교훈들과 권면들을 연결,[269] 그리고 어떤 행동을 권장하는 이유 제시[270] 등이다.

이와 같이 초대교회가 놓여 있는 상황은 여러 가지 염려들로 인

---

264) 여기에 해당되는 성경본문은 고후 9:1, 살전 4:9, 5:1로서 이미 적합하게 행하고 있으므로 더 이상 언급할 필요성이 없을 때 '~너희에게 쓸 것이 없음은'의 문구를 사용한다.

265) 여기에 해당되는 성경본문은 살전 1:5, 2:2, 5, 9, 11, 3:4, 6로서 '너희가 아는 바와 같이'의 문구를 주로 사용한다.

266) 여기에 해당되는 성경본문은 살전 4:1, 10, 5:11로서 이미 행한 훌륭한 행동을 칭찬한다. '~너희가 (이미)행하는 바라', '~에 더욱 힘쓰라'의 문구들을 사용한다.

267) 살전 2:1-8 등이 연관된다.

268) 살전 1:6, 살후 3:7-9 등이 연관된다.

269) 롬 12장, 13장, 약 1장 등이 연관된다.

270) 약 2장, 3장 등이 연관된다.

하여 당시 문헌에는 권면이 풍부하게 등장한다. 특히 본서에서 다루고 있는 바울의 권면은 철학의 이러한 면들을 상당히 따르고 있다.

3) 'diatribe'는 간단하지만 실감 있는 토론을 제공하는 문학적 장르이다. 그 기원은 철학 학교에서의 토론과 담화에서 시작되었다. 이는 사람들로 하여금 어떤 행동을 하도록 유도하는 것을 목표로 하고 있으며, 주로 윤리적 주제들을 대중적으로 다루고 있다. 'diatribe'는 도덕적 토론과 활동을 나타낼 때, 가상의 대화자를 설정하여 하나의 주제에 대하여 반론을 제기하거나 강력하게 부인하여 어떤 결론을 이끌어 낸다. 청중에게 직접적인 연설을 하거나, 수사학적인 질문을 하고 대답하거나, 간단한 비교나 반론에 대하여 진술하며, 감탄하거나 호소하는 것, 그리고 시나 다른 전거를 인용하는 것 등이 여기에 포함된다.

또한 'diatribe'는 견유학파와 스토아학파의 철학자들이 광장에서 종종 대중적인 연설을 할 때 선포의 특징을 나타내는 데 사용되었으며 특히 스토아학파는 인생의 진지한 질문들을 고찰하도록 유도하였다. 헬레니즘 시대의 도덕가들은 문학적이고 수사학적 관습들, 미덕과 악덕의 목록, 의무 목록, 곤경의 목록 등을 사용함으로써 자신들의 가르침을 강화하고 효과적인 선포를 하는 데 사용하였다.

견유학파 및 스토아학파를 위시한 당시의 대중 철학자들은 다양한 사회적 환경에서의 철학자들의 활동으로 말미암아 다양한 차원의 철학적인 개념들, 특히 도덕적인 가르침들의 대중화에 기여했다.[271] 일반인 대중들의 주된 관심사가 되는 결혼과 성행위, 위로, 시기, 노여움과 덕, 우정, 시민의 화합, 국가의 복지와 자유를 위한

---

271) Ferguson, 323.

책임 등과 같은 이상들에 대하여 철학적 도덕가들은 주제로서 빈번하게 다루었다.[272]

당시 철학의 주된 목적은 사람들에게 사는 방법을 가르치는 것이었다. 지식과 관련된 덕은 학습될 수 있다고 보았으며 이성이 그것을 획득하는 수단이었다. 모든 철학 학교의 목표는 자족과 자유와 행복을 획득하는 데 있었지만 그것을 얻는 방법은 각각 달랐다. 철학자들의 메시지는 사람들로 하여금 사치와 방탕과 미신에서 돌아서서 자유의 삶과 훈련과 관상의 삶을 살도록 하기 위한 것이었다.

철학자들은 철학적인 가르침을 전파하기 위하여 공적인 연설 외에 편지, 발췌문, 철학적 편찬물, 격언, 일종의 금언인 체리아(chreiai) 그리고 시를 사용하였다. 바울은 이러한 당시의 철학적 관례에 따라서 사도적 서신을 보내며 권면하였다.

결론적으로 그레꼬-로마의 모든 윤리적 가르침이 종교로부터가 아니라, 철학과 철학자들로부터 나왔다는 사실은 그레꼬-로마의 이교 사상에 있어 일종의 종교와 윤리의 분리를 반영하는 것이다. 우상숭배의식은 신성시되었던 무덤에 대한 모욕적 행위 외에는 전혀 도덕성과는 상관이 없었으며, 사제들은 철학자들과는 달리 도덕적 인도자의 역할을 하지 않았다.[273]

바울은 헬라적 요소에 많은 영향을 받았다. 기독교 진리를 설명하기 위해서 헬라철학의 종교적 용어를 사용하고(골 1:15-20). 헬라철학의 저자들을 인용하고 있으며(고전 15:33 참고 행 17:28, 딛 1:12), 유사한 방식으로 유신론적으로 논쟁하며(롬 1:19-20, 2:14-

---

272) Ibid.
273) Ibid., 184-186.

15), 뿐만 아니라 헬라철학의 통렬한 비난의 표현을 사용하고 있다 (롬 2:1 – 3:20, 9:1 – 11:36). 바울은 이러한 헬라철학의 요소들을 특별한 설명 없이 사용하고 있다.

이와 같이 시대별로 지역별로 다양한 윤리적 기준을 가지고 있던 세계가 바울 기독교 주변에 있던 세계이다. 기독교는 이들과 상호 보완과 비판적 수용을 거쳐 선교의 배경이 되는 주변 세계를 동화시켜 나갔다.[274]

7. 요 약

바울이 사용한 격언적 권면들의 자료들은 다양한 출처에서 발견된다. 먼저 구약성서와 유대교의 자료들이 있다. 바울은 이것들을 문자 그래도 인용하거나 두 본문을 혼합하거나 선택적으로 결합하여 '기록된 바와 같이'라는 인용구를 도입하여 유대주의자들과의 논쟁이나 율법과의 관계성 속에서 제한적으로 사용하였다. 론지네크는 바울이 종말론적인 성취와 메시야 임재와 같은 기독교적인 전제들에서 이론적인 해석의 근거로서 구약의 중요성을 인정하였다고 보았다. 일반적으로 바울은 구약성서를 자유롭게 이용하여 100개가 넘는 구약 본문을 그의 서신들에서 사용하고 있으며, 특히

---

274) 빌 4:8절에서 바울이 말하는 '덕'($\dot{\alpha}\rho\epsilon\tau\acute{\eta}$), 딛 3:4에서 언급되는 '사람 사랑함'($\phi\iota\lambda\alpha\nu\Theta\rho\omega\pi\acute{\iota}\alpha$), 그리고 세상 법정에 세상적인 기준을 가지고 송사하는 고린도 교회의 문제(고전 5~7장) 등은 이러한 주변 세계의 윤리적인 배경을 살펴볼 때 보다 구체적인 관계성을 추론할 수 있다.

그의 서신들 가운데 생활률적인 부분들에서 구약성서를 훈계적인 용법으로 사용하고 있다. 구약성서의 역본은 70인 역이 분명하며, 70인 역의 어휘, 어법, 관용구들이 표현방식에서 일치하고 있다. 유대적 유산으로서는 1세기의 랍비문헌(탈굼, 탈무드, 미드라쉬 등), 후기 팔레스틴 작품들, 알렉산드리아 유대공동체 자료들을 들 수 있다. 바울은 다양한 유대적·랍비적 사고양식들과 교훈의 형식들 그리고 윤리적 주제들과 친숙하였으며, 이러한 자료들을 권고의 목적에 부합될 때 전혀 비랍비적 입장에서 이용하였다고 볼 수 있다.

헬레니즘은 바울 기독교가 자리한 곳이며 가장 많이 영향을 주고받은 곳이다. 바울은 헬라의 철학으로부터 디아트리베의 대화법을 전수받았으며, '양심'과 같은 용어, 악덕과 미덕 목록에서 전통적인 지혜들을 빌렸으나 바울 나름의 신학적 견해를 가지고 '성령의 열매 목록'과 같이 이들을 재구성하여 선택적으로 사용하였다. 헬라의 철학 가운데 특히 스토아주의는 기독교에 상당한 영향을 주었다. 풍유적 해석방법뿐 아니라 그들이 사용하던 용어인 영, 양심, 로고스, 덕, 가족구성원에 관한 권면 등은 초기 기독교 공동체에 자연스럽게 들어오게 되었고, 바울은 이러한 자료들을 일련의 과정을 거쳐 대중지혜(popular wisdom)로서 함께 사용하였다.

바울은 예수의 교훈을 직접 인유하거나 또는 간접적으로 인유하여 그의 윤리적 자료들로 삼았다. 바울이 예수의 교훈을 명시적인 인유보다 간접인유의 방식을 선호한 것은 그것이 한 공동체의 공유된 전승으로서 구성원 누구나 알고 있는 공동의 지식이기 때문에 그 출처를 밝힐 필요가 없었거나, 바울 자신의 권면에 권위를 두기 위함이었다. 바울은 사도로서 예수의 가르침과 그의 윤리적 교훈을 적절하게 사용하여 사도적 권위를 더하였으며 철학자들과 같이 스승의 말을 그대로 인용하지는 않았다.

영지주의적 영향이나 요소가 바울에게서 발견되나 분명 바울의 케리그마는 십자가에 못 박힌 예수 그리스도와 그의 기독론에 중심을 두고 있으며, 지식보다 믿음과 사랑을 강조하며 영지주의와 분명한 구분을 짓고 있다.

바울 당시는 가정이 국가의 기본적인 단위였으며 고도로 조직화되고 위계질서가 엄격하게 형성되어 있었다. 가정의 단위는 대가족 제도의 형태였으며 남편과 아내, 부모와 자녀 그리고 주인과 종의 기본적인 구성을 갖추고 있었다. 이러한 가족은 국가의 기본 단위이기도 하였지만 종교적 단위이기도 하였다. 가훈표는 당시 사회의 질서와 국가의 근간을 이루는 주요한 윤리적 기준이었다. 기독교 공동체는 하나님의 가족으로서 새로운 가족의 정체성을 형성해 가고 있었으며 세상에 흡수되어서도 안 되고 분리되어서도 안 되는 상황이었다. 하나님의 새로운 가족으로서 세상을 향하여 나아가야 할 역할을 수행하기 위해서 기독교 공동체의 대안은 가훈표였다. 가훈표를 받아들임으로 사회와의 분리를 단절시키며 동시에 사회에 대하여 문을 열어두는 개방성을 취할 수 있었다. 이로 인해 기독교 공동체는 로마제국과 사회로부터 사이비 이단 종교라는 의심과 전통과 질서를 파괴시킨다는 오해를 해소하고 사회적 도전과 갈등을 해소시켜 나갈 수 있었다.

바울의 기독교는 주변 세계와의 연관성 속에서 영향을 주고받을 수밖에 없었다. 당시 철학은 종교적 역할을 감당하고 순교자와 성자들을 배출하였으며 일반 시민윤리를 지배하고 있었다. 철학자들의 주된 관심사는 윤리학이었고 당시 지식층의 종교는 철학이었다. 종교는 단지 숭배의식에 지나지 않았으며 여자나 아이들도 사제가 될 수 있었다. 종교는 다산 숭배의 영향으로 매춘 등으로 타락된 상태였으며 철학자들의 비판의 대상이었다. 윤리가 종교로부터가 아니라 철학으로부터 나옴으로 인해 당시는 종교와 윤리가 분리되어 있었다.

따라서 바울의 윤리적 격언의 출처는 종교가 아니라 철학으로부터 왔음을 알 수 있다. 바울은 헬라철학의 요소들을 특별한 설명 없이 사용하고 있으며 그들의 대화법, 비난방법으로 논쟁하였다. 바울은 철학의 윤리적 자료들을 공유된 자료들로서 받아들이고 나아가 공동의 지식으로 함께 사용하였으며, 이러한 방법으로 기독교 공동체와 주변 세계를 자연스럽게 동화시켜 나갔다. 이것은 마치 가정이 당시 사회의 질서와 국가의 근간으로 여겨지고 있는 상황에서 기독교 공동체가 외부 사회의 긴장과 압력으로부터 자신들을 보호하고 사회와의 분리성을 단절시키기 위하여 가훈표를 받아들임과 같다.

제3장

바울의 윤리적 권면의 신학적 근거

1. 바울 윤리의 신학적 기초

바울의 윤리는 바울 자신이 세웠거나 그와 관련된 교회에 보낸 상황서신 속에 내포되어 있다. 이러한 서신들은 상황에 응답하는 신학적 내용을 담고 있으므로 성격상 신학적 서신이다. 그러므로 바울의 윤리는 독립적인 윤리적 근거를 가지고 있는 것이 아니라 그의 신학 속에 내포되어 있다. 즉 바울의 윤리는 기독론 내지는 종말론에 그 기초를 두고 있는 신학적 윤리이다.

바울은 이를 직설법과 명령법의 관계성 속에서 전개시켜 나가고 있다.[275] 직설법은 예수 그리스도 안에 나타난 하나님의 구원 행동에 근거를 두고 있다. 바울의 서신들의 전반부는 하나님에 의해서 일어난 구원사건이 진술되어 있고, 후반부는 구원받은 인간들에게 요구되는 윤리적 권면이 주어져 있다. 이와 같이 구원받은 인간에게 주어진 하나님의 구원론적인 은총에 반응하는 윤리적 행동이 뒤따르고 있으며 바울의 윤리는 독단적으로 인간의 이성이나 본성에 의해서 시작되는 자율적인 윤리가 아니라 철저히 기독론에 근거를 두고 있다.

여기에 대해서 퍼니쉬는 바울 윤리의 성격을 한마디로 신학적 윤리로 묘사하였다.[276] 바울의 윤리는 근본적으로 인간의 삶 전체와 존재 전체가 하나님의 주권적이고, 창조적이며, 귀속적인 능력

---

275) 바울의 서신 가운데 특히 구원론적 직설법과 윤리적 명령법이 드러난 곳은 다음과 같다. 롬 6:12-23, 살전 5:4-6, 갈 5:25, 고전 5:7, 6:9-11, 빌 2:12-13 등.

276) 퍼니쉬는 바울 윤리의 주요 모티브에 대하여 처음으로 연구하였다. 그는 윤리와 신학을 분리하지 않고 신학 안에 통합되어 있는 윤리를 규명하고자 하였다. Furnish, 213.

에 의존하고 있기 때문에 필연적으로 바울 신학 전체에 산재해 있는 신학에 근거를 둘 수밖에 없다는 것이다.[277] 바울 윤리의 총체는 종말론적이며 하나님 중심적이다. 창조하시고 구원하시는 하나님의 능력은 사랑의 능력으로서 이 사랑은 예수 그리스도의 죽으심과 부활하심 가운데서 인간을 위해 계시되고 현실화된다.

따라서 믿음을 통하여 의인이 된 자들은 하나님의 구원의 선물을 받은 자들로서 순종의 내용으로 사랑이 요구되고 있다. 그러므로 그리스도의 죽으심과 부활하심은 종말론적 사건이요, 인간을 의롭게 하시고 화해시키시고 봉사하도록 부르시는 구원의 행위인 것이다. 이러한 신학적 근거 안에서 그는 바울 윤리의 기본 모티브로서 신학적, 종말론적, 기독론적 확신을 들고 있다.[278]

이와 비슷한 입장에서 쉬나벨(Schnabel) 역시 바울 윤리의 신학적 동기를 기독론적, 구원사적, 교회론적 그리고 종말론적 모티브로 분류하고 있다.[279]

그러나 볼프강 슈라게(W. Schrage)는 바울의 윤리는 그의 신학 안에 통합되어 있는 기독론적인 윤리로 보았다. 그러므로 기독론은 바울 윤리의 결정기준이 된다. 슈라게는 이러한 기독론이 바울의 신학과 윤리를 여는 열쇠라고 전제하면서 바울의 기독론은 종말론, 성령론, 교회론과 함께 그의 윤리에 잘 통합되어 있으며 어느 하나라도 따로 떨어져 독립적으로 존재하지 않는다고 밝혔다.[280]

---

277) 이러한 근거는 롬 1:16, 고전 1:24, 4:7, 5:4, 고후 12:9에 두고 있다.

278) Furnish, 212-224.

279) Eckhard J. Schnabel, "How Paul Developed His Ethics: Motivations, Norms and Criteria of Pauline Ethics"(1992), *Understanding Paul's Ethics: Twentieth Century Approaches*, Brian S. Roser ed.(Grand Rapids: Eerdmans Publishing, 1995), 293.

280) Schrage, 167ff.

또한 슈라게는 바울 윤리에 있어서 직설법과 명령법의 관계는 인간론적으로뿐만이 아니라, 기독론과 성령론을 포함한 종말론적인 변증법과의 연관 안에서 이해하였다. 즉 구원의 직설법과 행위의 명령법은 서로 밀접하게 연결되어 있으며, 직설법은 명령법의 전제이거나 명령법은 단순히 직설법에서 유래된 결과가 아니라, 그 안에 상호 통합되어 있으며 양자는 처음부터 함께 주어져 있는 기독론적 관점에서 해석하였다.

그러므로 바울의 윤리는 세상의 믿지 않는 일반인들에게 준 것이 아니라, 이미 그리스도인이 된 믿는 자들에게 준 윤리이다. 따라서 바울의 윤리는 세속적인 윤리가 아니라, 예수 그리스도로 말미암아 믿음으로 의롭다 하심을 입은 칭의자들에게 준 기독론적 윤리이다. 또한 신스토아 철학자들의 윤리처럼 개인의 윤리가 아니라, 공동체에 준 '교회의 윤리'이다. 뿐만 아니라 바울의 윤리는 체계적으로 윤리적 진술을 위해 쓰인 것이 아니라 신학적 주제와의 관계성 속에서 쓰인 윤리이다.

따라서 바울의 윤리는 신학과 통합되어 있는 신학적 윤리로서 이성이나 양심에 근거를 둔 철학적 윤리나 도덕적인 윤리가 아니라, 그리스도 안에서 일어난 구원사건과 직결되어 있는 신학적 윤리이다.

바울 서신에 나타나는 윤리는 교리와 윤리의 이원구조 속에 들어 있다. 그의 서신의 앞부분은 케리그마 내지는 교리를 다루고 있고 뒷부분은 윤리를 다루고 있다. 바울의 윤리가 시작되는 권면 부분에서 '그러므로'(ουν)라는 불변사로 시작된다. 이로써 바울의 윤리가 어떤 자율적인 윤리나 목적 윤리가 아니라는 것을 분명히 한다.

바울의 권면은 이미 앞에서 언급하였듯이 당시 헬라 세계에서 통용되던 '일반적 권면'이라기보다는 '신적 권면'으로서 '위로적 권면' 또는 '격려적 권면'이다.281) 이러한 신적 권면은 로마서 12:1 "그러므로 내가 하나님의 모든 자비하심으로 너희를 권하노니……" 로 시작된다. 여기서 '그러므로'(ουν)라는 불변사는 권면의 위로적 내지는 격려적 성향을 띠고 있다.

던은 바울의 윤리는 단순히 개인만을 위한 윤리가 아니라 공동체를 위한 윤리이며, 기독교회를 모든 사회적 공동체의 모델로 삼아서 정치적 영역에도 영향을 미치는 것으로 보았다.282) 바울의 서신이 상황서신이라는 점을 고려할 때, 바울은 개교회의 상황에 대하여 신학적 답변과 아울러 윤리적 권면을 하였다는 것은 자연스러운 일이다. 이와 같이 바울의 윤리는 그의 교회들의 상황적 적합성과도 밀접하게 연관되어 있음을 알 수 있다.283) 따라서 바울의 윤리적 권면들은 최초 기독교의 일반적인 필요를 위해 주어졌으며 선교의 중요한 토대가 되었다.

이렇듯 바울의 윤리는 신학 안에 통합되어 있으며, 신학적 맥락 속에 산재해 있는 윤리이다.284) 동시에 상황에 응답한 신학적 윤리이다. 그러므로 바울의 윤리는 이미 일어난 하나님의 구원의 은총을 말하는 '직설법'(indicative)과 그 신학적 기초 위에 요구되는 '명령법'(imperative)의 관계가 그의 윤리해석에 중요한 실마리가 되고 있다.

---

281) Ⅱ장 A항 참조.
282) Dunn, *Theology of Paul*, 672 - 673.
283) Becker, 37 - 39.
284) 장흥길, **신약성서의 윤리**, 132 - 136.

2. 직설법과 명령법의 관계

바울의 윤리는 그의 서신 전반, 즉 신학적 맥락 속에 산재해 있기 때문에 바울의 윤리를 이해할 때 방법론적으로 그의 윤리적 진술이 들어 있는 각 서신뿐만 아니라, 전체 바울 서신에서 그 의미를 파악해야 한다. 일부 바울의 서신들은[285] 그 구성에 있어서 두 부분으로 구분되어 나타난다. 이 서신들의 앞부분은 케리그마 내지 교리를 담고 있는 기독론적 진술 또는 종말론적 진술을 담고 있고, 그 뒷부분은 행위규정인 윤리를 담고 있다. 이와 같이 바울의 서신에는 교리적 진술과 윤리적 진술이 함께 나타나고 있다.

베른레(P. Wernle)는 이와 같은 공존의 관계를 직설법과 명령법의 관계로 규정하고 신약학의 주제로 삼았다.[286] 바울 윤리의 기초를 규정하기 위하여 직설법과 명령법은 바울의 신학에 통합된 윤리의 성격을 밝히는 데 불가피한 과정이 되었다. 바울 윤리의 문제는 이 두 진술의 관계 설정에 달려 있다. 믿음으로 의롭다 함을 받은 구원의 은총을 진술한 직설법과 칭의자에게 부과되는 의로운 삶의 요구인 명령법의 관계는 바울 서신의 전반에 나타나는 두드러진 특징이다.[287] 이러한 관계를 처음으로 제기한 베른네는 양자의 관계를 모순으로 보았다. 그는 이미 일어난 하나님의 구원의 약

---

285) 예를 들면 로마서, 갈라디아서, 데살로니가전서, 후기서신인 골로새서, 에베소서 등.

286) P. Werlnle, *Der und die Sünde bei Paulus*(Freiburg: Paul Siebeck, 1897), 121.

287) 예를 들면 갈 5:25절에 '만일 우리가 성령으로 살면'(직설법) '또한 성령으로 행할지니'(명령법)로 나타난다든가, 또는 고전 5:7절에서 '너희는 누룩 없는 자인데'(직설법) '새 덩어리가 되기 위하여 묵은 누룩을 내어버리라'(명령법)와 같이 나타난다. 이와 같이 직설법과 명령법이 바울의 서신에서 동시에 드러난다.

속인 직설법과 사도 바울의 권면인 명령법은 상호 모순된다는 것이다. 그는 예수그리스도를 믿는 자에게 선물로 주어진 종말론적인 구원의 약속으로서의 직설법은 바울에 의해서 주어진 권면으로서의 명령법과 서로 일치될 수 없는 모순으로 규정함으로 양자를 배타적으로 보았다.

반면에 베른네와는 달리 불트만(R. Bultmann)은 직설법과 명령법의 양자관계를 상호 불가분의 공속관계에서 해석을 시도하였다.[288] 불트만은 이 양자의 관계를 내용적으로 피할 수 없는 '하나의 진정한 이율배반' 혹은 '역설'(paradox)로서 이해하였다. 그에 의하면 직설법과 명령법이 외형상으로는 상호 모순된 것처럼 보이지만, 내용적으로는 서로 공속되어 있다는 것이다(빌 2:12 - 13). 불트만은 명령법은 칭의의 근거 위에 세워져 있으며, 직설법에서 유래되었다고 적극적으로 설명하였다.

그러나 불트만은 이 양자의 관계를 기본적으로는 실존주의적인 인간론에서 시작함으로써 기독론적인 관점을 간과하게 되었다. 즉 불트만은 의와 죄는 경험될 수 없는 것으로서 보고 인간의 의지와 행동을 분리시켰다. 이로써 하나님의 칭의의 선언이 우리 밖에서 행하여지기는 하였으나 의의 실행에 대한 칭의자로서의 인간의 참여는 축소되고 말았다.[289]

불트만의 입장에 대해 보른캄(G. Bornkamm)은 명령법(권면)의 당위성은 세례받을 때 선물로 주어진 새 생명의 잠재성 안에 그 근거를 두고 있다고 한다.[290] 따라서 그 잠재성은 인간론적인 관점보다

---

288) R. Bultmann, "Das Problem der Ethik bei Paulus", ZNW 23(1924), 121 - 140.
289) Bultmann, 신약성서신학, 280 - 286.

더 큰 관점 안에 나타나며, 이것이 명령법의 근거가 된다고 말한다. 명령법은 칭의자의 어떤 선한 능력을 움직이는 것이 아니라, 세례 시 이미 칭의자에게 일어난 새 생명을 반복하는 것이기에 명령법은 '호소하는 위로'이며 위로적 호소인 신적 권면($\pi\alpha\rho\acute{\alpha}\kappa\lambda\eta\sigma\iota\varsigma$)이다.[291] 보른캄의 직설법과 명령법은 이율배반의 인간론뿐만이 아니라, 결국 기독론과 성령론을 포함한 종말론적인 변증법 위에서 해명하였다.

케제만(E. Käsemann)은 불트만의 해명이 인간론적으로 축소되었음을 비판하면서, 직설법이 일방적으로 선물로 간주되어 그 선물이 쉽게 선물을 주신 분과 분리될 수 있는 오해를 받을 수 있음을 지적하였다.[292] 케제만은 명령법의 권면은 선물에 단순하게 추가된 어떤 것이 아니라, 처음부터 직설법 속에 주어진 것이다. 즉 명령법은 직설법 안에 통합되어 있다는 것이다. 직설법을 단지 명령법의 근거로 생각한다면 명령법은 가능성의 실현이라는 요구에 지나지 않게 된다. 케제만은 의를 경건치 않은 자를 의롭다 여기시는 하나님의 선물로서뿐 아니라, 하나님의 능력으로 이해함으로써 선물을 주신 하나님과 선물을 분리하지 않는다. 케제만은 직설법과 명령법을 인간론적으로 보지 않고 기독론의 관점으로 이해하였다.

던은 바울의 윤리를 직설법과 명령법으로 요약할 수 있다는 점을 정설로 인정하면서, 바울의 신학의 주된 특징을 그의 열렬한 윤리적 관심에 있다고 보았다.[293] 바울의 서신들은 사실은 그의 윤리

---

290) G. Bornkamm, "Taufe und Leben bei Paulus", in *Das Ende des Gesetzes*(Mü nchen: Kaiser, 1963), 34 - 50.

291) Ibid., 47.

292) E. Käsemann, "An die Romer", *HNT* 8a(Tübinggen: J. C. B. Mohr, 1980), 167.

적 관심들에 의해서 쓰였으며, 그의 서신들은 신자들이 어떻게 행해야 하는가라는 문제를 다루고 있다. 직설법과 명령법의 구조에서 보듯 바울의 서신들은 신학적 해설과 그에 뒤이은 실천적 적용이라는 두 부분으로 나누는 것이 일반적으로 전통이 되어 왔다. 실천적 적용부분에서 바울은 신자로서 어떻게 행하고 살아야 하는가를 제시한다.

던은 신학적 해설 부분을 '~가 사실이기 때문에…… 그러므로……'의 구조를 갖고 있으며, 반면에 실천적 해설의 부분에서는 '~하기 때문에…… 그러므로……'의 이중적 구조를 가지고 있다고 보았다. 이러한 점을 바울이 격언적 권면으로 요약한 것으로 보았다는 것이다.[294] 예를 들면,

1) 로마서 6:4a - b "그러므로 우리가 그의 죽으심과 합하여 세례를 받음으로 그와 함께 장사되었나니 이는 아버지의 영광으로 말미암아 그리스도를 죽은 자 가운데서 살리심과 같이 우리로 또한 새 생명 가운데서 행하게 하려 함이라."
2) 고린도전서 5:7a - b(역순으로) "새 덩어리가 되기 위하여 묵은 누룩을 내버리라."
3) 갈라디아서 5:1a - b "그리스도께서 우리를 자유롭게 하려고 자유를 주셨으니 그러므로 굳건하게 서서 다시는 종의 멍에를 메지 말라."
4) 갈라디아서 5:13a - b "형제들아 너희가 자유를 위하여 부르심을 입었으나 그러나 그 자유로 육체의 기회를 삼지 말고 오직 사랑으로 서로 종노릇 하라."
5) 빌립보서 2:12 - 13(역순으로) "그러므로 나의 사랑하는 자들아 너희가 나 있을 때뿐 아니라 더욱 지금 나 없을 때에도 항상 복종하

293) Dunn, *Theology of Paul*, 626.
294) Ibid., 627.

여 두렵고 떨림으로 너희 구원을 이루라 너희 안에서 행하시는
이는 하나님이시니 자기의 기쁘신 뜻을 위하여 너희에게 소원을
두고 행하게 하시나니"

여기서 보듯 이러한 격언들은 바울의 신학과 윤리가 서로 섞여
서 혼재되어 있는 상태를 나타내며, 그의 신학의 기본적인 구성요
소들과 특징들은 그가 신학적 윤리에 얼마나 깊은 관심을 가졌는
지를 잘 보여준다.

던은 직설법이 두 가지 중요한 계기를 가지고 있음을 설명한다.
첫째는 그리스도 사건, 즉 그리스도의 생애로서 특히 그리스도의 죽
음과 부활이다. 둘째는 구원의 시작이다. 직설법은 명령법을 위한
필수적인 전제요 그 출발점이며, 그리스도께서 행하신 일은 신자가
해야 할 일의 토대가 된다고 보았다. 따라서 구원의 시작은 새로운
생활 방식의 시작이며, 신자는 새로운 피조물이 됨으로써 새 생명
가운데 행하는 것이 가능해졌으며, 이로써 명령법은 직설법이 소산
이 되어야 한다는 것이다. 던은 명령법 없이는 그리스도인은 교회
와 세상 안에서 책임 있는 인간이 될 수 없다고 강조한다.[295]

이상에서 살펴본 바 바울에게 있어서 직설법과 명령법의 관계는
'모순'이나 '역설'이 아니라 인간론과 함께 기독론적 관점에서 구원
의 선물과 선물 제공자이신 하나님을 분리하지 않는 통합적인 관
점에서 양자를 이해하는 것이 바울의 윤리적 권면을 바로 이해하
는 열쇠가 된다. 따라서 그리스도인의 구원의 시작(직설법)은 새로
운 생활방식의 시작(명령법)이 된다.

---

295) Ibid., 630 – 631.

3. 바울의 윤리적 자료의 특성

  디벨리우스는 초대교회의 종말론적 관점에서 바울의 윤리적 자료들의 성격을 규명하였다.[296] 그는 초대교회의 종말론적 기대들이 특수한 기독교적 윤리들의 발전을 저해하였다고 본다. 하지만 종말의 지연으로 인하여 종말론적 기대가 희미하여지고 그리스도인들의 세상에서의 삶의 연장이 불가피하여지자 윤리적 지침들이 필요하게 되었다. 그리하여 헬레니즘 세계에서 일상적으로 사용되고 있던 통속철학의 윤리적 전통들을 빌려 와 자신들의 윤리적 자료들로 삼았다고 주장하였다.

  이러한 과정을 거친 바울 서신의 윤리적 교훈과 권면들은 헬라의 '생활률적 전승'에 배경을 두고 있다는 것이다. 헬라의 생활률은 보편적인 도덕적 내용을 담고 있는 권면들을 계속하여 연결하는 본문으로서, 이러한 생활률은 바울에 의해서 헬라 세계로부터 이끌어 내어져서 '기독교화'된 자료들로 구성되었다. 이러한 디벨리우스의 이론은 폭넓게 지지를 받고 있다.

  퍼니쉬는 그의 이러한 노력의 결과로서 바울의 교훈이 헬레니즘 세계의 생활률 문체와 형식적 유사성을 갖고 있음이 규명되었다고 보았다.[297]

  신약성서에는 여러 차례 잠언적 성격의 인용문들이 나타나고 있는데 이는 표면상 고전 문학과 병행을 이룬다. 말허비는 이러한 전

---

296) M. Dibelius, *Urchristentum und Kultur*, 18.; *A Fresh Approach to the New Testament and Early Christian Literature*, 143-144.

297) Furnish, 261.

승을 추적하여 신약성서의 헬라적 전승을 규명하였다.[298)]

1) "돈을 사랑함이 일만 악의 뿌리가 되나니……"(딤전 6:10)
2) "어찌하여 형제의 눈 속에 있는 티는 보고 네 눈 속에 있는 들보
   는 깨닫지 못하느냐"(마 7:3)
3) "의사야 네 자신을 고치라"(눅 4:23)
4) "너희는 눈이 있어도 보지 못하며 귀가 있어도 듣지 못하느냐"(막
   8:18)
5) "개가 그 토하였던 것에 돌아가고 돼지가 씻었다가 더러운 구덩이
   에 도로 누웠다"(벧후 2:22)

말허비에 따르면, 이러한 인용문들은 그리스 문학으로부터 유래
된 것이 아니라, 널리 유포된 지혜 전승으로부터 나온 것이며, 그
중 몇 가지는 구약성서와 유대 문서들을 그 배경으로 하고 있다는
것이다.[299)] 이와 같이 바울의 자료 가운데는 헬레니즘 세계의 핸드
북, 명시선, 고전 문학의 요약 등의 다양한 성격을 가지고 있다.

여기서 보는 생활률 또는 도덕률들은 문화적 경계를 가지고 있
으며, 대중지혜(popular wisdom)는 이러한 경계를 인식하고 있다. 따
라서 그 문화적 경계 안에 있는 생활률 또는 도덕률은 대중지혜로서

---

298) Marherbe, *Social Aspect of Early Christianity*, 41 – 45. 헬레니즘적 작가의 저술들 중
특히 도덕철학가의 저술들은 이런 유형의 인용구를 풍부하게 지니고 있다. 그들은 고전 작
가의 지혜를 반복하고 적용함으로써 헬레니즘 시대를 더 사상적으로 풍성하게 만들었다. 당
시 학생들은 고전 저자들의 책을 직접 읽기보다 학설을 요약하거나 비교한 핸드북으로부터
철학을 공부하였다. 신약성서에 전해지는 헬라 작가들의 인용구는 다음과 같은 것이 있
다. 디오니소스 공동체의 종교문서: "도리어 하나님을 대적하는 자가 될까 하노라"(행
5:39), "가시채를 뒷발질하기가 네게 고생이니라"(행 26:14). 바울이 그리스 작가로부터
직접 인용한 정확한 문장: 메난더(Menander)의 잠언 "악한 동무가 선한 행실을 더럽히나
니"(고전 15:33). 크레타작가 에피메니데스(Epimenides)의 격언 "크레데인은 항상 거짓말
쟁이며 악한 짐승이며 배만 위하는 게으름뱅이라"(디도서 1:12), 기타: "우리가 그의(하나
님의) 소생이라"(행전 17:28)는 "우리는 하나님 안에서 살고 움직이고 존재하고 있습니다"
는 에피메니테스의 글로부터 직접 왔다.

299) Ibid., 42.

누구나 쉽게 이해할 수 있다는 것은 극히 자연스러운 일이다.[300]

퍼니쉬는 바울 윤리의 자료들을 고찰하면서 다음과 같은 네 가지 중요한 사항을 지적하였다.[301]

1) 바울은 그의 윤리적 권면들에서 독창적인 것이 아니라 구체적이고 적절한 것, 포괄적인 것, 설득력이 있는 것을 추구하였다.
2) 바울은 전통적인 윤리적 자료를 너무나 철저하게 그의 서신들의 전체 문맥 속으로 동화시켰기 때문에, 형식이나 내용에 있어서는 반드시 그런 것은 아니지만 그 기능에 있어서 중요한 변화를 거치게 되었다.
3) 바울의 권면들은 그의 서신 가운데에서의 이른바 '생활률적인 부분들'에로 한정시킬 수는 없으며 각 서신 도처에 다양한 방식들로 표현되어 있다.
4) 이러한 사실들에 비추어 볼 때 바울 서신들이란 교리적인 부분과 윤리적인 부분으로 명쾌하게 구분될 수는 없으며 케리그마와 디다케 사이를 구분하는 것은 적어도 바울에게 적용될 때 도움이 되지 않는다.

이러한 점들을 종합해 보면, 바울이 그의 교회와 회중들에게 사용한 윤리적 자료들은 매우 바울적인 독창성을 가진 독특한 자료들이 아니라, 전통적이며 보편적으로 널리 사용하던 것으로서 당대에 같은 문화의 경계 내에 있는 자들은 누구나 이해하는 대중 지혜적 자료들이었다.[302] 바울의 관심은 그 자신의 어떤 '독창적'인 것

---

300) 황금률과 같은 그 시대에 통용되는 격언들은 같은 문화권 속에 있는 자는 누구든지 쉽게 이해할 수 있다. 대중지혜는 곡해 없이 누구나 쉽게 이해할 수 있는 특성이 있기 때문이다.

301) Furnish, 68-69.

302) 이와 같은 것들에는 바울의 동시대 저술가들의 윤리개념과 일치하는 것으로서 1) 비난받을 악덕에 관한 바울의 목록: 롬1:29-31, 13:13, 고전 5:10-11, 6:9-10, 고후 12:20-21, 갈 5:19-21 2) 권장할 만한 미덕에 관한 바울의 목록: 고후 6:6, 갈 5:22-23, 빌 4:8 등이 있다.

을 만들어 내는 데 있는 것이 아니었으며 '기독교적' 윤리를 배타적으로 당시 세속 안에 촉진시키고자 한 것도 아니다. 바울은 자신이 권장하고자 하는 행동들을 뒷받침해 주고, 자신이 비난하려는 악덕들을 공격해 주는 것이면 그것이 이교도적인 것이든, 유대교적인 것이든, 기독교적인 것이든 혹은 비기독교적인 것이든 그 근원들을 주저하지 않고 보조적인 수단으로 사용하였다.

그러나 바울은 그의 서신들 안에 무조건적으로 전통적 자료들을 빌려 와 사용한 것이 아니라, "범사에 헤아려 좋은 것은 취하고 악은 모든 모양이라도 버리라"(살전 5:21 – 22)고 함으로써 나름대로의 기준을 가지고 철저히 신학화 내지 기독교화하여 그의 서신들 속에 동화시켜 나갔다.

따라서 바울의 윤리는 그의 서신의 특정 부분에 모아져 있지 않고, 서신 전반에 다양한 방식으로 산재해 있으며, 윤리적 권면의 문체 역시 명령법적인 것만이 아니라, 직설법적인 것과 연관되어 사용되고 있다. 그러므로 바울은 그가 권면하고자 하는 목적에 맞는 자료이면 주저하지 않고 사용함으로써 보다 폭넓은 자율적인 권면을 가능하게 하였다.

4. 바울의 윤리적 권면의 양식과 유형

바울의 권면 양식들은 헬라의 다양한 자료들과 일반 생활률적인 것들로부터 빌려 왔기에 형태상 매우 다양한 양식을 띠고 있다. 또한 고대 철학적 서신의 마지막은 대부분 권면으로 되어 있다.303) 권면의 중요한 요소들로는 일련의 규정들, 금지들, 권면들, 경고들 그리고 예증과 비교들이 있다. 바울의 서신 속에서 발견되는 대부분의 표준적인 유형은 철학적 권면의 수단으로서 널리 사용되고 있던 것들이다. 바울의 윤리적 권면의 유형은 다음과 같은 것들이 있다.304)

1) 제2인칭과 제3인칭 모두를 사용하는 직접적 명령형
   빌립보서 3:16, 로마서 2:15

2) 형용사 – 로마서 12:10, 11

3) 동명사형 – 로마서 12:9

4) 권유형 가정법 – 로마서 13:12, 13, 14:13, 19, 고린도후서 7:1, 갈라디아서 5:25 – 26, 6:9, 10, 빌립보서 3:15, 데살로니가전서 5:6

5) 청유형 동사들 – 고린도전서 4:16, 16:15, 고린도후서 10:1, 데살로니가전서 5:14, 빌레몬서 10

6) 부정사 구문 – 로마서 12:1, 15:30(비교 16:17), 고린도후서 2:8, 6:1, 빌립보서 4:2, 데살로니가전서 4:10

7) ἵνα 구문 – 고린도전서 1:10, 데살로니가전서 4:1

8) Θέομαι, Θεόμεθα – 고린도후서 5:20, 10:2, 갈라디아서 4:12

9) ἐρωτῶ, ἐρωτῶμεν – 빌립보서 4:3, 데살로니가전서 4:1, 5:12

10) Θέλω, οὐ Θέλω – 고린도전서 7:7, 32, 10:20, 14:5
    비교: 갈라디아서 3:2 "나는 너희가 알기를 원하노라"
    고린도전서 "너희가 알지 못하기를 원치 아니하노라"

11) ἐνορκίζω – 데살로니가전서 5:27

12) λέγω – 로마서 12:13

13) οὐκ οἴδατε, ἢ ἀγνοεῖτε – 질문형식의 생활률적 어법 "너희는……알지 못하느뇨" 로마서 6:3, 고린도전서 9:3, 16, 9:24

14) 긍정을 유도하는 질문형식 – 로마서 6:2, 14:4, 고린도전서 4:7,

303) Betz, 254.
304) Furnish, 92 – 98.

11:22a, 고린도후서 6:14 - 15

15) 모범을 따르라는 권유 - 고린도전서 16:1, 로마서 15:26 - 27, 고린도후서 8:1

16) 경고적 권면 - 고린도후서 13:3, 12:20
심판언급 - 로마서 2:2, 14:10 고린도전서 3:10

17) 과거의 예를 들어 권하는 형식 - 빌립보서 2:12 갈라디아서 4:12b

18) 현재의 확신에 대한 권면 - 갈라디아서 5:10

19) 섬기는 일에 대한 권면 - 고린도후서 9:1, 몬 21

20) 감사로 나타낸 생활률적 권면[305] - 빌레몬서: '사랑'(5, 7), '믿음의 교제'(6), '사랑을 인하여'(9), '동역자'(17), '마음들'(7, 20)

21) 축복 및 기도의 형식으로 나타낸 권면 - 로마서 15:5 - 6, 데살로니가전서 3:11, 5:23, 고린도후서 3:7, 비교: 빌립보서 1:9 - 11, 빌레몬 6

22) 1인칭 단수를 사용한 권면 - 고린도전서 8:12, 13:1, 11 - 12, 14:19

23) 권면적 성격의 설화 - 로마서 4장, 갈라디아서 3장, 4:22이하, 고린도전서 10:1 이하 성서의 설화들을 인용하여 권면적으로 사용하고 있다.

24) 자서전적 설화 - 갈라디아서 2:11 - 14

25) 회화나 조롱을 사용한 풍자적 명령 - 고린도전서 4:8 - 13, 3:3 이하, 21(역설적 명령법 - 불트만), 4:14 "내가 너희를 부끄럽게 하려고 이것을 쓰는 것이 아니라 오직 너희로 사랑하는 자녀같이 권하려 하는 것이라"

26) 명령형 직설법 - 바울의 으뜸가는 권면 수단
갈라디아서 4:31 - 풍유적 이야기들을 단순한 긍정문의 진술로 결론을 맺는다. 갈라디아서 3:25 - 29, 4:1 - 9, 로마서 5:1이하, 12, 6:4, 11, 7:4, 데살로니가전서 4:7, 로마서 13: 10, 14:8, 고린도전서 2:14 이하, 6:11, 12:27, 고린도후서 6:16

이와 같이 바울은 권면의 형식으로 명령문, 권유형, 가정법, 청유

---

305) P. Schubert, "Form and Function of the Pauline Thanksgivings", *BZNW*, 20(Berlin: A. Topelmann, 1939), 89. 슈베르트는 "모든 바울의 감사의 인사들은 암시적이든 명시적이든 생활률적 기능을 지닌다."고 주장하였다.

형 등의 동사들을 문법적 형식으로 사용하였으며 그 외에도 생활
률적인 다양한 방식으로 표현하였다.[306] 바울은 권면의 형식들을
더 모호하고 덜 직접적인 많은 방식들을 사용하여 그의 교회 회중
들에게 행하라고 권면하고 있으며 그의 서신 전반에서 이러한 방
법들이 나타난다.

5. 요 약

바울의 서신은 상황에 응답한 서신으로 신학적 내용을 담고 있
다. 따라서 그의 윤리는 독립적 근거를 가지고 있는 것이 아니라
신학 속에 내포되어 있다. 신학적 윤리로서 바울의 윤리는 구원의
직설법과 요구로서의 명령법의 관계성 속에서 연구되어 왔다. 바울
의 서신은 앞부분은 케리그마 내지 기독론적 진술을 담고 있으며,
뒷부분은 종말론적인 진술로서 행위규정을 담고 있다. 따라서 그리
스도인에게 요구되는 명령법은 인간의 참여로서가 아니라 칭의자
에게 요구되는 하나님의 구원의 은총과 분리되지 않는 통합적 관
점에서 이해되는 윤리적 행위임을 나타낸다.

바울의 윤리적 교훈은 대체로 헬라 세계의 윤리적 문헌과 전승
들이 가지고 있는 자료적인 특성들을 대부분 공유하고 있으며, 바
울은 윤리적 자료들을 헬라의 지혜전승으로부터 생활률적 자료들
을 다양하게 선택하여 사용하였지만 그의 서신들의 문맥 속에서

---

306) Furnish, 92 - 98.

동화시켜 기독교화하여 나갔다. 따라서 바울은 비록 세속적인 것이라 할지라도 그의 독자들에게 이미 친숙한 것이라면 사용하기를 주저하지 않았다. 그리하여 그는 "범사에 헤아려 좋은 것은 취하고 악은 어떤 모양이라도 버려라"(살전 5:21 – 22)와 같은 내적 기준에 따라 어떤 주제라 할지라도 그의 목적에 맞는 주제를 선택하였고 이를 점차 신학적으로 동화시켜 나갔다. 그리하여 바울의 이러한 노력의 결과로 그의 교훈이 헬레니즘 세계의 생활률적 문제와 형식상 유사성을 갖게 되었다.

바울의 권면 양식은 다양한 출처에서 온 자료적 특성에 따라 다양한 양식을 띠고 있다. 형식상으로 명령법, 권유형, 가정법을 비롯하여 인칭으로 구분하여 2인칭, 3인칭의 명령법, 축복과 기도형식의 권면, 감사형식을 빌린 권면 등으로 나타난다. 하지만 바울은 권면의 형식들을 보다 더 모호하고 덜 직접적인 방식으로 그의 회중들에게 행하라고 권면함으로써 윤리적 포괄성을 유지하여 나갔다.

제4장

갈라디아서 5:25 – 6:10의 격언 고찰

1. 갈라디아에서의 바울의 정황

갈라디아서의 수신지가 어디냐를 놓고 북갈라디아설(North Galatian Hypothesis)과 남갈라디아설(South Galatian Hypothesis)로 나뉜다.[307]

북갈라디아설은 앙키라를 중심으로 중앙지역에 있는 영토(territory)로서 이교적인 갈라디아로 보는 설이다. 이곳은 골(Gaul)로부터 온 켈틱족의 침입으로 인하여 2세기 동안 지배를 당하다가 아우구스투스 때(기원전 25년) 로마에 병합되었다.

남갈라디아는 루가오니와 비시디아 지방, 비시디안 안디옥, 이고니온과 루스드라와 더베 등을 중심으로 한 주변 지방(province)으로 로마의 갈라디아 속주(Roman province)를 가리킨다고 보는 설이다.

따라서 바울 당시에 갈라디아라고 하며 소아시아의 북부 내륙 지역을 가리키는 지방 이름이기도 하고, 소아시아 남부 지역까지 뻗어 있는 로마의 행정구역의 하나로 속주의 이름이기도 하다. 갈라디아를 확장된 로마의 주를 의미한다면, 바울은 1차 선교여행 때 그 지역(비시디아 안디옥, 이고니아, 루스드라와 더베)에서 교회들을 세웠고,[308] 그의 2차 선교여행 때 다시 그 교회들을 방문하였다[309]는

---

307) 바울은 수신자 표현에 있어서 그의 서신 다른 곳에서와는 달리 표현하였다. 즉 고린도전·후서에서는 '고린도에 있는 하나님의 교회'(고전 1:2, 고후 1:1), 데살로니가에서는 '데살로니가인의 교회'(살전 1:1)로 표현한 데 반하여 갈라디아서에서는 '갈라디아 여러 교회들'(갈 1:2)이라고 표현하였다. 고린도서나 데살로니가서는 현지에 있는 교회들이 수신자인 데 반하여 갈라디아서는 여러 교회들이 수신자가 된다. 뿐만 아니라 다른 서신들의 이름은 그 도시들인 데 반하여 갈라디아는 도시 명칭이 아니라 소아시아의 어느 지역을 가리키는 지명이다. 이러한 연유로 인하여 아직까지 갈라디아서의 수신지에 대한 논란이 계속되고 있다.

308) 행 13-14장.

309) 행 16:1-5.

뜻이 된다.

반면에 갈라디아를 원래 영토인 중앙지역으로 한정한다면, 바울
은 2차 선교여행 때 그 지역을 통과하였고[310] 3차 여행 때 이미 그
곳에 있던 교회들을 격려하고 돌보게 되었다[311]는 뜻이 된다. 대체
로 갈라디아라고 할 때, 학자들은 북갈라디아설을 지지하나 남갈라
디아설도 많은 지지를 받고 있다.[312] 그러나 어느 설을 지지하든
바울의 서신을 수신한 사람들은 이방인들이라는 것이다.

베츠(H. D. Betz)는 바울의 서신을 받아 본 갈라디아인들을 '소
아시아 중앙평원의 거주자들'이라고 정의하고 있다.[313] 지정학적으
로 갈라디아는 여러 세기 동안 역사적 변화를 거쳐 헬라화되었으
며 뒤이어 로마화되었다. 갈라디아서의 수신인들이 도시에 거주하
는 헬라화된 사람들인지 아니면 켈트족의 후예인지 분명치 않다.

베츠는 바울의 문체가 수사학적으로 신학적으로 정교하게 쓰였다
는 사실에서 갈라디아교회는 가난하고 못 배운 사람들 가운데 세워
진 것이 아니라, 헬라화되고 로마화된 도시 사람들 가운데 세워진
교회라고 주장한다. 그 실례로 '그리스도 안에서의 자유'라는 바울
의 메시지는 정치, 사회, 문화 그리고 종교적 해방에 관심 있는 사
람들 사이에서 들리는 메시지라는 사실이다. 이들은 그리스도교로
개종하기 전에 우상숭배자였으며(4:8), 율법과 할례를 알지 못하던
자들이다(5:2, 6:12). 이들은 바울로부터 진리의 말씀인 복음을 받아

---

310) 행 16:6.

311) 행 18:23.

312) 북갈라디아설을 주장하는 학자들은 J. B. Lightfoot, J. Moffatt 등이 있으며, 남갈라디아설
을 주장하는 학자들은 W. M. Ramay, G. Perrot, E. Renan, F. F. Bruce 등이 있다. 여
기에 대한 자세한 언급은 론지네크의 『갈라디아서 주석』 88-98을 참조할 것.

313) Betz, 1-2.

들였다. 그러나 바울이 떠난 후 이들은 거짓 교사들에 의해서 율법과 할례로 돌아가고자 하는 유혹을 받게 되었다. 이러한 상황을 볼 때 이것은 노예나 하층민에게서 볼 수 있는 상황이 아니라는 것을 알 수 있다.

바울이 갈라디아서를 쓰게 된 동기는 갈라디아에서 벌어진 상황과 관련되어 있다. 바울은 갈라디아 사태의 내용에 대하여 구체적으로 명시하고 있지 않으나 그의 서신의 몇 구절에서 언급하고 있다.[314] 그 내용들을 종합하여 보면, 유대로부터 내려온 일단의 선동자들이 바울이 전한 그리스도의 복음을 왜곡시켰다(1:7). 그리하여 이들은 '다른 복음'(1:6)을 전하고 갈라디아인들을 꾀었다(3:1). 그들의 목적은 갈라디아인들을 꾀어 자신들에게 열심을 내도록 하기 위함이었다(4:17).

뿐만 아니라 그들은 갈라디아인들을 막아 진리에 순종하지 못하게 하였으며(5:7), 누룩이 부풀게 하듯 공동체를 부패시키고자 하였다(5:9). 스스로 할례받은 이들(6:13)은 유대의 율법을 강요하고 갈라디아인들에게 할례를 강요하였다(6:13). 바울은 이들을 육체의 모양을 내려 하는 자라고 비난하였다(6:12).

일련의 이러한 일들로 말미암아 갈라디아 교회는 크게 요동하게 되었고 유대 선동자들로 인하여 그리스도의 은혜로 부르신 이를 속히 떠나 다른 복음을 좇는 현상이 일어났으며(1:6), 성령으로 시작하였던 그들이 이제 육체로 마치려고 하였다(3:3). 그리하여 천박한 초등학문으로 다시 돌아가 그것에 종노릇하며(4:9), 날과 달과 절기와 해를 지켰으며(4:10), 할례를 받아야 한다고 생각하게 되었

---

314) 갈 1:6 - 7, 3:1, 3, 4:9, 4:16 - 17, 5:3 - 4, 7 - 12, 6:12 - 13.

다(5:2 - 4). 그러나 이들을 선동하였던 유대주의자들을 스스로도 율법을 지키지 않는 자들이었다(6:13).

이렇듯 갈라디아인들을 선동한 바울 대적자들의 정체에 대하여 일반적인 해석은 그들은 그리스도인 유대주의자라는 것이다.[315] 이들의 주장은 바울은 지상적 예수의 제자가 아니므로 진정한 사도가 될 수 없으며, 그의 사도로서의 위임은 예루살렘 제자들에게 의존하고 있으며 종속되어 있다는 바울의 사도성에 대한 문제 제기였다.[316] 또 다른 하나는 바울이 전한 복음의 불완전성이다. 율법과 할례가 결여된 복음은 완전할 수 없으며[317] 아브라함의 후손이 되기 위해서는 그의 언약과 바른 관계를 맺어야 한다는 것이다.

그러나 바울은 그들과의 직접적인 논쟁을 벌이지 않는다. 베츠는 바울의 동기에 대하여 "바울은 자신의 반대자들에게 직접적으로 말하는 것이 아니라, 그들이 갈라디아 교회들에 제시했던 쟁점들에 대하여 말한다."고 하였다.[318] 이와 같이 갈라디아 교회의 심각성은 유대주의자들의 존재 여부가 아니라, 그들이 갈라디아인들에게 전한 그릇된 복음의 영향력 때문이다(3:1, 5:7 - 8). 그들의 설득은 실제로 효과적이었고 그리스도를 따르는 복음에서 많이 돌아서서 그들을 따르기 시작하였다(4:9 - 11). 그러나 아직 할례를 받기까지

---

315) 론지네크는 그간의 바울의 대적자들에 대한 이론들을 바우어에서부터 시작하여 조지 하워드에 이르기까지 그의 갈라디아서 주석에서 상세히 열거하고 있다. R. N. Longenecker, *Glatians*, Vol.41, *World Biblical Commentary*(Dallas: Words Books Publisher, 1990), lxxxix - xcvi.

316) 바울의 반대자들을 갈라디아에서 바울이 떠난 후 그들과 접촉하였음이 분명하다(갈 1:6 - 9). 바울은 자신의 사도성에 대한 도전에 직면하여 갈라디아서 1장 서론에서 그의 사도성에 대한 변증을 확대하고 있다(1:1 - 5).

317) 갈 2:15 - 21, 3:2 - 5, 4:21, 5:2 - 12, 6:12 - 17.

318) Betz, 5.

에는 이르지 않고 있었다. 그리하여 바울은 자유 안에 굳게 서서 다시는 종의 멍에를 메지 말라고 권면하고 있다(5:1, 10).

바울의 서신은 이러한 상황에 응답한 서신으로서 그의 독자들과 밀접한 관계를 가지고 있었다. 그의 독자들의 상황에 응답한 밀접한 관계를 나타내 주는 전형적인 서신의 형식들은 다음과 같다.[319]

1) "나의 자녀들아"(τέκνα μου) - 갈라디아서 4:19, 비교 고린도전서 4:14, 고린도후서 6:13, 빌레몬서 10
2) "형제들아"(νήπιοι - ἐν χριστῷ) - 고린도전서 3:1, 비교 데살로니가전서 2:7
3) "형제들아"(ἀδελφοί) - 로마서 1:13, 고린도전서 15:58, 빌립보서 3:1, 4:1, 데살로니가전서 1:4
4) "사랑하는 자들아"(ἀγαπητοί) - 로마서 12:19, 고린도전서 10:14, 15:58, 고린도후서 7:1, 12:19, 빌립보서 1:12 4:1

이 가운데 바울은 특히 'ἀδελφοί'를 즐겨 사용하였으며 'ἀγαπητοί'는 독특한 기독교적 표현으로서 사용하고 있다.

여기서 보듯 바울은 그의 교회들에 '충고자'나 '상담자'로서의 역할만이 아니라 그 이상의 역할을 하였으며, 바울은 그들에게 '아버지'라고 은유적으로 지칭하고 있다. 이 호칭은 당시 사람들에게 익숙한 우월한 지혜와 경험을 가진 자에 대한 호칭이었다. 그러나 바울에게 있어서 이 호칭은 사도적 사역으로서 그에게서 복음으로 말미암아 거듭난 사실과 관련되어 있다.[320] 즉 믿음으로 그들을 품고 거듭나게 한 사실과 관련된 '아버지'인 것이다. 따라서 바울은 윤

---

319) Furnish, 90 - 91.
320) 고전 4:15 "그리스도 안에서 일만 스승이 있으되 아버지는 많지 아니하니 그리스도 예수 안에서 내가 복음으로 너희를 낳았음이라."

리적 지혜들을 전달하는 개인적 교사로서가 아니라 영적인 아버지로서 그의 교회에 편지를 쓴 것이다.

헬라세계에서의 교훈의 목적은 교육(παιδεία)이다. 이 교육은 한 사람이 자신의 특성에 적합한 책임을 완수하고 자신의 본성에 순응하도록 가르치는 이성적 교육이다. 세네카(Seneca)는 "행복한 삶은 공명정대한 행위로 이루어진다. 그러므로 교훈들은 행복한 삶을 성취할 능력을 가지고 있다."[321] 또한 마르쿠스 아우렐리우스는 금언들과 교훈들이 '삶의 구원'(σωτηρία βίου) 혹은 '소생'(ἀναβίωσις)으로 인도한다고 주장한다.[322]

그러나 바울의 구체적인 윤리적 권면들은 교육적 목적에 있는 것이 아니라, 복음의 정황과 관계된 것들이다. 바울은 당시나 후대를 위한 훌륭한 윤리적 법전을 마련하거나, 후대를 위한 규범이나 원리를 제시하고자 하지 않았다. 그의 권면은 단지 그리스도의 이름으로 세례를 받아 한 지체가 되고, 그리스도 안에서 새로운 삶을 시작하는 데 필요한 실제 문제들에 관한 교훈들을 스스로 깨닫고 대처해 나가기를 바라는 '아버지적 호소들'이다.

이렇듯 바울은 갈라디아 교회가 놓여 있는 여러 가지 정황 가운데서 그들의 상황과 관련된 민감한 문제들에 대하여 때론 사도적 명령으로, 때론 아버지적 호소로 그들의 문제에 해결책을 제시하였다. 그리하여 갈라디아인들이 어리석은 초등학문에서 벗어나 다시 복음의 정황 속으로 들어올 것을 촉구하고 있다.

---

321) Furnish, 91.
322) Ibid.

2. 격언의 성격

바울 당시는 주변의 헬라 통속 철학자들에 의해서 격언이 일반화되어 있었다. 일반화되어 있는 격언을 바울도 상당히 공유하고 있었으며 그의 목적에 맞게 이를 자유롭게 사용하였다. 격언의 특성에 대하여 학자들 간에 다소 차이가 있다.

스크록스는 "모든 훌륭한 격언은 설명을 필요로 하지 않으며, 동시에 모든 종류의 의문을 불러일으킨다."고 하였다.[323]

베츠는 "격언은 그 성격상 일반적이어야 하며, 그것은 인간의 삶, 즉 개인의 삶뿐만 아니라 공동체의 삶의 문제들을 다루는 일반적으로 인정된 원칙들을 포함한다."[324] 고 정의하였다.

그러나 디벨리우스는 "서로 연결되지 않는 일련의 상이한 권면"이라고 하였다.[325]

그러므로 격언은 일반적으로 개인과 공동체의 일상적 삶의 문제를 다루는 인정된 원칙들로서 서로 연관되어 있지 않는 상이한 권면들이다. 격언은 짧은 구절 속에 함축적 의미를 담고 있으므로 긴 설명을 필요로 하지 않으며, 자극적이며 그로 인하여 기대되는 효과는 비판과 권면을 통하여 행동을 바로잡고 교정하며 충고하는 역할을 한다.

또한 격언은 어떤 구체적인 실례를 제시하지 않는다. 다만 보편적 진리를 담고 있을 뿐이며, 절대적인 윤리사상을 주장하지도 않

---

323) Scroggs, 134 – 135.
324) Betz, 292.
325) Debelius, *Geschichte der urchristlichen Literatur*, 140.

는다. 격언은 특수한 계층을 대상으로 하는 것이 아니라 일반 대중의 모든 사람을 대상으로 하고 있으며, 시대를 초월하는 성격을 가지고 있다. 격언은 사리에 맞는 짤막한 구절로서 시대를 거쳐 가면서 대중들에 의해 받아들여지고 공감되는 것들은 계속 전승될 수 있었다. 그러므로 시대를 거쳐 가면서 살아남을 수 있는 것과 없는 것들로 자연스럽게 정리되었고, 전통적인 것들만 살아남을 수 있었다.

이러한 격언적 성향에 일치되게 바울도 어떤 구체적인 실례를 제공하지 않으며 절대적이고 단정적인 윤리 사상을 요구하지 않고 있다. 바울은 신학적 사상에 따라 인간을 평가하였으며 인간의 약함과 규범의 상대성을 고려하여 아주 온건하게 요구하고 있다.

격언은 법률적인 성격을 가지고 있지 않으므로 강제성이나 억압적으로 사용될 수 없고 오히려 친화적으로 사용될 때 더 큰 효과를 낼 수 있다. 따라서 윤리적 가르침의 목적은 개인들이 할 수 없는 것을 하도록 강제하는 것이 아니라 자발적으로 행동하도록 자극하는 것이다.

바울의 격언은 내용에 있어서 특별히 기독교적인 것은 거의 없으며 당시 세속의 일반적으로 인정된 격언들을 공유하였다. 바울이 갈라디아 교회들에 보낸 권면의 성격을 살펴볼 때, 그는 당시 헬라 사람들의 윤리적 사상을 따르고 있으며 격언적 형태로 그의 교회들에 권면하였다. 그 이유는 특별히 기독교적인 윤리를 적용하고 있다는 인상을 주지 않고, 일반적으로 인정되고 있고 당시 사람들에게 익숙한 전통적 격언을 사용함으로써 어떤 효과를 얻고자 했기 때문이다. 그렇게 함으로써 기독교는 낯선 윤리와 풍습을 전하는 이상한 종교로서 오해를 받지 않을 수 있기 때문이다.

철학에 있어서 자기 성찰은 하나의 지적 활동이다.[326] 그러나 바울에게 있어서 윤리적 가르침은 철학에서 요구하는 자기 성찰과 같은 성질의 것이 아니다. 베츠는 격언을 사용한 바울의 윤리적 가르침은 유대교 토라 준수에 대한 철저한 비판일 뿐만 아니라, 견유학파 및 스토아철학의 비방적 가르침들에 함축되어 있는 오래된 교훈들을 비판하고자 한 것으로 보았다.[327]

스크록스는 로마서 14:23의 "믿음을 따라 하지 아니하는 것은 다 죄니라"는 구절을 들어 바울의 격언적 권면은 믿음과 행위, 의롭게 됨과 공로, 존재와 행위의 통일이라는 세계, 즉 하나님께서 그의 피조물을 위하여 활동하신다는 바울의 세계를 포괄하고 있음을 주장하였다.[328]

바울에게 있어서 개인의 철학적인 자아성찰이 최종 목적이 될 수 없다. 그리스도인에게 있어서 자아성찰은 단지 이차적인 기능만을 할 뿐이다. 그리스도인은 성령으로 나서 성령으로 행하는 것이 우선적이어야 하며 성령의 능력에 의해서 성령의 열매를 맺는 삶이 가능해져야 한다. 성령의 열매에 의해서만 참선이 발생하기 때문이다. 바울은 '성령을 따라'(갈 5:25) 그리스도인은 선을 행할 것을 요구하고 있으며, '성령의 소유'(갈 5:18)와 '성령의 열매'(갈 5:22 - 23)와 '격언들'(갈 5:25 - 6:10)은 함수관계를 가지고 있다는 것을 강조하였다.[329] 그리하여 "우리가 성령으로 살면 또한 성령으로 행할지니"(갈 5:25)라는 신적 행위의 전제가 주어진 것이다.

---

326) 문석호, **철학의 이해와 기독교 변증**(서울: 신앙과 지성, 2002), 42 - 45.
327) Betz, 292 - 293.
328) Scroggs, 135.
329) Betz, 292 - 293.

따라서 그리스도인의 '선'은 신적 은혜를 통해서만 일어나는 현상이며, 성령의 열매는 그리스도인이 선을 행할 때 나타나는 현상에 대한 이미지다. 그러므로 그리스도인은 율법의 일들을 행하거나 현저한 육체의 일들(갈 5:19 - 21)을 행함으로 말미암아 헛된 '선'을 추구한다면, 이는 하나님의 은혜를 방해하는 장애물과 다름없을 것이다.

"너희는 성령을 따라 행하라 그리하면 육체의 욕심을 이루지 아니하리라"(갈 5:16)는 바울의 권면은 격언의 성격을 잘 나타내 주고 있으며, 내용상 성령을 따라 행함은 '그리스도의 법'(갈 6:2)을 이루는 중심적 메시지인 사랑을 완성하는 길이 된다. 이로 말미암아 격언이 기대하는 효과인 성령의 열매를 맺는 삶을 실천할 수 있다. 바울은 성령의 열매를 금지할 법이 없음을 풍자적으로 밝히고 있다(갈 5:23). 본 장의 바울의 격언적 권면은 이러한 성령에 따라 사는 윤리적 내용을 기초로 하고 있다.

3. 갈라디아서에서 5:25 - 6:10의 위치

1) 갈라디아서 4:12 - 5:12

갈라디아서에서 바울의 권면이 어디에서부터 시작되느냐 하는 문제는 논란이 되어 왔다.

메르크(O. Merk)는 5:13에서 시작된다고 보았으나,[330] 론지네크(R.

Longenecker)는 4:12로부터 시작된다고 주장한다.[331] 그 근거로 4:12
에서 비로서 '나와 같이 되라'(γίνεσθε ὡς ἐγω)는 윤리적 행위를
요구하는 명령문을 사용한다는 사실을 들었다.

베츠는 갈라디아서를 그레꼬-로마의 법정적 수사학의 구조에
맞추어 갈라디아서의 구조를 다음과 같이 분류하였다.[332]

1) 서설(Exordium) 1:6 - 10
2) 진술(Narratio) 1:11 - 2:14
3) 주장(Propositio) 2:15 - 21
4) 증명(Probatio) 3:1 - 5 질문(interrogatio)
   3:6 - 7 사례(exemplum)
   4:8 - 11 질문(interrogatio)
5) 권면(Exhortatio) 5:1 - 6:10

여기서 보듯이 베츠는 권면 부분을 5:1에서부터 보았다. 그렇지
만 실제적으로 윤리적 실천에 따른 격언적 권면은 5:25절로부터 시
작하여 6:10에서 끝을 맺는다고 보았다.[333]

헬라어 파피루스 문서들에서는 '부탁의 서신'의 본문은 두 부분
으로 나누어지는데, 앞부분은 배경 그리고 뒷부분은 권면으로 구성
된다. 이 배경 부분에서는 상투적인 발표문구와 놀라움을 나타내는
문구가 함께 나타난다. 이는 다음 권면의 부분을 강조하기 위해서
이다. 예를 들면, 1:6의 '내가 이상히 여기노라'(Θαυμάζω)와 4:12의
'내가 간청한다'(δέομαι)는 문구가 그러한 기능을 한다. 그러므로

---

330) O. Merk, *ZNW* 60[1969], 83 - 104.
331) Longenecker, *Galatians*, 186.
332) Betz, 14 - 25.
333) Ibid., 293.

갈라디아서 1:6 - 4:11까지는 후속되는 4:12 - 6:10까지의 권면 부분을 강조하기 위한 배경 부분에 해당된다. 따라서 수사학적으로 갈라디아서의 주요 전환점이 4:12에서 시작된다고 보인다.

갈라디아서의 가장 중요한 부분으로서 론지네크는 5, 6장의 권면을 들었다. 갈라디아서의 논의의 핵심으로 5, 6장을 보았기 때문에 1~4장은 다름 아니라 5, 6장으로 인도되고 있는 내용이라고 보았다.[334] 이곳에서의 주된 논의는 유대화의 위협에 반대하는 권면들이다.

여기서 바울은 자신의 회심자들에게 간청하고 있다. 바울이 갈라디아 지방을 떠난 이후 교회 밖에서 일부 유대주의자들에 의해 유대주의가 교회 안으로 들어오게 되자, 이들에 대해 바울은 개인적 호소에 이어서 자서전적 진술로 그들을 권면(4:12 - 20)하며, 하갈과 사라의 비유(4:21 - 31)를 들어 5:1 - 12에 이르러 그리스도인의 '자유'(τῇ ἐλευθερίᾳ)에 대해 선언함으로써 구체적인 권면들을 마무리 짓는다.

결론적으로 바울은 그의 회중들에게 그들 행위가 잘못되었다는 것을 증명하고 미래적으로 그들의 행위를 바꿀 것을 촉구하는 수사학적(토의적 수사학)[335] 권면을 하고 있다.

바울은 5:1절에서 특별히 '자유'에 대해 "그리스도께서 우리를 자유롭게 하려고 자유를 주셨으니, 그러므로 굳건하게 서서 다시는 종의 멍에를 메지 마라"고 전제함으로써 바울은 권면 부분의 시작

---

334) Longenecker, *Galatians*, 186 - 187.
335) 토의적 수사학은 청중에게 어떤 행동이 편법적이거나 유익하지 못하다는 것을 증명함으로써 미래의 행동을 권면하거나 단념시키는 수사학의 한 부류이다.

을 알리는 선언을 하였다. 이 절은 두 부분으로 명확히 구분된다.

5:1a τῇ ἐλευθερίᾳ ἡμᾶς Χριστὸς ἠλευθέρωσεν
(그리스도께서 우리를 자유롭게 하려고 자유를 주셨으니)
5:1b στήκετε οὖν καὶ μὴ πάλιν ζυγῷ δουλείας ἐνέχεσθε
(그러므로 굳건하게 서서 다시는 종의 멍에를 메지 말라)

이 두 부분은 갈라디아서의 본체부의 마지막 부분으로서 권면과 훈계로 되어 있다. 고대의 수사학에서는 권면이나 훈계가 주변적인 역할만 하였으나, 철학적 문헌인 헬라시대의 비방문학에서는 훈계는 매우 중요한 역할을 수행하였다.[336] 당시 수사학은 생명 없는 삼단논법의 혼합에 불과하였기에 청중들에게 공감대를 형성해 주지 못하였다. 그러나 철학적 서신의 마지막 단락들은 대부분이 권면으로 구성되어 있으며 주로 격언적인 문구를 사용하였다. 5:1a는 "자유를 위하여 그리스도께서 우리를 자유(해방)하게 하셨도다."는 직설법적 표현을 담고 있다. 이는 다음에 이어질 명령법적 훈계로 연결되는 선언적 기초이다.

갈라디아서의 권면단락은 세 부분으로 구분되며 각 부분은 구원에 대한 직설법적 표현을 담고 있다.

1) 5:1 – 12 유다 토라의 멍에를 메는 것과 할례를 받아들이는 것에 대한 경고
2) 5:13 – 24 육체에 의한 타락에 대한 경고
3) 5:25 – 6:10 일련의 격언적 문장을 담고 있는 종말론적 경고

---

336) Betz, 254.

여기서 권면 단락의 시작을 전혀 새로운 서두로 시작하고 있으며 헬라의 서간문에서 보는 것과 같은 전환을 나타내는 분사구가 특별히 나타나지 않고 있다.[337] 헬라적 서간문에서는 새로운 시작을 알리는 단락이 지시되고 독자로 하여금 주목하도록 기대감을 유도한다. 그러나 본문에서는 전혀 전환을 위한 시도들이 나타나지 않고 있다.

바울은 앞선 4:22 - 31에서 아브라함의 두 아내 하갈과 사라의 비유를 통하여 자유의 개념을 설명하였다. 육체를 따라 난 자인 하갈의 자녀는 시내산 언약에 따라 난 율법의 자녀로서 자유 없는 노예의 신분을 따라 종노릇할 자녀이며, 반면에 언약을 따라 난 사라의 자녀는 하나님의 약속에 따라 난 자로서 자유 있는 자의 자녀로서 참자유를 누릴 자임을 진술하였다. "그런즉 형제들아 우리는 여종의 자녀가 아니요 자유 있는 여자의 자녀니라"고 선언하였다.

바울의 이러한 진술은 분명 5:1절의 뒷부분을 염두에 두고 윤리적 권면의 처음 단락으로서 도입하였음이 분명하다. 바울은 갈라디아 교회의 상황과의 투쟁에서 그리스도인의 자유를 명백한 투쟁의 목적으로 삼았으며 자유의 보존을 선포하였다.[338] 바울에게 있어서 자유는 갈라디아서 전체를 통하여 주장되는 기본 개념이며 하나님 앞에서의 그리스도인의 상태를 한마디로 요약하는 핵심적인 신학 개념이다.

'τή ἐλευθερίᾳ'(자유를 위하여)는 여격으로서 운명과 목적의 여

---

337) 바울은 여기서 '형제들아', '종말로', '보라', '내가 또 말하노니' 등과 같은 새로운 시작을 알리는 문구를 전혀 사용하지 않고 있다. 또 주의를 끌기 위하여 '그러나', '만일', '그런즉' 같은 용어의 사용을 제한하고 있다.

338) 갈 2:4 - 5.

격이다.339) 그래서 5:1절은 "그것에 의해 그리스도께서 우리를 해방시키신 자유로 말미암아 굳게 서라"로 해석하는 것이 보다 자연스럽다. 이것은 5:13절에 있는 'ἐπ' ἐλευθερίᾳ'(자유를 위하여)와 병행하여 해석하여야 한다. 여기서의 'ἐπ' ἐλευθερίᾳ'는 바울적인 표현으로서 직설법과 명령법 양자의 성격을 담고 있다. 그리스도인의 자유는 그리스도께서 자신을 믿는 자들에게 주신 결과론적 표현(직설법)이며, 그 결과는 그리스도인의 바람직한 삶을 위한 방향성을 제시해 주는 윤리(명령법)로서 언급되고 있다. 바울에게 있어서 자유는 주어지지 않으면 결코 자유 안에 존재할 수 없지만, 일단 주어진 자유의 기회는 자유를 보존하는 과제를 안고 있음을 의미하고 있다(5:1b). "그러므로 굳건하게 서서 다시는 종의 멍에를 메지 말라"는 바울의 선언은 '자유를 위하여' 반드시 지켜져야 할 전제조건이 된다.

베츠는 그리스도로 말미암아 인간에게 주어진 자유는 그리스도를 통한 하나님의 구속에 기초하고 있음을 지적하면서, "자유란 하나의 이론일 뿐 아니라 자유의 경험이다."고 말한다.340) 즉 갈라디아인들로 하여금 모든 그리스도인들처럼 자유를 경험하도록 해 준 것은 다름 아니라 성령의 은사였으며(3:2 – 5), 이는 그리스도인으로서 매우 중대한 경험이었다. 베츠는 자유의 경험을 다음과 같이 분류하고 있다.341)

---

339) 운명과 목적의 여격: τῇ ἐλευθερίᾳ는 당시의 노예 해방과 종교 의식 절차들에서 운명이나 목적을 표시하는 데 사용되던 상투적 여격을 두고 이르는 말이다(A. Deissmann).
340) Betz, 256.
341) Ibid.

1) 세상 원시 종교와 그것들의 독재적인 악한 지배로부터의 해방(1:4, 4:1 - 10)

2) 율법과 죄 아래서의 노예상태로부터의 해방(2:19, 3:13, 25, 4:5)

3) 죽음으로부터의 해방(2:20, 3:11, 5:25, 6:8)

4) 하나님의 무지로부터의 해방(4:4 - 9)

5) 미신으로부터의 해방(4:8 - 10)

6) 사회적 압제와 종교적 문화적 차별로부터의 해방(3:26 - 28)

여기서 주목할 점은 바울이 성령의 열매를 서술할 때(5:22 - 23), '자유'가 성령의 9가지 열매의 목록에서 빠진 사실이다. 자유를 그의 신학적 기초로 생각하고 있는 바울이 성령의 열매를 언급하는 과정에는 전혀 언급하지 않고 있다. 그것은 바울에게 있어서 성령과 자유는 하나이기 때문이다.[342] 그리스도인이 성령을 체험했을 때 그것은 그리스도의 영(4:6)이었다. 그리스도의 영에 의해서 구속적 행위에 참여하는 십자가와 죽음과 부활에 동참할 수 있게 된 것이다.[343]

베츠는 이 자유를 "그리스도의 해방의 결과이며, 그 행동에 함께 참여하는 것이다."고 규정하면서 해방자로서의 그리스도로 보았다.[344] 그는 성령의 은사는 그리스도인들에게 있어서 그것이 주어진 그 순간부터 계속해서 능력 있는 삶을 가능하게 하며, 따라서 자유와 성령은 바울 윤리의 주된 개념들이 되었다고 보았다.

---

342) 바울은 고후 3:17절에서 "주의 영이 계신 곳에는 자유가 있느니라"고 밝힘으로써 자유와 영의 관계를 규정하였다.

343) 바울에게 있어서 십자가와 부활은 그의 중심 사상이다. 이로 말미암아 '그리스도로 옷 입음'(3:27)을 나누게 되며 십자가의 처형과 부활을 나눈 자로서 성령의 은사를 받게 된다. 이로써 율법으로부터(2:19, 3:25, 5:18), 육체적인 정욕과 욕망으로부터(5:24), 그리고 세상으로부터(6:14) 해방되어 진정한 자유를 누리게 된다.

344) 베츠는 이 개념을 갈라디아서에만 나오는 개념으로서 로마서나 기타의 서신에서는 볼 수 없는 사상으로 요한복음(요8:32, 36)에 가깝게 보았다. Betz, 257.

여기서 베츠는 자유가 성령의 열매에 대한 또 하나의 용어라고 말하면서 '성령 안에서 걷다'(πνεύματι περιπατεῖν), '성령의 인도를 받는'(πνεύματι ἄγεσθαι), '성령을 따르는'(πνεύματι στοιχεῖν)과 같이 성령에 의한 행위들과 동일한 개념으로 파악한 것이다. 이것은 5:1a의 여격 'τῇ ἐλευθερίᾳ'(자유를 위하여)로 표현된 내용에 함축되어 있다. 5:1a와 5:13은 이런 이유로 인하여 동일할 뿐 아니라, 결국 5:25절과도 연결이 되며 동일한 성격을 띠고 있다.

25절의 "만일 우리가 성령으로 살면 또한 성령으로 행할지니" 이 자유의 개념은 요한복음의 성격과 더 유사하다. 요한복음 6:32 "ἐὰν οὖν ὁ υἱὸς ὑμᾶς ἐλευθερώσῃ, ὄντως ἐλεύθεροι ἔσεσθε" (그러므로 아들이 너희를 자유롭게 하면, 너희는 참으로 자유롭게 될 것이다)는 그리스도의 해방적 자유의 개념이다. 이는 바울의 자유의 개념과 잘 맞는다.

론지네크는 이들 각각의 절들은 그 자체가 권면 부분을 이끄는 역할을 하고 있다고 보았다.[345] 자유는 이 세상에서뿐만이 아니라 하나님 앞에서 역시 그리스도인의 상태를 요약하는 중심적인 신학 개념이며 그리스도인의 윤리의 기초이자 내용이다.[346] 이러한 자유의 개념은 이후의 후속되는 모든 권면 부분의 기초가 되면 기본개념이 된다.

    5:1b στήκετε οὖν καὶ μὴ πάλιν ζυγῷ δουλείας ἐνέχεσθε
    (그러므로 굳게 서서 다시는 종의 멍에를 메지 마십시오)

---

345) Longenecker, *Galatians*, 224.
346) Betz, 257.

5:1b는 그리스도교 윤리의 일반적인 과제를 정의하고 있다. 5:1a에서 규정한 대로 그리스도를 통한 자유의 윤리, 즉 해방의 윤리적 결과를 축약하고 있다. 베츠는 5:1b의 의미를 "자유 안에 굳게 서서 자유를 보존하시오."라는 의미로 이해해야 한다고 지적하였다.347) 그리스도를 통해서 자유를 받았다면, 자유는 그분 안에서만 이 능력 있는 힘이 된다. 그러므로 '그리스도 안에 굳게 서는 것'은 곧 '자유 안에 굳게 서는 것'이다. 이제 그리스도인의 윤리적 과제는 그리스도 안에 굳게 서서 자유를 보존하는 것이다.

구약적, 유대적 윤리 개념으로는 율법을 굳게 지키는 것이다. 바울은 이러한 사상을 염두에 두고 죄로부터 해방과 율법으로부터의 자유의 성취를 강조하고 있다. 율법의 의식적인 관례가 요구하는 유대적 윤리를 거부하고, 다시는 '종의 멍에'를 메는 일로 되돌아가지 않기를 원하고 있다. 그리스도는 율법의 마지막이시기 때문이다.348)

그러나 네후냐 하카나(R. Nehunya b. Ha – Kanah)는 "자신에게 율법의 멍에를 지우는 자, 그에게서 그 나라의 멍에와 세상적 염려의 멍에가 벗어질 것이지만, 율법의 멍에를 벗어던지는 자, 그에게는 그 나라의 멍에와 세상적 염려의 멍에가 지워질 것이니라."349) 고 함으로써 율법의 멍에를 영광스럽게 생각하였다. 이러한 유대적 멍에의 그늘에서 더 이상 그리스도인은 율법의 유혹을 당할 수 없으며 더 이상 초등학문으로 돌아가 부자유한 자로 살아서는 안 될 것을 훈계하고 있는 것이다(4:3).

---

347) Ibid.
348) 갈 2:17 – 19, 3:21 – 25, 5:18.
349) Longenecker, *Galatians*, 224 – 225.

종의 멍에가 무엇이냐에 대하여 갈라디아서 전체에서 살펴볼 때 두 가지로 해석할 수 있다. 하나는 '율법의 멍에'(5:2 - 12)요 다른 하나는 '육체적 타락'(5:13)으로 볼 수 있다. 수동형으로 쓰인 'ἐνέ χω'는 '복종하다', '짐이 실리다, 지워지다'는 의미이다. 이 의미는 주인 밑에서 노예들이 견뎌야 하는 참혹한 복종의 이미지이며 노예 된 자에게 지워지는 압박의 무거운 짐을 상기시킨다. 이제 바울에게 있어서 윤리는 그리스도 안에서 이미 성취된 것을 그 안에서 누리는 것이다.

그런 반면 헬라적 윤리는 아직 성취되지 않은 것을 성취해 가는 것이다. 바울은 신적 성취에 의해서 주어진 구원의 성취가 다시 상실되지 않도록 그 안에 굳게 서서 그들이 가진 자유를 보호하는 것이다. 그리하여 그리스도인의 자유를 다시 잃어버리지 않으며 종의 멍에를 다시 메지 않도록 하라는 것이다.

이상에서 살펴본 대로 바울에게 있어서 자유의 개념은 그의 직설법적 선언과 더불어 명령법적인 윤리적 권면을 위한 신학적 근간이 됨을 보았다. 갈라디아서 5:25에 "성령으로 살면 또한 성령으로 행할지라"고 한 것은 고린도후서 3:17절에서 "주의 영이 계신 곳에는 자유가 있느니라"고 밝힌 것과 같이 그리스도의 영에 의해서 구속적 행위에 참여하는 십자가와 죽음과 부활에 동참할 수 있게 된 것이며, 이로써 그리스도 안에 있는 자는 자유하는 자이며 더 이상 종의 멍에를 멜 수 없는 자임을 선언한 것이다. 자유 없는 자에게 요구되는 윤리가 존재할 수 없기 때문이다. 바울은 "그리스도께서 우리를 해방하는 자유를 주셨으니(직설법) 그러므로 굳게 서서 다시는 종의 멍에를 메지 말라(명령법)"는 자유의 마그나 카르

타를 선언하였으며 동시에 그리스도인의 윤리적 기초를 제공하고 있다. 이로써 자유의 개념은 이후의 후속되는 모든 부분의 기초가 되며 기본개념이 된다.

바울의 자유는 이 세상에서뿐만이 아니라 하나님 앞에서 역시 그리스도인의 상태를 요약하는 중심적인 신학개념이며 그리스도인의 윤리의 기초이자 내용이다. 따라서 갈라디아서 5:1은 이후의 모든 바울의 윤리적 권면의 기초요 시작이 된다. 베츠는 5:1을 "그 전체 문장은 매우 간결한 형태로 바울이 인식하는 직설법과 명령법 모두의 기독교 구원을 진술한다."고 해석하였다.[350]

2) 갈라디아서 5:13 - 5:24

바클레이(Barclay)는 이 부분에서 몇 가지 의문을 제기한다.[351]

1) 이 권면은 율법과 믿음에 관하여 앞의 다른 부분의 논쟁과 연관이 있는가?
2) 이 부분은 갈라디아 교회의 현 상황과 연관이 있는가?
3) 바울은 이 권면을 누구에게 하고 있으며 만일 있다면 무슨 문제가 있는가?
4) 이 구절들 속에서 바울이 호소하고 방어하고 설명하거나 논쟁하는 것들이 그의 주된 목적인가?

이상과 같은 의문을 제기하면서 특히 성령의 열매와 육체의 일

---

350) Betz, 256.
351) Barclay, 12.

에 관한 부분은 갈라디아의 상황과 아무런 연관성이 없으며 갈라
디아서 5:25 - 6:10의 권면과 밀접하게 관련을 맺고 있다고 주장하
였다.

이 부분은 갈라디아서의 권면의 제2부에 해당된다. 여기에는 다
수의 서간문체의 관례들이 나타난다. 후치사 γάρ가 "너희가 자유
하도록 부름 받았도다"라고 하는 문구를 이끌고 있으며, λέγω δέ
(그러므로 내가 이르노니……)라는 상투적인 문구가 나타나며, 호
격 ἀδελφοί(형제들아), 결말을 짓기 위한 불변화사 ἄρα(따라서)와
οὖν(그러므로) 등의 권면 자료들이 나타난다.

권면의 제1부에 해당되는 앞부분에서 바울은 유대화의 위협에
대해 경고하고 권면하였으나, 여기서는 방향을 바꾸어 그리스도인
의 방종주의를 경계하고 있다. 즉 율법으로부터 자유한 자가 자기
중심적인 방종주의로 흘러 자유를 잘못 사용하는 점에 대하여 염
려하고 있는 것이다. 바울은 자기중심적인 방종주의를 반대하여 그
리스도인의 자유를 옹호한다. 그리스도 안에서의 자유는 결코 율법
에 의해 제한당하지 말아야 하는 것과 마찬가지로 결코 육체를 위
한 동기가 되어서도 안 된다는 것이다.

바울은 이곳에서 '육체의 일(19 - 21)'과 '성령의 열매'(22 - 23)를
다루고 있다. 이러한 목록 작성은 바울의 독특한 것이 아니라, 당
시 사회로부터 빌려 온 것이다. 바울 당시의 헬라 세계에는 여러
가지 교훈적 의도로 발전된 악덕과 선행의 목록이 병행되어 전수
되었다. 이러한 목록들을 쉽게 접할 수 있었고 흔한 것이었다.[352]
이러한 체계적 목록의 기원은 플라톤(주전 427 - 347)에게로 거슬

---

352) Longenecker, *Galatians*, 249.

러 올라간다. 플라톤은 네 가지 형태의 덕인 '지혜롭고, 용감하며, 절제력 있고, 정의로운' 것으로 이상 사회를 그렸으며, 이상 사회의 이상적 시민을 특징짓는 것은 '절제, 용기, 영혼의 고상함, 덕의 모든 부분들'을 제시하였다.[353]

그를 이은 아리스토텔레스(Aristotle, 주전 384 – 322)는 주요한 덕목들을 보다 체계적으로 제시함으로써 목록들을 만드는 일을 촉진시켰다. 그의 수사학(rhetoric)에 나오는 악덕의 목록은 다음과 같다.[354]

  1) 덕의 구성요소: 정의, 용기, 자제, 숭고함, 아량, 관대함, 친절, 실
         제적이며 사색적인 지혜
  2) 악의 구성요소: 불의, 비겁, 방종, 탐욕, 옹졸함, 비열함

니코마코스 윤리학(Nicomachean Ethics)에서는, 덕이란 본질적으로 양 극단 사이의 중용 또는 중도의 준수라고 했는데, 이에서 벗어난 그런 극단 모두는 악덕으로 여겼다. 여기에 나오는 악덕의 목록은 용기, 절제, 관대함, 숭고함, 영혼의 고귀함, 친절, 정의 같은 것들이다.[355]

제노(Zeno, 주전 308)가 처음으로 악덕의 목록을 체계적으로 서술했는데, 악을 무지로 덕을 지혜로 묘사하였다 한다.[356] 그러나 바울 당시에 그리스 로마 세계는 대중적으로 그러한 목록들이 널리 보급되어 있었다. 세네카(Seneca, 주전 4년~주후 65년), 에픽테투스

---

353) Ibid.
354) Ibid., 249 – 250.
355) Aristotle, **니코마코스 윤리학**, 최명관 역(서울: 서광사, 1984).
356) Longenecker, *Galatians*, 250.

(Epictetus, 주후 50~120년), 키케로(Cicero, 주전 106~43년), 디오 크리소스톰(Dio Chrysostom, 주후 40~120년), 플루타크(Plutarch, 주후 46~120년) 등의 저작들에서도 흔히 볼 수 있는 것들이었다.357)

구약에서는 악과 덕의 목록이 뚜렷하게 발견되지는 않지만, 구약성경 전반에 산만하게 흩어져 있다. 시편 15:1－5, 잠언 6:16－19, 8:13－14, 예레미야 7:5－9, 에스겔 18:5－17, 호세아 4:1－2 등이 그러한 예들이다. 유대인 저자들에 의한 헬라적으로 체계화된 악과 덕의 목록은 제2성전 시기에 저술되기 시작하였다. 알렉산드리아의 필로(Philo of Alexandria, 주전 30~주후 50년)는 가장 대표적인 유대인 저술가이다. 그는 악의 목록 150항목과 덕의 목록을 남겼다 (Saclif 15－33).358) 그 외 솔로몬의 지혜, 제4마카비서, 시빌의 신탁집, 12족장의 증언, 바룩의 묵시 등에 나타나지만 탈무드에는 거의 나오지 않는다.359)

바울 자신도 당시의 이러한 일련의 사상적 영향들을 벗어날 수 없었을 것이다. 그러나 형태는 빌려 왔으되 내용에 있어서 바울은 '육체'와 '성령'을 대비하여 이들의 일반 생활률적인 윤리와는 다른 기독교적인 권면을 목적으로 함으로써 신학화된 양식을 제공하고 있다.

베츠는 헬레니즘적인 이러한 덕목들은 헬라주의 윤리의 중심개념이었으며, 바울은 그의 신학적 전망에 맞게 성령의 열매라는 개념을 통하여 헬레니즘적인 것으로나 혹은 유대교적인 율법이 요구

357) Ibid., 250－251.
358) Ibid.
359) Ibid.

하는 것들을 완성하였다고 해석하였다.[360] 즉 헬라의 오랜 이상인 절제를 성령의 열매를 통하여 완성함으로써 이 개념이 두드러진 위치를 확보하게 되었다는 것이다.

이러한 세속의 덕목들이 기독교화되는 결정적인 요소에 대하여 던은 성령을 통해 신자들 속에 형성된 이 윤리적인 성품들은 다름 아니라 그리스도 자신의 성품 묘사라고 보았다.[361] 라르손(E. Larsson) 은 그리스도의 형상과 관련하여 해석하여 그리스도의 형상을 따라 재창조된 새사람을 계속 덧입으라는 권면으로 보았다.[362]

이와 같이 바울이 권면하고 있는 내용은 율법이나 방종에서 벗어나서 그리스도인으로서 자유를 특징짓는 실체는 '사랑', '서로 섬김', 그리고 '성령'임을 강조하고 있다. 이 세 단어는 바울의 권면문 전체에 나타나며 그의 서신을 구조화시키는 단어이다. 특히 사랑이라는 주제는 갈라디아인들의 방종주의적 성향에 대립되는 바울의 권면문의 핵심이 된다. 율법에서는 "네 이웃을 네 자신과 같이 사랑하라"는 계명에서 이루어진다.

그러나 서로를 섬기는 일은 사랑 안에서 이루어져야 하며(13b), '육체의 일'은 사랑의 대상물(5:19 - 21)이며, '성령의 열매'가 사랑의 중심적인 주제이다. '사랑으로 서로 섬기라'고 권면을 시작한 바울은 '성령으로 살라'(5:16)는 교훈으로 결론을 짓는다. 즉 성령의 열매인 '사랑과 희락과 화평과 오래 참음과 자비와 양선과 충성

---

360) Betz, 288.

361) James D. G. Dunn, *Jesus and the Sprit, A Study of the Religious and Charismatic Experience of Jesus and the First Christians as Reflected in the New Testament* (Philadelphia: Westminster, 1975), 321.

362) E. Larsson, *Christus als Vorbild. Eine Untersuchung zu den Paulinischen Tauf - und Eikontexten*(C. W. K. Gleerup Lund: Uppsala, 1962), 210 - 223.

과 온유와 절제'를 산출하며 성령으로 살 것을 권면하고 있다.

이과 같이 권면은 일상생활에서의 적절한 사고와 행위에 대한 규칙이나 지침을 주는 광범위한 교훈의 형태라는 이러한 성격을 고려할 때 '성령으로 살라'는 바울의 권면은 보다 광범위한 그리스도인의 표준적 행동규칙을 제공한 것이 된다.

4. 갈라디아서 5:25 – 6:10에 집중된 격언의 특성

1) 본문의 정황과 배경

이 부분의 권면들은 갈라디아의 정황과 밀접한 연관을 맺고 있다. 유대주의자들에 의해서 바울이 전한 복음의 진리를 지키는 데 실패한(2:5, 14) 갈라디아인들은 결론적으로 복음의 삶과 일치하는 진리 속으로 들어가는 데 있어서도 실패한 것이었다. 분파와 다툼으로 인해 사랑을 상실하고 교회 안에서 육체의 일이 현저하여지고 개인적으로 방종주의가 팽배한 상황이 되고 만 것이다. 그리스도께서 자유롭게 하려고 주신 자유(5:1)는 타인에 대한 사랑의 섬김으로 표현되지 못하였고 자기 사랑과 자기 옹호 그리고 타인에 대한 무시로 나타났다.

이러한 현상에 대하여 바울은 그리스도인의 자유를 지지하면서, 유대주의자들의 율법적 생활양식에로의 회귀에 대한 명료한 답변으로서 성령을 말한다. 율법주의에 대항하여 또 방종주의에 대하여 그 둘을 다 이기는 방법은 다름 아니라, 성령으로 살며 성령으로 행하는 삶(5:25)임을 분명히 밝힌 것이다.

바울에게 있어서 그리스도인의 삶은 전적으로 성령의 임재와 활동에 의해 결정되는 삶이다. 앞선 5:13 - 18 부분에서 그리스도인의 자유에 대해서 바울이 말하기를 "너희가 자유를 위해 부르심을 입었으나 그러나 그 자유로 육체의 기회를 삼지 말고 오직 사랑으로 서로 종노릇하라"(13)는 사랑으로 섬길 것과 "너희는 성령을 따라 행하라 그리하면 육체의 욕심을 이루지 아니하리라"(16)는 성령으로 살 것을 권면하고 있다. 이 두 말은 다 같이 상투적인 권면문구인 'λέγω δέ'(그러므로 내가 이르노니)에 의해 연결되고 있다. 사랑에 의해 유발되는 서로 섬김은 모든 계명을 이루는 것이기에(마 22:39) 성령의 지도와 능력으로 사는 일은 모든 육체의 현저한 일을 대항하는 일이다.

갈라디아 교회가 품고 있는 사랑 없는 방종주의는 바울의 직설법적 표현인 자유의 선언으로 인하여(5:1) 사랑과 섬김 그리고 성령의 균형 있는 그리스도인의 표준적 삶을 정립할 수 있게 된 것이다. 성령과 육체는 서로 반대되므로 자유는 언제든지 육체의 기회로 이용될 수 있다. 따라서 성령을 따라 사는 삶은 육체의 충동과 율법주의를 극복하는 제3의 삶의 방식이다.[363] 성령에 의한 그리스도 안에서의 새로운 삶은 어떤 율법적 요구도 수용되지 않는 삶으로서 성령에 의해 유지되고 완성되는 삶이다. 그리하여 바울은 갈라디아 교인들에게 '성령으로 살며'(5:16, 25a), '성령에 인도되고'(5:18) 그리하여 '성령으로 행하며'(5:25b)로 연결되는 일련의 '성령으로

---

363) Longenecker, *Galatians*, 247.

사는 삶'을 실제적으로 보여주는 교훈을 하고자 한다. 그 교훈들은 권면의 형태로서 개인적 책임과 공동체적 책임을 동시에 강조한다.

그러나 실제로 바울의 권면의 내용과 갈라디아교회의 상황이 일치하고 있느냐 하는 문제는 신학적 논쟁이 되어 왔다.

여기에 대해 브린스미드(B. H. Brinsmead)는 갈라디아서 6장에서 바울이 말하려고 하는 것은 신학적 논증의 방식이든 윤리적 권면의 방식이든, 내용과 표현 양자 모두에서 자신의 대적자의 윤리적 교훈과 전승들에 대한 바울의 반박으로 해석하였다.364)

그러나 바클레이(J. M. G. Barclay)는 브린스미드의 논증을 반박하여 전적으로 독단적이며 근거 없는 이론이라고 지적하고, 갈라디아 교회들 내에는 바울 자신이 윤리적 권면들에서 말하는 문제들이 있었다고 볼 수도 있지만, 그렇다고 단순히 유대주의자들의 메시지와 동일시해서는 안 된다는 것이다. 오히려 바울이 '성령 안에서'의 삶을 이해한 방식과 대비되는 갈라디아 교인들 자신이 이해한 윤리적 문제와 관계된다는 것이다. 즉 바울이 복음을 전하기 이전에 이미 바울도 알고 있고, 이들도 알고 있던 윤리적 전승을 배경으로 하여 권면한 것이라고 해석하였다. 여기서 바클레이는 바울의 윤리적 권면을 갈라디아의 상황과 밀접한 연관을 짓지 않고 그들의 기본적인 윤리적 이해를 바탕으로 '성령으로 사는 삶'을 도입하여 윤리적 권면을 하고 있다고 본 것이다.365)

한편 오닐(J. C. O'Neill)은 갈라디아서를 가장 반유대적인 저술로 보았다. 그는 갈라디아서 5:13 – 6:10절을 다른 저작들의 30개가

---

364) Ibid., 269.
365) Barclay, 26.

넘는 다소 이질적인 주석이 덧붙여진 순전히 반유대적인 저작물이라고 지적하면서 이 수집물에서 바울적인 것은 아무것도 없으며, 더군다나 갈라디아교인들의 상황과 명확히 관련을 갖는 내용도 발견할 수 없다고 주장하였다.[366]

디베리우스(M. Dibellius)는 신약과 초기 기독교 저작의 권면은 통상적 주제들 이거나, 또는 전통적 논의들로서 내적으로 연결된 문제들과 어떤 직접적인 관련도 없이 일반적 방식으로 사용된 주제들이라고 보았다. 따라서 디벨리우스는 바울 서신들의 모든 권면 부분들에 대해 비록 그것들은 확실히 바울적이지만 바울 윤리의 이론적 기초와 무관하며 그에게 특유한 견해들과도 거의 관계가 없다고 하였다. 뿐만 아니라 5:13 - 6:10의 권면은 갈라디아의 상황이나 바울의 초기 신학적 논쟁과는 아무런 연관이 없다고 보았다.[367]

그러나 론지네크는 이러한 디벨리우스의 견해에 반하여 실제로 갈라디아의 상황과 본문은 내적 연관성을 갖고 있다는 것이다. 비록 그 권면들의 성격 자체는 일반적인 특성을 지니고 있지만, 바울과 갈라디아 교인들이 함께 인식하고 있는 갈라디아 교회들 내에 존재하는 상황에 대하여 적절한 방식으로 개인적이며 공동체적인 책임에 대하여 권면하고 있다고 보았다.[368]

이상과 같이 여러 학자들의 견해를 종합해 보면, 본문의 권면이라는 것은 특수한 상황에 주어지기보다는 통상적인 전통에 따른

---

366) J. C. O'Neill, *The Recovery of Paul's Letter to the Galatians*(London: SPCK, 1972), 71.

367) M. Dibellius, *From Tradition to Gospel*, trans. B. L. Woolf(New York: Scribners, 1965), 238 - 239.

368) Longenecker, *Galatians*, 269 - 270.

주제를 보편적으로 일반 대중에게 전하기 위해 저술된 것이라는 것과, 다른 한편으로는 본문의 권면은 갈라디아 교회의 투쟁과 분열이라는 특수한 상황과 밀접하게 관련된 주제로서 그들에 대한 개인적, 공동체적 책임을 위하여 주어졌다는 것이다. 그러므로 이 둘을 분리하여 각각의 정황에서 해석하기보다, 이 둘을 종합하여 한편으로 비록 권면은 일반적인 성격인 전통적 주제를 따르고 있기는 하지만, 이를 바울이 인용하여 갈라디아 교회의 특수한 상황에 적절한 주제로 선택하여 권면하고 있다고 본다. 즉 바울은 갈라디아교회가 당면하고 있는 특수한 상황을 해결할 권면의 주제를 바울 자신의 어떤 특수한 자료에서 가져오지 아니하고 일반적으로 통용되고 있는 보편적이며 전통적 자료 가운데서 갈라디아 교회의 상황에 가장 적합한 주제를 임의 선택하여 사용하였다는 것이다.

그러므로 권면은 일반적 성격을 그대로 간직한 채 특수한 상황을 해결하는 자료로서 유익하게 사용될 수 있었던 것이다. 이 자료들은 바울과 갈라디아 교인들이 이미 익히 알고 있는 자료들이었지만 자신들의 정황에 연결될 때 특수한 자료로서의 가치를 지니게 되고 유의적절하게 적용할 수 있는 기능을 갖게 된 것이다.

2) 본문의 구조분석

베츠는 갈라디아서 5:25 – 6:10을 바울에 의해서 구성된 격언적 문장으로 보았다.[369] 격언적 문장을 저술하는 관례는 헬라 철학자들

---

369) Betz, 291 – 292.

에게 있어서 오랜 역사를 가지고 있다. 본문의 이러한 문장들을 구성하는 것은 철학자들 가운데 특히 견유학파 – 스토아학파의 비방 전승들 가운데서 흔히 볼 수 있는 관례였으며, 바울의 경우 헬라주의적 유대교에 의해서 받아들여진 전승들이었다. 이로 인해 바울의 격언들이 헬라 철학자들의 격언과 매우 유사성을 띠게 되었다.

바울의 격언들을 살펴보면 그 구성과 양식에 있어서 격언들을 하나하나 짜 맞추었다는 점을 보게 된다.[370] 수집된 격언들로 인하여 구성에 있어서 허술할 것으로 생각하지만, 그 격언들이 조직과 구성에 있어서 나름대로의 일관성을 가지고 있음을 발견할 수 있다.

베츠는 바울을 격언시인(gnomic poet)으로 보았으며 그가 친히 이 격언들 하나하나를 구성했을 것으로 보았다.[371] 그리고 현재의 문맥 속에서 이 격언들이 잘 들어맞지만 축어적(verbatim)인 병행구는 찾을 수 없다고 지적하였다. 그 배열에 있어서 각 문장들이 단절되지 않고 연속성을 갖고 있다. 순서는 일부분 조정되었지만 특별히 체계화시키지는 않았으며 그 배열이 철학적 문헌의 문맥과 일치하는 점이 많다.

따라서 이러한 금언적 격언은 개인적으로나 공동체를 위해 사용하기 위한 서간문체이며 내면적으로 이 격언들은 언어와 내적 논리에 의해서 연결점을 서로 갖고 있다.

주격에 따른 격언의 분류는 다음과 같다.[372]

---

370) Ibid.
371) Ibid.
372) Ibid., 292.

1) 호소의 형태 – 5:25, 26
2) 이인칭 단수 – 6:1c
3) 이인칭 복수 – 6:2a
4) 명령형 – 6:2a
5) 삼인칭 단수 – 6:3절
6) 명령형 – 6:4, 6
7) 호소의 형태 – 6:9, 10

베츠는 갈라디아서 5:1 – 6:10까지를 성격상 권면(exhortatio)으로 보았으며 갈라디아서 전체를 법정적 수사학[373]의 관점에서 해석하려고 하였다.[374] 베츠는 다음과 같이 분류하였다.

A. 5:1 – 12   유대 율법을 받아들이지 말라는 경고
B. 5:13 – 24   육으로 인한 타락에 대한 경고
C. 5:25 – 6:10   윤리적 실천에 관해 판단의 형태로 권면(sententiae)
  1) 5:25   1. 역설
             a. 구원의 '표시(indicative)'에 대한 재진술
             b. 호소 형식으로 윤리적 과제를 정의
  2) 5:26   2. 형영에 들뜨지 말라는 호소
  3) 6:1a   3. 실패한 경우의 권면
  4) 6:1b   4. 호칭: '형제들이여'
  5) 6:2   5. 삶의 짐을 나누어지는 것에 관한 격언
  6) 6:3   6. 자기기만에 관한 격언
  7) 6:4   7. 자기반성에 관한 격언
  8) 6:5   8. 자기 자신의 삶의 짐을 지는 데 관한 격언
  9) 6:6   9. 교사와 학생의 공동생활에 관한 격언
  10) 6:7 – 9 10. 종말론적 권면
     6:7a   a. 경고

---

373) 법정적 수사학은 과거의 어떤 행위들에 대하여 어떤 사람을 변호하거나 고소하려는 목적으로 배심원이나 판사에게 말해지는 수사학으로 변증적 성격을 띠고 있다.
374) Betz., 22 – 23.

6:7b	b. 잠언
6:7c	c. 두 번째 잠언
6:8	d. 두 번째 잠언의 해석
6:9	e. 윤리적 권태에 빠지지 말라는 호소
11) 6:10	11. 결론: 권면의 호소와 요약(5:1 – 6:10)

그러나 바클레이(J. M. G. Barclay)는 본문의 구조에 대하여 그 권면들을 윤리적 책임성에 따라서 개인적 책임과 관계되느냐, 아니면 공동적 책임과 관계되느냐에 따라서 다음과 같이 교대로 분류하였다.[375]

1) 서론 / 호소와 금지 – 5:25 – 26절
2) 공동적 – 6:1a절
3) 개인적 – 6:1b절
4) 공동적 – 6:2절
5) 개인적 – 6:3 – 5절
6) 공동적 – 6:6절
7) 개인적 – 6:7 – 8절
8) 공동적 – 6:9 – 10절

6:1절에서 '형제들아'(ἀδελφοί)라는 호격으로 애정을 표시한 후 갈라디아 교회들 내의 개인적이며, 공동체적인 책임들과 관련된 일련의 권면들을 하기 시작한다. 여기서의 권면은 마치 상투적인 격언을 끌어와 일반적으로 표현하는 것 같으며, 특정 사항에 대한 언급 없이 주어지고 있다.

한편 론지네크는 본문을 좀 더 확대하여 4:12 – 6:10까지를 바울

---

375) Barclay, 149 – 150.

의 권면 부분으로 보고 다음과 같이 분류하였다.[376]

부탁부분 4:12 - 6:10
<권면 1부>
A. 4:12 - 5:12절 - 유대화에 반대하는 권면들
  1) 4:12 - 20절 - 개인적 호소들
  2) 4:21 - 31절 - 하갈과 사라의 비유
  3) 5:1 - 12절 - 자유를 굳게 붙들기
<권면 2부>
B. 5:13 - 6:10절 - 방종주의적 경향에 반대하는 권면들
  1) 5:13 - 18절 - 사랑, 타인에 대한 봉사 그리고 성령의 지도를 받
    는 삶
  2) 5:19 - 26절 - 육체의 일들과 성령의 열매
  3) 6:1 - 10절 - 모든 사람에게 선을 행함

또한 잔 블라이(John Bligh)는 갈라디아서는 수사학적으로 교차 대
구법의 형태를 띠고 있다고 주장하면서 다음과 같이 분류한다.[377]

A 서언, 1:1 - 1:12
B 자서전적 부분, 1:13 - 2:10
C 이신칭의, 2:11 - 3:4
D 성경에서의 논거들 3:5 - 3:29
E 중심적 교차대구 4:1 - 4:10
D' 성경에 근거한 논증 4:11 - 4:31
C' 인신칭의 5:1 - 5:10
B' 윤리적인 부분 5:11 - 6:11
A' 발문, 6:12 - 6:18

---

376) Longenecker. *Galatians*, 184 - 284.
377) J. Bligh. *Galatians: A Discussion of St. Paul's Epistle*(London: St. Paul, 1969), 37
    - 42.

이상과 같이 본문에 대한 분석은 다양하게 나타난다. 베츠는 수사학적 입장에서 격언의 수집으로 보았으며, 바클레이는 윤리적 책임성의 입장에서 개인적 책임과 공동체의 책임으로 구분하여 분석하였다. 론지네크는 권면 부분을 확대하여 1, 2차로 나누어 부탁 부분으로 보았다. 그리고 잔 블라이는 교차대구법의 형태로서 분석하였다.

여기서 이들의 해석을 종합해 볼 때, 본문은 바울이 갈라디아 교인들에게 윤리적 문제와 관련하여 보다 의도적으로 구성된 방법을 사용하여 그들을 심도 있게 권면하고 있다는 사실을 알 수 있다.

3) 권면의 통상적 표현

여기서 바울은 보다 호소적이고 설득력 있는 권면을 하기 위해서 통상적이고 익숙한 문구들을 사용하여 그의 회중들을 권면하고 있다. 바울은 당시의 통상적 표현에 정통하여 있었으며 그것들을 사용함에 있어서 어려움이 전혀 없어 보인다.

케네디(Kennedy)는 바울 당시 일반적으로 유포된 다수의 수사학 안내서가 있었기 때문에 실제로 바울이 주변 문화에서 늘 사용되고 있던 수사학을 몰랐을 것이라고 간주하기는 어렵다고 보았다. 왜냐하면 그 학파들의 수사학 이론은 그 직접적인 적용을 거의 모든 형태의 구두와 필기상의 의사 전달에서 발견할 수 있기 때문이라는 것이다.[378]

---

378) Longenecker, *Galatians*, cxii-cxiii.

마틴 헹엘(Martin Hengel)은 보다 폭넓게 적용하여 "팔레스타인의 유대교 역시 헬라주의적 영향으로 종교적 코이네 형성에 한몫을 감당했다."[379]고 지적하였다. 이 말은 코이네 헬라어의 수사학적 내지 서간문체의 성격형성에 팔레스틴 유대교가 영향을 미쳤음을 표현한 것이다. 이러한 영향이 고스란히 바울과 그의 서신에 미쳤음은 자명한 사실이다.

또한 론지네크는 바울이 "갈라디아에서 당시 그리스 로마 세계에 유포된 여러 가지 문학적이며 수사학적인 관례들을 사용했을 것이라고 생각하는 것은 놀랄 만한 일이 못 된다."[380]고 하였다.

이렇게 볼 때 바울은 당시의 수사학은 물론 수사학적 관례와 일상적이고 상투적인 서간문적 표현들에 매우 익숙하여 있었음을 알 수 있다. 따라서 이상에서 얻을 수 있는 결론은 바울은 당시 헬라어 문법의 규칙들을 사용하는 것만큼이나 수사학적 표현들을 잘 알고 있었으며, 그것들을 자신의 의도에 맞게 사용하는 데 있어서 거의 무의식적으로 불편 없이 사용하였을 것이라는 사실이다.

이와 관련하여 론지네크는 헬라의 서신들은 통상적인 인사문구로 시작하고 종결 문구로 마치는 점을 지적하고 헬라의 서신들 가운데 나타난 상투적인 문구를 다음과 같이 제시하였다.[381]

1) 인사문구: 'χαίρειν'('문안드립니다' 문자적 의미는 '기쁘다'이다.)
2) 종결문구: 'ἐρρῶσθαι σε εὔχομαι'('부디 건강하시길 기원합니다.') 또는 간단히 'ἔρρωσο'로 줄여서 인사한다.

---

379) Ibid.
380) Ibid.
381) Ibid., cv - cvi.

3) 감사문구: ὅτι εὐχαριστῶ πολλὰ

(……한데 대해 많이 감사합니다)

γινώσκειν σε θέλω, πάτερ, ὅτι εὐχαριστῶ πολλὰ Ἰσιδώρῳ

τῷ ἐπιτρόπῳ ἐπεὶ συνέστακέ μοι

(아버지, 제가 후견인 이시도루스가 제게 충고를 해준 데 대해 많

이 감사한다는 것을 당신께서 아시기 바랍니다.)

4) 기도문구: πρὸ μὲν πάντων εὔχομέ σαι ὑγειένειν καὶ προκόπ

τειν

(무엇보다 우선적으로 당신의 건강과 성공을 기원하며)

5) 기쁨의 표현: λιάν ἐχάρην ἀκούσασα ὅτι

(……을 듣게 되어 매우 기뻤습니다.)

6) 놀람과 견책: θαυμάζω πῶς (……하게 놀랍니다.)

7) 비탄이나 비통 표현: ἀκούσας ὅτι νωθρεύῃ ἀγωνιοῦμεν

(아프시다는 소식을 듣게 되어 염려스럽습니다.)

8) 과거 교훈의 상기: ὡς ἠρώτηκά σε

(제가 당신에게 요구했던 바와 같이)

9) 발표: γινώσκειν σε θέλω ὅτι (저는 당신이……을 알길 원합니다.)

γνώριζε οὖν (그러므로 압니다.)

ἀλλὰ οἶδα ὅτι (그러나 저는 ……을 압니다.)

10) 부탁: παρακαλῶ σαι, διαλάχετί μοι

(당신이 저와 화해하시길 원합니다.)

11) 듣기와 알기 동사의 사용: ἐλοιπήφην ἐπιγνοῦσα παρά

(……에게서 알게 되어 가슴 아팠습니다.)

12) 다가올 방문에 대한 통지: θεῶν οὖν βουλομένων,

(만약 신들이 원하신다면)

πρὸς τὴν ἑορτὴν……πειράσομαι πρός ὑμᾶς γενέσθαι

(그 축제일을 위해……당신께 가도록 노력하겠습니다.)

13) 서신 작성에 대한 언급: ἔγραψας ἡμῖν ὅτι

(당신은 우리에게 ……라고 서신을 썼습니다.)

14) 재확인의 표현: τοῦτο μὴ νομίσῃς ὅτι

(……라고 생각하지 않습니다.)

15) 책임에 대한 진술: μὴ ἀμελήσῃς ἐν τῇ αὔριον ἀπντῆσαι πρὸ

ς ἡμᾶς

(내일 우리와 만나는 일을 잊지 마십시오.)
16) 전환을 위한 호격: φανερόν σοι ποιω ἄδελφε
    (형제여, 당신에게 알립니다.)

이러한 상투적인 문구의 사용은 중요한 전환이나 중단을 나타낼 때 사용하였다. 바울의 서신들의 양식은 당시 헬라의 일반적 서신들의 구조를 따르고 있다.[382] 이것은 바울이 당시의 서신이나 서간 문구들 속에 있는 상투적인 문구들을 자유롭게 사용하였다는 것을 의미한다.

그러나 일방적으로 수정 없이 그대로 사용한 것이 아니라, 그 자신의 상황에 맞게 인사말에 덧붙여 감사 부분들을 첨가하거나, 예배와 관련된 문구를 덧붙이거나, 신학적 이해에 기초하여 첨가와 생략을 단행하였다.

론지네크는 바울이 갈라디아서 전반에서 사용한 관례적인 서간 문적 어구들을 다음과 같이 제시하였다.[383]

1) 1:1 - 2(인사말): Παῦλος……ταῖς ἐκκλησίαις τῆς Γαλατίας
    (바울이 갈라디아 교회들에……)
2) 1:3(인사): Χάρις ὑμῖν καὶ εἰρήνη
    (너희에게 은혜와 평강이 있기를 원하노라)
3) 1:6(견책의 상투적인 문구): Θαυμάζω ὅτι
    (……를 내가 이상히 여기노라)
4) 1:9(과거의 가르침의 상기): ὡς προειρήκαμν, καὶ ἄρτι πάλιν λέγω
    (우리가 전에 말했던 바와 같이, 내가 지금 다시 말하노니)

---

382) 헬라의 서신들은 보통 다음의 5가지의 형태를 가진다. 1. 서두(발신인, 수신인, 인사) 2. 감사 혹은 축복. 3. 본문(형식적 서두, 연결과 전환의 상투 문구들, 종말론적인 절정, 여행담). 4. 권면(통용되는 호격들과 함께 사용) 5. 결어(인사말, 송영, 축도, 때론 집필과정 언급).
383) Longenecker, *Galatians*, cvii - cviii.

5) 1:11(발표의 상투문구): γνωρίζω δὲ ὑμῖν
    (내가 너희에게 알게 하노니)

6) 1:13(발표의 상투문구): ἠκούσατε γάρ (너희가 들었기 때문에)

7) 3:1(호격과 견책): ὦ ἀνόητοι Γαλάτα
    (어리석도다 갈라디아 사람들아)

8) 3:2(듣기 동사): τοῦτο μόνον θέλω μαθεῖν ἀφ' ὑμῶν
    (내가 너희에게 다만 이것을 알려 하노니)

9) 3:7(발표의 상투문구): γινώσκετε ἄρα ὅτι (그러므로 알지어다)

10) 3:15(호격과 말하기 동사): ἀδελφοί……λέγω (형제들아……말하
    노니)

11) 3:17(말하기 동사): τοῦτο δὲ λέγω
    (그러므로 내가 이것을 말하노니)

12) 4:1(말하기 동사): λέγω δὲ (내가 말하고 있는 것은 이것이니)

13) 4:11(비통의 표현): φοβοῦμαι ὑμᾶς
    (내가 너희에 대하여 염려하노라)

14) 4:12(부탁의 상투문구): ἀδελφοί δέομαι ὑμῶν
    (형제들아 너희에게 간청하노라)

15) 4:13(발표의 상투문구): οἴδατε δὲ ὅτι (너희가 ……를 아노라)

16) 4:15(발표의 상투문구): μαρτυρῶ γὰρ ὑμῖν ὅτι
    (내가 너희를 위하여……를 증거한다)

17) 4:19(호격): τέκνία μου (나의 자녀들아)

18) 4:20(사도적 임재): ἤθελον δὲ παρεῖναι πρὸς ὑμᾶς
    (너희와 함께 있을 수 있으면 얼마나 좋을까)

19) 4:21(말하기 동사): λέγετέ μοι (내게 말하라)

20) 4:28(호격): ὑμεῖς σε, ἀδελφοί (그래서 형제들아 너희는)

21) 4:31(호격): διό, ἀδελφοί (그러므로 형제들아)

22) 5:2(서신의 동기를 나타내는 문구): ἴδε ἐγὼ Παῦλος λέγω ὑμῖν ὅτι
    (보라 나 바울은 너희에게 말하노니)

23) 5:3(발표와 증거): μαρτύρομαι δὲ πάλιν
    (내가 다시 증거하노니)

24) 5:10(확신이 상투문구): ἐγὼ πέποιτθα εἰς ὑμᾶς ἐν κυρίῳ ὅτι
    (나는 주 안에서 너희에 대하여……를 확신하노라)

25) 5:11(호격): ἐγὼ δὲ ἀδελφοί (그러므로 형제들아 내가)

26) 5:13(호격): ὑμεῖς γὰρ……ἀδελφοί (그런데 형제들아 너희가)

27) 5:16(호격): λέγω δὲ (그러므로 내가 이르노니)

28) 6:1(호격): ἀδελφοί (형제들아)

29) 6:11(자필서명): ἴδετε πηλίκοις ὑμῖν γράμμασιν ἔγραψα
    (내가 너희에게 큰 글자로 쓴 것을 보라)

30) 6:16(축도): εἰρήνη ἐπ᾽ αὐτοὺς καὶ ἔλεος
    (그들에게 평강과 긍휼이 있을지어다)

31) 6:18(은혜의 기원, 호격): ἡ χάρις……ἀδελφοί (형제들아……
    은혜가)

이렇게 볼 때 갈라디아서의 구조는 표준적인 서간문적 상투 문구들의 사용에 기초하여 구성되었음을 알 수 있다. 즉 인사말(1:1 - 5), 견책(1:6 이하), 신학적 논의(3:1 이하), 부탁(4:12 이하), 권면(4:28 이하), 서명(6:11 - 18)이 그것이다. 따라서 바울의 서신은 이러한 헬라적 구조를 띠고 있으며, 동시에 상투적인 헬라의 서간문구들을 사용하고 있다는 사실을 확인할 수 있다.

다른 한편, 바울의 서신들에는 일련의 개인적 호소문들이 나타나는데, 이는 주로 부탁의 상투문구이다. 대체로 다음과 같은 다섯 가지의 표준적인 서간문적 관례들이 그것이다.[384]

1) 갈라디아서 4:12 'δέομαι ὑμων'(너희에게 간청하노라)

2) 갈라디아서 4:13, 15 'οἴδατε ὅτι'(너희가……를 아노라)
   'μαρτυρω ὅτι'(내가 ……를 증거한다)

3) 갈라디아서 4:19 'τεκνία μου'(나의 자녀들아)

4) 갈라디아서 4:20 'ἤθελον παρειναι πρὸς ὑμας'
   (너희와 함께 있을 수 있으면 얼마나 좋을까)

5) 갈라디아서 4:11, 21 'φοβουμαι ὑμας'

---

384) Ibid., cviii - cix.

(내가 너희에 대하여 염려하노라)

'λέγετέ μοι'(내게 말하라)

그 외 갈라디아서에 나타나는 구약적 표현은 다음과 같은 것들이 있다.[385]

1) 1:7: 대적자들에 대한 표현: 'οἱ ταράσσοντες'(괴롭게 하는 자들 - 5:10, 6:17) '이스라엘을 괴롭게 하는 자'(대상 2:7)
2) 1:8 - 9: 저주들의 사용(언약형식의 요소)
3) 1:12, 16, 2:2: 예언자적 사역의 근거로서 계시에의 호소(구약에서 예언자들에게 일반적인 현상 출 3:6, 사 6장, 렘 1장)
4) 2:4, 6, 11 - 14: 인물들에 대한 평가 - '거짓되다'라는 성격묘사(구약적 표현양식 렘 6:13, 26:7 - 16, 27:9, 28:1, 29:1, 8), 아브라함과 더불어 시작하는 이스라엘 역사에 대한 기록(수 24:2 - 3, 느 9:7 - 8, 사 5:2)
5) 3:16 - 14: 신탁들과 지혜자의 교훈(구약, 탈무드, 미드라쉬에서 흔한 표현)

이러한 상투적 문구는 갈라디아서 4:12 이후에 발견된다. 이는 바울의 서신에서 중요한 전환점을 갖게 됨을 의미한다. 즉 직설법과 명령법의 분기점이 되고 있음을 나타낸다.

4) 갈라디아서 5:25 - 6:10에 집중된 격언의 출처와 기능

< 5:25 >

"εἰ ζῶμεν πνεύματι πνεύματι καὶ στοιχῶμεν"

---

385) Ibid., cxii.

(만일 우리가 성령으로 살면 또한 성령으로 행할지니)

이 문장은 양식상 교차대구법으로 구성되어 있으며 내용상 격언적이며 역설적 격언의 형태로 되어 있다. 바울은 이 권면 부분을 제일 중요한 격언으로 시작한다. 복음의 진술에 있어서 조화로운 직설법과 명령법적 문장을 제시하고 있다.[386] 따라서 25절은 5:1절, 5:13절과 더불어 바울 윤리의 특징인 구원의 직설법과 명령법이 균형 있게 진술되어 있으면서 금언적이고 격언적인 특성을 잘 나타내 준다. 바클레이는 이곳에서의 바울의 권면이 성령에 의해서 이끌림 받고 있는 명백한 도덕적 표현을 제시해 주고 있다고 설명하고 있다.[387]

여기서 25절은 5:25 – 6:10에 이어져 나올 하위 부분을 위한 표제어로서의 기능을 하고 있다. 24절의 악덕 목록을 마감하는 성격을 띠고 있으며, 또한 6:1 – 10의 중간에 있으면서 다음 후속부의 개시를 알려주고 있다. 한편 24절의 '육체'와 25절의 '성령'은 19 – 21의 '육체의 일들'과 22 – 23절의 '성령의 열매'의 대조를 계속하는 것처럼 보인다. 6:1절의 '형제들아'라는 호격은 권면의 새로운 하위 부분의 시작을 나타내는 서간문적 표현이다.

"만일 우리가 성령으로 살면 또한 성령으로 행할지라"는 바울의 메시지의 요약적 진술이다. 바울은 더 이상 그리스도인은 율법 규정의 준수도 육체의 현저한 일을 따르는 방종주의도 아닌, 성령으로 행하는 그리스도인의 새로운 삶을 진실한 그리스도인의 행동양

---

386) J. D. G. Dunn, *The Epistle to the Galatians*(London: A & C Black, 1993), 317.
387) Barclay, 170 – 177.

식으로 규정하고 있다. 이러한 행위의 능력은 성령으로 사는 '성령 안의 생활' 가운데 있다. 그리스도인의 윤리적 행위는 결코 성령과 무관하지 않기 때문이다.

바울은 3:3에서 반의적 질문인 "성령으로 시작하였다가 이제는 육체로 마치겠느냐"를 제시하였는데 이에 대해 25절에서 스스로 윤리적 답변을 하고 있다. 즉 그리스도인의 존재와 행위를 규정하는 한결같은 원리는 성령으로 행하는 삶이라는 것이다. 또한 5:5, 5:16 그리고 5:18에서 교리적인 진술을 함으로써 그리스도인의 삶의 기원을 알려주었다.

> 5:5 "우리가 성령으로 믿음을 따라 의의 소망을 기다리노니"
> 5:16 "너희는 성령을 따라 행하라 그리하면 육체의 욕심을 이루지 아니하리라"
> 5:18 "너희가 만일 성령의 인도하시는 바가 되면 율법 아래에 있지 아니하리라"

'성령으로 살면' 하는 말은 '성령에 의해서 산다'는 말로서 그리스도인은 매일의 삶에서 구체화되어야 한다는 것을 의미한다. 따라서 이 격언의 호소는, "만일 그리스도인이 거룩한 삶에 참여하게 되었다면, 그 삶은 그의 매일의 생활에서 분명히 구체화되어야 한다."는 뜻이다. 이 말은 필로(Philo)의 "행복은 덕의 실천과 향유에 있지 그것의 단순한 소유에 있지 않다."는 말과 비견된다.[388] 바울은 군사적 용어인 στοιχέω(따르라)라는 용어를 의도적으로 쓰고 있다. 이것은 일렬로 줄을 서서 걷는다는 뜻으로, 모든 교인들에게

---

388) Betz, 293, n. 11.

지도자인 성령을 따라 일렬로 행진하라고 요구와 같다. 헬라철학자들도 철학적 원칙들을 따를 것을 종요하는 의미에서 이 용어를 사용한다.

바울이 "성령에 의해 사는 자는 성령을 따르다."는 격언은 구체적인 윤리적 행동뿐만 아니라, 성령의 우선권을 강조한 말로서 사용하고 있다. 던은 성령으로 사는 삶의 동기와 행위는 전적으로 기독교적임을 강조하였다.[389] 바울은 결코 그의 교인들에게 성령과 무관한 어떤 윤리적 행위를 요구하고 있지 않다. 성령의 권면하심을 따라 행하는 윤리야말로 바울에게 있어서 전형적인 기독교 윤리이다.

< 26 >
26a: μὴ γινώμεθα κενόδοξοι(헛된 영광을 구하여)
26b: ἀλλήλους προκαλούμενοι(서로 노엽게 하거나)
26c: ἀλλήλοις φθονοῦντες(서로 투기하지 말지니라)

26절은 이와 같이 간결한 독립된 세 부분으로 구성되어 있다. 하나의 호소와 병행하는 두 개의 분사절이 그것이다. 'κενόδοξος'(허영)는 헬라 철학으로부터 잘 알려져 있는 단어로서 모든 종류의 지적이고 도덕적인 허풍을 묘사하는 데 사용된다.[390]

바울은 앞서 언급하였던 '육체의 일들'과 '성령의 열매'에 대한 논쟁에 대한 해답을 여기서 제시하고 있다. "헛된 영광을 구하여 서로 노엽게 하거나 서로 투기하지 말지니라" 이 윤리적 명령은 앞

---

389) Dunn, *The Epistle to the Galatians*, 316.
390) Betz, 294., *TDNT* 3, 662.

선 논쟁의 해답임과 동시에 6:1 – 10까지의 후속부로 인도하는 방향제시의 기능을 하고 있다.

또한 26절은 25절에 대한 부정적인 대비로서 진술되고 있다. 만약 그들이 성령을 따르지 못하는 삶을 살 때, 이들에게 강력히 항의하는 내용을 담고 있다. 26a는 호소적 성격을 띠고 있으며, 26b, 26c는 병행절로서 계속 부정적 명령을 하고 있다.

'κενόδοξος'는 에피쿠루스(Epicurus)가 즐겨 사용하는 용어로서 그가 처음 만들어 낸 것으로 보이며 'ἀλαζών'(허풍쟁이)와 동의어이다.[391] 헬라주의적 유다교와 원시 기독교에서 논쟁적 용어로 많이 사용하였던 비방전승적 용어이다. 이들의 적대 행위를 바울은 비윤리적 행위로 규정하고 마치 경주자들이 서로 상대방을 향하여 노엽게 하고, 비방하고, 투기하고, 헛된 영광을 구하는 것과 같은 장면을 묘사하고 있다.

'προκαλέω'(자극하다)는 용어는 신약성서 가운데 여기서만 사용되지만 필로의 문서에 따르면 "이것은 욕설을 퍼붓는 경기에 도전했을 때, 고대인들 중의 한 사람에 의해서 뜻했던 바를 설명한다. 그는 그런 시합에 결코 나가지 않을 것이라고 말했다. 왜냐하면 그 시합에서 승자는 패자보다 더 나쁘기 때문이다."고 비방문서에 나타나고 있음을 설명하고 있다.[392]

'φθονέω'(질투하다)는 5:21절의 악덕 목록에 처음 나오는 단어로 신약성서에서 역시 여기만 사용된다. 그러나 헬라의 비방문서들 속에서와 헬라 철학에서는 현저하게 사용되는 용어이다.[393]

---

391) Ibid.
392) Betz, 295.

이상과 같은 용어들은 바울이 말하는 성령에 의해 사는 사람들의 삶과는 정반대의 상황이다. 성령에 의해 사는 삶은 이런 행위들과는 전혀 적합하지 않다는 것을 바울은 제시하고 있다. 이런 용어들과 반대되는 개념은 '서로 섬김'과 '서로 사랑'이다. 따라서 섬김과 사랑이 타락하면 공동체의 삶도 무너지게 된다. 바울은 자만하고 자랑하는 자들을 염두에 두고 이런 윤리적 권면을 하고 있다. 헛된 영광을 구하는 삶은 결코 성령을 좇아 행하는 삶과 병행할 수 없다. 이는 결코 성령의 열매인 화평과 절제와 조화를 이룰 수 없기 때문이다.

바울은 이 25, 26의 이 두 절에서 5:19 – 21절의 '악의 목록'과 5:22 – 23절의 '덕의 목록'을 종결짓고 있다. 자신의 교인들에게 자유를 '육체의 기회'로 삼아 방종주의에 빠지지 말 것을 경고하면서 '사랑을 통해 서로 섬김'의 일로서 '성령으로 사는 삶'을 강조하고 있다. 성령 안에 사는 거룩한 삶은 그리스도를 통해 삶의 새로운 방향을 발견하고 자기 본위적 악한 행위에서 해방되어 '사랑, 희락, 화평'의 성령의 열매 맺는 삶으로서 하나님의 백성의 윤리인 '성령으로 사는' 일을 실현할 것을 권면하고 있다.

< 6:1 >

1a: "ἀδελφοί, ἐὰν καὶ προλημφθῇ ἄνθρωπος ἔν τινι παραπτώματι"
(형제들아, 사람이 만일 무슨 범죄 한 일이 드러나거든)

1b: "ὑμεῖς οἱ πνευματικοὶ καταρτίζετε τὸν τοιοῦτον ἐν πνεύματι πραΰτητος"
(신령한 너희는 온유한 심령으로 그러한 자를 바로잡고)

---

393) Ibid.

1c: "σκοπῶν σεαυτόν μὴ καὶ σὺ πειρασθῇς"
   (너 자신을 살펴 너도 시험을 받을까 두려워하라)

바울이 즐겨 사용하는 호칭인 'ἀδελφοί'는 주의를 집중시키고 중요한 문제를 제시할 것임을 암시하는 용어이다. 일반적인 권면에서 구체적인 사건으로 돌아가고 있는 것 같다. 구체적인 권면은 첫째, 조건절(ἐάν)로서 절차를 밟게 하는 조건이 묘사되며(1a), 둘째, 귀결절로서 행해져야 할 사건을 취급하기 위한 절차(1b)가 나오고, 셋째, 행위자들에게 주어지는 경고(1c)가 서술된다.

'προλημφθῇ'(……빠지다)는 능동적인 의미와 수동적인 의미가 다르다.[394] 'προλαμβάνω'는 헬라의 서신들에서 문자적으로 '미리 취하다'는 뜻을 의미하지만, 능동적인 의미는 '예견하다, 앞지르다, 예측하다'이며, 수동적 의미로는 '불시에 습격당하다, 압도되다, 빠지다'는 의미를 지닌다. 여기서는 수동적인 의미로 어떤 죄에 빠지는 것을 의미한다. 이 단어는 그리스 고전 작가들에게서 많이 나타나며 70인 역에서도 등장한다.[395] 요세푸스는 29회나 사용하고 있으며 신약에서도 자주 사용된다.

1a: 어떤 사람의 범죄한 일은 공동체의 생활에서 일어날 수 있는 일이며 아마 일어날 것 같은 한 '사건'을 기술하고 있다.

1b: 이는 해결 절차를 규정하고 있다. 바울은 여기서 스토아철학적 언어를 사용하는 것이 아니라 'καταρτίζετε'(바로잡아라)라는 보다 더 일반적인 그리스 대중철학의 용어들을 사용한다. 이 단어는

---

394) *TDNT* 4, 14-15.
395) 솔로몬의 지혜서 17:11, 17.

명령형 동사로서 '질서를 바로잡다'는 뜻을 가지고 있으며 헬라 문헌과 70인 역에도 흔하게 나타난다.[396]

1c: 이 부분은 특히 단독적으로 해석될 수 있는 격언으로 되어 있다. 'σκοπέω'(비판적으로 검토하다)는 단수동사로서 그리스도인 개개인에게 주의를 환기시키는 격언이다. 그리스 철학에서 그 유래를 찾아볼 수 있는 것으로서 원시 기독교 저자들이 여러 곳에서 사용하고 있다. '너 자신을 살피라'는 격언의 첫째 부분은 소크라테스의 전승에서 유래하였다. 소크라테스는 델피의 격언에 다음의 유명한 구절을 남겼다.[397]

> "σκοπῶ οὐ ταῦτα ἀλλὰ ἐμαυτόν"
> "너 자신을 알라"

격언의 둘째 부분은 첫째 부분에 대한 해석으로서 그 내용은 헬라주의적 문헌에 있는 비슷한 격언들보다 뛰어나다. 바울은 이 부분을 적용하기 위해서 대중철학의 전승에서 그 격언을 받아들였을 것이다. 이 역시 소크라테스 전승의 메난더(Menander)에 나타난다.[398]

> "Πράττειν τὰ σαυτοῦ, μὴ τὰ τῶν ἄλλων σκόπει"
> "너 자신의 일을 하라. 다른 사람들의 과제를 보지 말라"
> "ἰατρέ, Θεράπευσον σεαυτόν"
> "의사여, 네 자신을 고치라"

---

396) *TDNT* 1, 476.
397) Betz, 298.
398) Ibid.

바울은 여기서 공동체를 무너뜨리는 어떠한 범죄도 허용하지 않았다. 그리하여 이러한 격언을 인용하여 개개인이 자신을 살펴서 그러한 범죄에 빠지지 않도록 각자 성찰할 것을 권면하고 있다. 뿐만 아니라 범죄자를 고발하는 기소자들의 교만을 동시에 경고하고 있다. 그들의 독선적인 태도가 범죄자의 죄악보다 더 큰 피해를 공동체에 유발시킬 수 있음을 지적하고 있다.

'παράπτωμα'(범죄, 죄)는 70인 역과 제2성전 유대교에서 '범죄'나 '죄'를 의미하는 히브리 단어들과 함께 신약에서도 자주 사용되는 윤리적 용어이다.[399]

'καταρτίζω'(정돈하다. 온전케 하다)는 그리스 문헌과 70인 역에서 자주 쓰이는 흔한 단어이다. 신약에서는 윤리적 문맥(고전 1:10 등)에서 사용되나, 여기서는 이전의 선한 상태로 '회복'을 뜻하는 의미로 쓰였다.

'σκοπέω'(주시하다, 관찰하다, 주의하다) 이 용어는 그리스 문헌에서 빈번히 사용되는 단어로서 주로 자신을 살피라는 윤리적 의미로 쓰인다. 즉 자기 검토를 요청하는 단어로서 스스로 시험에 들지 않기 위해 겸손한 자기 인식으로서 사용된다.[400] 이것은 '온유한 심령으로 행한다.'는 후반절의 의미를 함축하고 있으며, 이 온유는 온화한 태도뿐만이 아니라 하나님 앞에서의 자신의 연약성을 인정하는 겸손이다.[401]

이상에서 볼 때 바울은 공동체를 지키기 위한 윤리적 선봉장으

---

399) 롬 4:25, 5:15-18, 20, 11:11-12, 고후 5:19, 엡 1:7, 2:5, 골 2:13.
400) *TDNT* 6, 645-651.
401) Barclay, 158.

로서, 하나님 나라 건설을 위한 공동체 건설의 실행자였다. 따라서 그는 자신을 살펴서 "σκοπῶν σεαυτόν μὴ καὶ σὺ πειρασθῆς" 스스로 시험에 들까 주의하는 것과 아울러 연약성을 겸손히 인정할 것을 강조하는 것이 극히 당연하였다.

< 2 >

2a: "ἀλλήλων τὰ βάρη βαστάζετε"
　　　"너희가 짐을 서로 지라"
2b: "καὶ οὕτως ἀναπληρώσετε τὸν νόμον τοῦ χριστοῦ"
　　　"그리하여 그리스도의 법을 성취하라"

이 절에서 바울은 격언에 대한 상당한 지식을 보여주고 있으며 격언 적용에 있어서도 탁월한 시인적 면모를 보여주고 있다. 이 격언은 두 행으로 되어 있다.

2a는 본래의 전승된 격언이며, 2b는 그 격언에 대한 바울의 그리스도교적 해석이다. 이 격언의 전승 역시 소크라테스에게로 올라간다. 소크라테스의 전승이나 그리스의 교훈들 가운데 이 격언의 여러 변형들을 보게 된다.

베츠는 소크라테스의 일화 가운데 '우정'에 대하여 서술하고 있는 격언들을 다음과 같이 소개하고 있다.[402]

"χρὴ δὲ τοῦ βάρους τοῖς φίλοις μεταδιδόναι"
(사람은 친구들이 진 짐을 함께 나누어 져야 한다.)

메난더의 문장들 가운데도 비슷한 격언들이 발견된다.

---

402) Betz., 299.

"νόμιζε πάντα κοινὰ τῶν φίλων βάρη"
(친구들이 진 모든 짐을 공동의 짐으로 받아들이라)
ἰδίας νόμιζε τῶν φίλων τὰς συμφορὰς
(여러분의 친구들의 불행을 여러분 자신의 것으로 받아들여라)

아리스토텔레스의 인용 가운데도 비슷한 격언들이 나온다.

"κουφίζεται γὰρ οἱ λυπούμενοι συναλγούντων τῶν φίλων"
(슬픔은 친구들의 동정에 의해서 가벼워진다.)

틀림없이 바울은 2a의 격언을 그리스 철학 전승으로부터 가져왔
다. 격언의 두 번째 행 2b는 2a에 대한 바울의 해석이다. 첫 번째
행 2a가 요구하는 것을 행함으로 그리스도의 법을 이룬다는 것을
뜻한다. 여기서의 격언을 사용한 것은 갈라디아서 5:13 - 14절을 요
약하고자 하는 의도가 있다. 바울은 '사랑으로 서로 종노릇하라'는
윤리적 권면의 구체적인 실천을 제시하고 있는 것이다.

'τὰ βάρη'(짐)은 '시험의 짐들'과 우선적인 연관이 있으나, 여기
서는 '일상의 짐들'을 의미하며, 그리스도 공동체가 서로가 함께
나누어져야 할 모든 짐들을 말한다. 본문에서 'ἀλλήλων'이 앞에
나옴으로써 강조적 위치에 있다. 서로 짐을 지는 것은 공동체 구성
원들의 상호적인 사역임을 의미한다. 실제로 짐을 지던 일은 노예
가 하던 일이었다. 그러므로 상호간에 짐을 진다는 것은 서로 종노
릇하는 것을 의미한다.[403] 이것은 무거운 짐과 투쟁한 디오니수스
의 철학적 유래로부터 온 것이다. 고린도전서 9:19 - 21에서도 바울

---

403) Barclay, 131, n. 81.

은 모든 사람에게 종이 될 것을 강조하면서 같은 개념으로 사용하고 있다.

'ὁ νόμος τοῦ Χριστοῦ'(그리스도의 법)은 바울이 여기서만 사용하는 용어이다. 아마도 바울 자신이 이제까지 거절하여 왔던 유대 율법을 거부하는 바울 자신의 윤리적 표현으로 보인다. 문자적으로는 유대주의자들이 사용하는 '율법'의 개념과 동일하나 바울은 그들과의 대결에서 정반대의 개념으로 사용하고 있음이 분명하다.[404]

예수의 교훈이 바울의 윤리적 가르침의 주요한 자료가 된 '그리스도의 법'(ὁ νόμος τοῦ Χριστοῦ)은 윤리적 증거로서 중요할 뿐만 아니라, 바울에게 있어서 핵심적인 개념이다.[405] 이 구절은 고린도전서 9:21 – 22의 '율법 아래'(ἔννομος Χριστοῦ)라는 문맥과 밀접하게 연결되어 있다.[406]

도드는 바울이 갈라디아서 6:2와 고린도전서 9:21에서 '새로운 법'을 언급하고 있는 것은 예수의 전승된 말씀 모음이라고 주장한다.[407] 데이비스(W. D. Davies)는 '일종의 기독교적 할라카의 근거'로서 유대적 기대에 따라 '메시아적 율법'으로 해석하였다.[408]

여기에 반해 퍼니쉬는 '그리스도의 법은 사랑의 법이며, 사랑이

---

404) Longenecker, *Galatians*, 275 – 276.

405) 바클레이는 여기서 '그리스도의 법'의 중요성을 들면서 전통적인 해석들을 소개하고 있다. Barclay, 126 – 142.

406) 고전 9:21 – 22 "율법 아래에 있는 자들에게는 내가 율법 아래(ἔννομος Χριστοῦ)에 있지 아니하나 율법 아래에 있는 자같이 된 것은 율법 아래에 있는 자들을 얻고자 함이요 율법 없는 자에게는 내가 하나님께는 율법 없는 자가 아니요 도리어 그리스도의 율법 아래에 있는 자나 율법 없는 자와 같이 된 것은 율법 없는 자들을 얻고자 함이라."

407) C. H. Dodd, "ΕΝΝΟΜΟΣ ΧΡΙΣΤΟΥ" *Studia Paulina in honorem Johannis de Zwaan*(Haarlem: Bohn, 1953), 96 – 100.

408) W. D. Davies, "Torah in the Messianic Age and/or the Age to Come", *JBL Monograph Series* Ⅶ[1952], 72 – 73.

란 이미 주어진 율법을 성취하는 것'이라고 하였다. 그리하여 '그리스도의 법을 성취하라'는 권면은 그리스도에게 계시된 하나님의 은총과 사랑의 요구가 그리스도인의 삶 속에서 표현되는 구체적인 방법이며, 이 사랑이 곧 성령의 열매이며 하나님의 법을 성취하는 것이라고 주장하였다.[409]

베츠는 '그리스도의 법'을 '그리스도의 토라'라는 개념으로 해석하였다.[410] 바울은 이방 그리스도인들이 신적 구원에 동참자가 되기 위해서는 할례를 받아야 하고 유대교 토라를 준수해야 한다는 사상을 일관되게 거부했다. 그리스도인은 성령의 은사를 통해 신적 구원에 이미 참여하는 자가 되었다(갈 5:5, 14, 22). 따라서 그리스도인은 '율법의 일들'을 행함 없이 '믿음을 통해' 이 구원에 참여한다. 그렇지만 이 믿음은 사랑에서 표현되고 이 사랑은 실제로 율법을 성취한다.

그러므로 그리스도인은 구원을 얻기 위해서 율법의 일들을 요구받지 않으며, 믿음을 통해 구원을 얻음으로써 율법을 성취하는 것이다. 이것은 바울이 반대자들로부터 받아들인 개념을 자신의 신학적 개념으로 재해석한 것이다. 바울의 반대자들은 토라와 그리스도를 긍정적인 방식으로 결합시켜 그리스도를 '메시아적 토라'로 결합한 것이다. 그러나 바울은 사랑의 계명은 모든 토라의 완성이기 때문에(갈 5:14) 사랑하는 사람은 토라를 완성한다. 그리고 이러한 사랑은 그리스도의 사랑이므로 그 토라는 바로 '그리스도의 토라'라고 할 수 있다.

---

409) Furnish, 64 – 65.
410) Betz, 299 – 301.

던은 로마서 13:8 - 10과 15:1 - 3의 근거를 들어 '그리스도의 법'을 성취하는 것은 율법의 성취이기도 한 이웃 사랑의 구체적인 예로서 예수께서 명하신 자신의 모범을 이른 것이라고 주장하였다. 즉 마가복음 12:30 - 31, 마태복음 22:40의 이웃 사랑의 계명은 율법의 완성이며 그리스도의 법이란 표현은 사랑의 계명의 다른 표현이라는 것이다.[411] 그리하여 바울은 그리스도의 법이라고 말할 때, 사랑의 계명에 관한 예수의 가르침과 그 사랑의 계명을 몸소 실천에 옮기신 예수의 모범을 의미하였다.

이러한 이웃 사랑의 계명으로서 그리스도의 법 해석은 바클레이와 슈라게에 의해서도 지지를 받고 있다.[412] 사랑으로 역사하는 믿음은 온 율법이 어떻게 지켜지는지 보여주는 것이며, 사랑의 계명은 율법의 대안이 아니라 율법의 정신을 성취하는 것이다.

< 3 >

"εἰ γὰρ δοκεῖ τις εἶναί τι μηδὲν ὤν, φρεναπατᾷ ἑαυτόν"
(만일 누가 아무것도 되지 못하고 된 줄로 생각하면 스스로 속임이라)

'φρεναπατᾷ' 이 동사는 3인칭 단수, 현재 시재, 능동태, 직설법으로서 격언적 특성을 모두 가지고 있다. 후치사 'γὰρ'는 '왜냐하면……이기 때문이다.'라는 설명적 기능을 가지고 있으며 2절의 내용을 받아서 입증하고 있다. 따라서 3절은 외형상 전통적 격언으로서 더욱 두드러지게 나타나도록 돕고 있다. 외형상뿐만 아니라 전승적으로도 그레꼬 - 로마의 전통적 격언에 따르고 있다.

---

411) Dunn, *Theology of Paul*, 654 - 656.
412) Barclay, 126 - 135., Schrage, 211 - 217.

론지네크는 3절이 로마의 전통적 금언임을 입증하는 세 가지를 제시하였다.413)

첫째는 동사 'δοκεῖ'는 자기 자신이 중요하다는 생각을 주지시키며, 둘째는 양보의 구 'μηδὲν ὤν'는 인간의 상태에 대해 보다 엄격한 진술을 하고 있으며, 셋째는 'φρεναπατᾶ'는 70인경이나 다른 유대 헬라적 저작에서는 나타나지 않고 신약에서도 오직 한 번만 사용된 어구를 사용하고 있다.

따라서 '스스로 속이지 말 것'을 강조하는 격언적 표현을 자연스럽게 담고 있다. 이 격언의 형식은 그리스 비방 문학과 플라톤의 저술에서 발견되는 것이며 에픽데투스의 저서에서도 찾아볼 수 있다.414)

"κἂν δόξῃς τις εἶναί τισιν, ἀπίστει σεαυτῳ"
(만일 네가 누군가에 대해 대단한 인물이라고 생각한다면, 너는 너 자신을 불신하는 것이 된다.)
"δοκεῖς τις εἶναι, μωρὸς παρὰ μωροῖς"
(네 스스로 대단한 인물이라고 생각한다면, 넌 바보 중에서도 바보)

그레꼬-로마 세계의 대중적 철학인 비방철학에서는 인간학적 주제를 표준적인 주제로 삼았다. 특히 사람의 '외양'과 '실제 모습' 사이의 대조를 즐겨 다루었다. 바울은 '너 자신을 알라'는 델피의 격언에까지 거슬러 올라가 "만일 누가 아무것도 되지 못하고 된 줄로 생각하면 스스로 속임이라"는 해석적인 격언을 사용하고 있다.

---

413) Longenecker, *Galatians*, 276.
414) Betz, 301.

< 4 >

4a: "τὸ δὲ ἔργον ἑαυτοῦ δοκιμαζέτω ἕκαστος"

(각각 자기의 일을 살피라.)

4b: "καὶ τότε εἰς ἑαυτὸν μόνον τὸ καύχημα ἕξει καὶ οὐκ εἰς τὸν ἕτερον"

(그리하면 자랑할 것이 자기에게는 있어도 남에게는 있지 아니하리니)

여기서도 두 부분으로 나누어지는 독립적인 격언이 나온다. 4a의 본래적 격언이며, 4b는 격언 자체를 설명하는 내용을 담고 있다. 4a의 '너 자신을 알라'는 역시 소크라테스에게서 유래된 것이다. 이와 유사한 격언이 비방문학에서도 발견된다.[415] 따라서 그리스 철학자들의 많은 윤리적 격언들과 바울이 가지고 있는 격언 자료들이 상당 부분 공유되어 있음을 알 수 있다.

'δοκιμάζω'(자기를 살피다)는 헬라고전과 70인 역, 유대적 헬라 문헌과 신약성서에 자주 등장하는 용어다.[416] 이 용어는 '시험하다', '최고로 생각하다', '승인하다' 등의 의미가 있으나, 여기서의 뜻은 '자아성찰'을 의미한다.

헬라철학에서 '자아성찰'은 윤리적 교리로서 가장 일반적인 항목이다. 바울은 이러한 내용을 알고 자신의 회중들에게 승인하고 있다. 철학자들은 인간의 위선과 무가치함을 경고하였다. '자아성찰'은 바로 이러한 인간본성을 깨닫게 하는 지침이었다. 남과 비교해서 발견할 수 있는 것이 아니라, 자기 자신을 끊임없이 살핌으로 참된 성취를 이룰 수 있다는 사실에 바울은 공감을 가진 것이다.

---

415) Ibid., 302.

416) *TDNT* 2, 255 – 260.

베츠는 이러한 바울과 헬라 철학자들이 공유하고 있는 윤리적 자료들을 다음과 같이 설명하였다.[417]

1) '비판적으로 검토하다'는 자아성찰은 철학자들의 으뜸가는 의무로 간주되며, 지금 바울에게 있어서도 그리스도인의 하나의 의무로 간주된다.
2) '자아성찰'은 일차적인 목적이었으며, 바울 역시 그것을 승인한다.
3) 말만이 아니라, 사람의 전체적인 '삶의 행동'이 검토되어야 한다.
4) '자아성찰'은 자신의 '삶의 행동'(τὸ ἔργον)을 전적으로 검토하는 것을 뜻한다.

이러한 철학적 윤리의 교훈은 헬라철학에서 보편적인 것이었으며, 바울은 이것들을 동일하게 공유하고 있으며 전적으로 승인하고 있다.[418]

4b는 4a에서 경고한 이유를 설명하고 있다.

'καύχημα'(자랑하다)는 헬라의 저작들에서 자주 등장하며 바울이 즐겨 쓰는 용어이다.[419] 여기서의 뜻은 '자랑의 대상', '자랑의 근거'로서 남에게 보여주고자 하는 어떤 성취를 말한다. 고대인들은 남과 비교해서 자기 자신을 드러내는 것을 자랑스럽게 생각했다. 철학자들은 이러한 사상들이 가치 없고 위선적임을 지적하였다. 남과 비교하지 않고 참된 성취를 하기 위해 자아성찰을 요구하였다. 참된 성취는 'εἰς ἑαυτόν'(자기 자신에 관해서)만 존재하는

---

417) Betz., 302.
418) 바울은 이러한 자기 성찰에 관한 메시지를 그의 교회들에 도전을 주고자 할 때마다 즐겨 사용하였다. 롬 14:22, 고전 3:10-15, 11:28, 고후 13:5, 살전 5:21.
419) 롬 4:2, 고전 5:6, 9:15, 16, 고후 1:14, 5:12, 9:3 등.

것이지 남과 비교해서 주어지는 것이 아니다.

"παίδευε σαυτόν, εἶτα τοὺς ἄλλους"[420]
(너 자신을 교육시켜라. 그 다음에 다른 사람들을)

"ἑκάστῳ γὰρ τὸ ἴδιον ἔργον ποθεινότατον"[421]
(각자에게 있어서 그 자신의 일이야말로 가장 중요한 욕망의 대상이다.)

철학자들은 바로 이런 사실들을 비방하고 부단히 '자기 성찰'을 요구한 것이다. 바울은 동일하게 헬라주의적 철학자들의 사상과 일치하게 그의 독자들에게 '각각 자기 자신을 살필 것'을 주지시키고 있다. 그리하여 "자랑할 것이 자기에게는 있어도 남에게는 있지 아니하리라"는 것을 깨달아 자기기만을 극소화하여 하나님 앞에 승인된 자기 자신의 존재를 성취할 것을 강조하고 있다.

따라서 바울은 자랑의 대상이 아니라 자랑의 근거에 있어서 헬라철학자들과 일치하고 있다. 바울과 철학자들과의 차이는 철학자들에게 있어서 자랑의 대상은 이성이지만 바울에게 있어서는 하나님의 은혜라는 점에 있다.[422]

< 5 >
"ἔκαστος γὰρ τὸ ἴδιον φορτίον βαστάσει"
(각각 자기의 짐을 질 것이라)

---

420) Betz., 302, n. 90.

421) Ibid., n. 93.

422) 바울은 고전 15:10에서 '나의 나 된 것은 하나님의 은혜'임을 강조함으로 참된 자랑의 근거를 제시하고 있다. 바울은 롬 8:31 - 39, 고전 1:31, 고후 10:17, 갈 6:14에서도 같은 교훈을 하고 있다.

바울은 'γὰρ'(왜냐하면)로 인해서 4절과 연결되어 있는 듯한 또 하나의 전통적 격언을 들고 있다. 'φορτίον'은 70인 역과 헬라적 유대교 문헌 그리고 헬라적 문헌에서 흔히 쓰이는 단어이다.[423] 신약성서에서도 다양하게 등장한다. 사도행전 27:10에서는 배의 짐을 가리키며, 마태복음 23:4와 누가복음 11:46에서는 바리새인들이 지운 율법의 짐을 의미하며, 마태복음 11:30에서는 모세율법의 짐과 비교하여 제자들에게 부과된 예수의 짐을 지칭한다.

바클레이는 하나님 앞에 짊어져야 할 책임을 의미한다고 해석하고 있다.[424] 반면에 던은 피할 수 없는 일상의 책임들로서의 짐들을 의미한다고 보았다.[425] 어느 경우이든 각자가 져야 할 짐들을 의미한다. 그러나 격언 자체는 독립적인 내용을 담고 있다. 이 격언은 비방문학에 들어 있는 비슷한 격언들 가운데 에픽테투스의 저서에서 유래한다. 텔레스의 비방에 다음과 같이 나온다.[426]

"μή ζήτει τὰ τοῦ ἰσχυροῦ[φορτία βαστάζειν καὶ διατραχηλίζεσ Θαι]"
([힘센 사람의 짐을 나르려고 그리고 멍에 밑에 너희 목을 넣으려고] 하지 마라)

격언 문학에서 'τὸ φορτίον βαστάζειν'(짐을 지다)는 특히 중요한 용어로서 일상생활에서 일반적 짐으로부터 특수한 짐들에 이르기까지 모든 짐을 말한다.[427] 즉 일반적 어려움, 노년, 아내, 가

---

423) *TDNT* 9, 56 - 59.
424) Baclay, 161 - 162.
425) J. D. G. Dunn, *Galatians*(London: A & C Black, 1993), 326.
426) Betz., 303. n. 108.

난과 같은 특수한 짐들을 통칭하는 것으로 사용되었다. 여기서 바울은 사람은 자신이 질 수 있는 것보다 더 많은 짐을 지지 말아야한다는 고대 철학으로부터의 공감을 얻고 있다.

안티파네스(Antiphanes) "너무 큰 짐을 지는 것은 바보의 표시이며, 현명한 사람은 그가 떠맡을 수 있는 정도만을 맡는다."[428]

여기서의 바울의 격언은 '사람은……하여야 한다.'는 당시의 격언적 문맥에서 해석되어야 한다. 사람은 '각자 자기 짐을 져야 한다.'는 바울의 격언은 바로 이러한 문맥과 직접적인 연관을 갖고 있다. 격언 문맥에서의 뜻은 삶에는 불가피한 압박들이 있다. 그러므로 각자는 져야 할 짐이 있으며, 자신을 살피고, 점검하여, 그것을 지는 것은 공동체와 자신의 책임을 다하는 것이다.[429]

바울은 로마서 14: 5 날에 관한 교훈을 하면서 "각각 자기 마음으로 확증할지니라"는 결정을 내리고 있으며 고린도전서 3:8b에서는 "각각 자기가 일한 대로 자기의 상을 받으리라"고 하였다. 또한 데살로니가전서 4:11에서는 "자기 일을 하고 너희 손으로 일하기를 힘쓰라"는 권면을 하고 있다. 바울의 일련의 이러한 언급들은 자신이 져야 할 분량 밖의 것은 맡지 말고 각자 자기 분량의 짐을 지라는 권면이다. 이것은 빌립보서 4:11 – 13절에 나타나는 '자급자족'(αὐτάρκεια)이라는 철학적 개념을 도입하여 권면하고 있는 것이다.

그렇지만 바울은 우리 각 사람이 져야 할 짐이 하나님 앞에 직접적으로 책임져야 할 최종적인 심판으로 연결시키지는 않고 있다.[430]

---

427) Ibid., 303.
428) Ibid.
429) Baclay, 162.
430) Dunn, *Galatians*, 326.

< 6 >

"κοινωνείτο δὲ ὁ κατηχούμενος τὸν λόγον τῷ κατηχούντι ἐ
ν πᾶσιν ἀγαθοῖς"

(가르침을 받는 자는 말씀을 가르치는 자와 모든 좋은 것을 함께하라)

이 구절은 앞의 내용이나 갈라디아서 전체와 어떤 연관 없이 갑
자기 나타나 공동체 생활의 특정한 의무를 언급함으로써 해석에
어려움을 주는 문장이다.

바클레이는 6:1 – 10까지의 구조분석을 공동체적 책임과 개인적
책임이라는 구도 속에서 해석하였다.431) 그는 이러한 공동체적 책
임과 개인적 책임이라는 구도로서 본 절의 난점을 해석하고자 시
도하였다.432) 즉 형제의 범죄를 바로잡아야 할 공동체적 책임은 자
신을 돌보아야 할 개인적 책임과 무관하지 않으며, 오히려 균형을
이루어야 한다(1절). 자신의 짐을 스스로 져야 할 개인적 책임은 서
로 짐을 나누어 져야 할 공동체적 책임과 분리될 수 없으며(2절과
5절), 공동체 속에서 특별히 함께 나누어야 할(6절) 공동체적 책임은
사람이 무엇으로 심든지 개인적으로 책임질 수밖에 없는 개인적 책
임과 균형을 이루어야 한다(7 – 8절).433) 바클레이는 이러한 구도 속
에서 본 절의 난맥을 해석하였다. 즉 공동체적 책임과 개인적 책임
이라는 전체적인 구조 속에서 살펴볼 때, 본문은 갑자기 불쑥 나타
난 구절이 아니라 문맥상 서로 연관되어 있다는 것이다.

이 문장은 명령형 형태의 격언이다. 'κοινωνέω'는 사물과 관련

---

431) Barclay, 149 – 150.

432) Ibid., 162 – 163.

433) Ibid., 163.

하여 '참여하다', '짝이 되다'는 의미를 가지지만, 사람과의 관계에서는 '주다', '한몫을 기증하다'는 의미를 가진다.[434] 여기서 여격과 관련하여 명령형으로서, 가르침을 받는 자는 자신을 가르치는 자와 몫을 '나누라'는 권면적 명령으로 사용되고 있다.

기능상으론 다른 격언의 성격과 마찬가지로 윤리적 권면이다. 이 격언은 역시 헬라주의적 비방문학에서 나온 것이며, 따라서 내용상 기독교적인 것은 아니다. 기독교적 내용은 말씀을 전하고 가르치는 자는 생활비를 공급받는 것이 당연한 권리이며 마땅히 주장할 수 있는 것이다.[435] 반면에 여기서는 가르침을 받는 자들이 자신을 가르치는 자들에 대하여 공급의 의무에 대하여 말하고 있다.

기독교적 시각에서 '모든 좋은 것을 함께하라'는 권면은 다소 당혹스러운 내용이다. 사역자와 비용에 대한 바울의 지시는 분명 다른 곳에서의 표현과도 상당히 생소하다.

'좋은 것'에 대한 해석은 생활용품이라는 견해와 넓은 의미의 물질적 재산과 영적인 재산을 포함하는 것으로 해석한다.[436] 이 격언이 주어지는 환경은 철학학파에 있어서 학생과 스승의 좋은 교제를 연상하게 하며, 그들의 생활을 반영하고 있는 것 같다. 이 격언은 피타고라스의 말을 변형한 것으로 보인다.[437]

---

434) *TDNT* 3, 807 - 808.

435) 고전 9:13 - 14 "성전에서 일을 하는 이들은 성전에서 나는 것을 먹으며 제단에서 섬기는 이들은 제단과 함께 나누는 것을 너희가 알지 못하느냐 이와 같이 주께서도 복음 전하는 자들이 복음으로 말미암아 살리라 명하셨느니라" 딤전 5:18 "성경에 일렀으되 곡식을 밟아 떠는 소의 입에 망을 씌우지 말라 하였고 또 일군이 그 삯을 받는 것은 마땅하다 하였느니라"(비교 신 25:4).

436) Longenecker, *Galatians*, 279.

437) Betz., 305.

"πάντα κοινὰ τῶν φίλων"
(친구들은 모든 것을 공동으로 나눈다.)

피타고라스학파는 한때 공동재산을 실천하는 공동생활을 하였으며, 당시에 상당히 철학적 학파들에 영향을 끼쳤다. 바울의 시대에도 초기 기독교의 공동체 형태가 여전히 관심을 끌고 있었다. 베츠는 히포크라테스의 '계약'에서 공동생활에 관해서 비슷한 조항을 담고 있으며, 견유학파 - 스토아학파에서도 그리고 메난더에게서도 스승에게 경의를 표하는 비슷한 격언들이 등장한다고 밝혔다.[438] 교사, 학생 그리고 가르침의 주제로서 말씀이 등장한다는 것은 기독교적 메시지를 의미하지만 이는 이차적인 사항이다.

베츠는 본 절의 바울의 격언이 그 배경을 감안하면 어린이들이 아니라 성인들의 교육에 관해서 지시하는 것으로 볼 때, 일종의 성인 그리스도인들의 교육기관을 가리키고 있는 것으로 보고 있다.[439] 격언은 성격상 일반적인 것을 권면하듯이 바울은 갈라디아인들에게 그들이 일상적으로 행하고 있던 것을 계속적으로 중단 없이 할 것을 권면하고 있는 것이다.

일반적인 권면은 바울이 여기뿐만이 아니라 그리스도인의 삶의 원칙으로서 자주 언급하였다. 예를 들면 로마서 12:13 "성도들의 쓸 것을 공급하며 손 대접하기를 힘쓰라", 12:15 "즐거워하는 자들과 함께 즐거워하고 우는 자들과 함께 울라" 등이 있다.[440]

---

438) Ibid., 305 - 306.
439) Ibid., 306.
440) 그 외 고전 9:11, 고후 9:12 - 14, 빌 4:15 - 17.

< 7 >

7a: "μὴ πλανᾶσθε Θεὸς οὐ μυκτηρίζεται"

(스스로 속이지 말라 하나님은 업신여김을 받지 아니하시나니)

7b: "ὃ γὰρ ἐὰν σπείρῃ ἄνθρωπος τοῦτο καὶ θερίσει"

(사람이 무엇으로 심든지 그대로 거두리라)

이 구절은 잠언으로서 견유학파 – 스토아철학의 비방문헌에 나타나는 구절이다.[441] 바울은 다른 서신에서도 즐겨 사용하였으며(고전 6:9, 15:33) 신약에서도 자주 나타난다(눅 21:8 약 1:16). 이 구절은 간결한 형태의 문장으로서 격언적 성격을 잘 나타내 주고 있다.

'μυκτηρίζω'(경멸스럽게 여기다)는 그리스 문헌에서 누군가를 경멸할 때 즐겨 쓰는 표현이다. 바울의 서신에서는 한 번만 나타나며 유대교 문헌에서는 불경한 인물이거나 이스라엘의 적을 부정적인 어조로 표현할 때 쓰는 용어이다. 유대인 필로도 같은 구절을 인용하고 있으나 대중적으로 쓰이지 않았다.[442]

바울은 자신이 속해 있는 헬라적 – 유대교의 전승으로부터 자연스럽게 이러한 격언들을 헬라주의적 전승과 유다교적 전승의 양쪽으로부터 전해 받았으며 이러한 전승에 나타난 하나님 사상은 고대에서 일반적인 것이었다.

'Θεὸς οὐ μυκτηρίζεται'는 경고적 성격의 잠언이다. 이 문장의 주어인 'Θεός'는 무관사 용법으로서 직설법 부정어 'οὐ'와 더불어 사용되어 보다 더 격언적 특성을 나타내고 있다. 동사 'μυκτηρίζω'는 이러한 문맥 속에서 강하게 신적 응벌을 드러내고 있다.[443] 뒤

---

441) 'πλανάω' *TDNT* 6. 228 – 233. 244.

442) *TDNT* 4. 796 – 799.

443) 유대교는 특히 하나님을 만홀히 여김에 대하여 엄중히 경고한다. 'μυκτηρίζω'는 특히 이

이어 나오는 이유문인 "사람이 무엇으로 심든지 그대로 거두리라"
는 모든 고대의 문헌에서 일반적으로 나타나는 사상으로서 종말론
적 심판의 의미를 품고 있다. 이러한 종말론적 이해는 유대교의 특
징이기도 하다. 7절에서의 권면과 경고는 바울이 분명 이러한 사고
에서 신적 응벌을 염두에 두고 있다.

'πλανᾶσθε'(속지 말라)는 스토아철학자들의 문서, 제2마카비서
등에서 엄숙한 경고를 하기 전에 감탄어구로 사용되고 있다. 이것은
바울 시대에 경고를 하기 위한 일반적 도입 상투문구였다.[444]

7b "ὅ γὰρ ἐὰν σπείρῃ ἄνθρωπος τοῦτο καὶ θερίσει"는 7a
를 설명해 주고 있으며, 이는 농경관련 격언이다.

론지네크는 이에 대하여 다음과 같이 설명한다.[445]

> 1) 파종과 수확 간에는 직접적인 상관성이 있으며, 이것은 하나님께
>   서 만사에 정해 놓으신 바이며
> 2) 하나님은 자신의 율법을 거스르거나, 사실이 아닌 것을 사실로 속
>   일 수 있는 신이 아니시기 때문에 축복과 심판 어느 쪽으로 결론
>   이 나느냐 하는 것은 인간에게 책임이 있다.
>   따라서 공평한 인간관계를 무시하거나, 하나님을 속여 심판 대신
>   에 축복을 받게 하려는 인간의 시도에 의해 하나님은 조롱받지
>   않으신다.

인간은 하나님을 속일 수도 없으며, 또 자신이 심은 대로 거두지
않을 수도 없다는 것이다.

스라엘의 적을 묘사하거나 불경한 자들을 묘사하는 부정적인 어조로 사용되었다. 70인 역
의 대하 36:16, 욥 22:19, 시 44:13, 80:6, 잠 1:30, 11:12, 12:8, 사 37:22, 렘
20:7, 겔 8:17 등.

444) Longenecker, *Galatians*, 279.
445) Ibid., 280.

이와 같이 심고 거둔다는 표현은 고대의 저작들에서는 일반적인 표현양식이었다. 그리스 로마세계의 문헌들(Plato, Aristotle, Demosthenes, Plautus), 제2성전 시대의 유대적 그리스 문헌들(Philo) 등에서 다양하게 사용되는 농경 관련 격언이다.[446]

바울은 여기서 심고 거둠을 종말론적 의미로 사용하고 있다. 이는 '신적 응벌'의 행위로서 누구나 마지막 심판을 면할 수 없을 것임을 경고한다. '심음'과 '거둠'은 성령으로 사는 사람들에게 있어서 '상호관계의 종말론적 법칙'을 인정하는 것이다.[447]

< 8 >
"ὁ σπείρων εἰς τὴν σάρκα ἑαυτοῦ ἐκ τῆς σαρκὸς θερίσει φθοράν ὁ δὲ σπείρων εἰς τὸ πνεῦμα ἐκ τοῦ πνεύματος φερίσει ζωὴν αἰώνιον"
(자기의 육체를 위하여 심는 자는 육체로부터 썩어질 것을 거두고, 성령을 위하여 심는 자는 성령으로부터 영생을 거두리라)

7∼9절은 격언의 사용과 설명을 수반하여 연속적으로 이어지고 있다. 상투적인 격언을 사용하여 경고하고, 그 경고를 지지하는 전통적 격언을 사용하며, 육체와 성령이라는 대립구도를 바울 자신의 신학적 시각으로 해석하고 있다. 7b에서 제시하였던 파종과 수확의 비유를 이를 '육'(σάρξ)과 '영'(πνεῦμα)의 이원론으로 추가적으로 설명하고 있다.

바울은 앞서 5:17에서 "육체의 소욕은 성령을 거스르고 성령은 육체를 거스르나니 이 둘이 서로 대적함으로 너희가 원하는 것을

---

446) Ibid.
447) Betz., 308.

하지 못하게 하려 함이니라"고 전제함으로 갈라디아 신학 전체의 기초가 되는 이원론을 제시한 바 있다. 이는 다름 아니라 종말론적 원칙을 제시한 것이다.[448]

심는 자는 '육체의 밭'에 심거나 '성령의 밭'에 심음으로써 거기에 상응하는 '썩어짐'과 '영생'의 열매를 각각 거두게 된다. 이는 알레고리적 해석으로서 '육'과 '썩어짐'을 결합하여 새로운 사상을 보여주고 있다. 앞서서 바울은 '육체의 일'을 현저하게 보여준 바 있다(갈 5:13, 16, 17, 19-21, 24). 여기서 드러나는 '영생'과 '멸망' 모두는 종말론적 단어이다. 바울은 영육 이원론을 죽음과 삶의 주제로 연결시켜 강력한 권면을 갈라디아인들에게 하고 있다.

바클레이는 성령으로 심는 것은 성령의 인도함을 따라 행하는 것이며, 육에 심느냐 성령에 심느냐 하는 문제는 영원한 생명을 얻느냐 얻지 못하냐의 문제에 놓여 있는 진리에 대한 복종과 불복종에 대한 선택이라고 지적하였다.[449]

베츠는 육에 심는 것은 육에 기회를 주는 것이며 육신을 십자가에 못 박는 것과 정반대되는 것이며 어느 경우에나 결과적으로 영원한 멸망임을 지적하였다.[450]

바울은 8절에서 7a의 격언을 5:16-25절의 육체와 성령의 대립의 관점에서 설명하고 있다. 그리스도인은 '성령의 일'과 '육의 일'을 구분하여 종말론적인 윤리를 행하면서 살아야 함을 경고하고 있다.

---

448) 롬 6:20-23, 8:6, 13, 엡 4:22-24와 병행을 이룬다.
449) Barclay, 165.
450) Betz., 308-309.

< 9 >

9a: "τὸ δὲ καλὸν ποιοῦτες μὴ ἐγκακῶμεν "
　　(우리가 선을 행하되 낙심하지 말지니)
9b: "καιρῷ γὰρ ἰδίῳ θερίσομεν μὴ ἐκλυόμενοι"
　　(포기하지 아니하면 때가 이르매 거두리라)

9절은 두 부분으로 나누어져 있다. 9a는 그리스도인이 행할 책임을 제시하고, 7b는 종말론적 약속을 제시하고 있다. 바울은 7절에서 시작된 격언의 연속적인 결말을 이곳에서 종말론적인 호소로 마무리 짓고 있다.

'τὸ καλὸν ποιοῦτες'(선을 행함)는 그리스도인이 행할 책임이 있는 모든 것을 포함한다. 그러므로 그것은 '성령의 열매'(5:22 – 23)와 '성령으로 행함'(5:25)이라는 개념과 동일하다.[451] 따라서 'τὸ καλόν'과 'τὸ ἀγαθόν'은 동일한 것으로서 헬라 철학에서 유래한 단어이다.[452] '선을 행하다'는 말은 갈라디아에서만 볼 수 있는 유일한 단어이다.

'행함'은 본래적으로 율법과 관련되어 있다.[453] 갈라디아 3:10의 '율법 행위'와 '율법의 일들을 행함'과 비교하여 볼 때, '선을 행함'은 율법의 행위와 관계된 것이 아니라, '성령의 열매'에 참여하는 것으로 이해된다. 이것은 본질적으로 '양선'이나 '사랑'이나 '자비'와 같이 성령의 열매의 구성요소로서 마땅히 실천해야 할 사항이다.

'ἐγκακέω'(지치다, 낙심하다)는 헬라의 저작들이나 70인경 그리

---

451) 이 부분에서 6장에서 제시된 선한 일들과 연관이 된다. 즉 특별히 범죄한 자를 바로잡는 일(1절), 짐을 서로 지는 일(2절), 스승과 제자 사이의 모든 좋은 것을 함께 나누는 일(6절)이 그것이다. 그리하여 성령의 열매를 맺으며, 성령으로 행하는 삶을 드러내게 된다.

452) Betz., 309.

453) *TDNT* 6, 480 – 481.

고 유대의 저작들에도 나타나지 않고 오직 신약의 여섯 구절에만 나온다.[454] 'ἐγκακεῖν'은 '낙심하다'를 뜻하며 'ἐκλύειν'은 '힘을 잃다'는 뜻으로 쓰인다.[455] 바울은 성령으로 시작한 갈라디아인들이 '성령과 함께 행하는 삶'에 지치고 낙심하여 쓰러지지 말 것을 윤리적 과제로 주고 있다. 이들은 성령으로 시작하는(5:25) 처음 시작은 잘하였으나(5:7), 점차적으로 성령을 좇아 사는 열심을 상실하고 서로 투기하며 서로 물고 먹는(5:15, 26) 육체의 일들을 허용하고 말았다. 이러한 상황에서 힘을 잃고 있는 이들에게 바울은 이들을 다시 일으켜 줄 권면이 필요하였다. 먼저는 낙심하지 말 것을 권면하고 이어서 때가 이르면 거두리라는 종말론적 수확을 언급함으로써 힘을 주고자 하였다. 여기서 다시 성령의 열매인 '오래 참음'이 요구된다(5:22).

'καιρῷ ἰδίῳ'(때가 되면)라는 말은 '적절한 때'를 나타내는 관용어이다.[456] 고린도전서 3:8, 15:33에서도 바울은 '적절한 때'를 가리키는 용어로 사용하고 있다. 하나님의 약속의 확실성과 불가피성을 내포하고 있으며 종말론적 위기를 나타낸다.

'Θερίζω'(수확하다, 추수하다)는 파종과 수확의 농경생활을 반영하고 있으며 바울은 여기서 종말론적 보상을 나타내는 데 이 단어를 사용하고 있다. 이것은 앞의 '심은 대로 거둔다'는 원리를 다시 한 번 강조함으로써 수확의 비유를 들고 있다. '때가 되면'이라는 말과 '거두리라'는 말을 연결하여 보면 종말론적 보상에 대한 조건

---

454) 눅 18:1, 고후 4:1, 16, 엡 3:13, 살후 3:13.
455) J. B. Lightfoot, *St. Paul's Epistle to the Galatians*(London & Cambridge: Macmillan, 1866), 217.
456) *TDNT* 3, 455 – 462.

을 파악할 수 있다. 즉 '낙심하지 아니하면'이라는 전제가 주어지며 이것이 종말론적 주제가 된다. 바울이 권면하고 있는 것은 '성령을 따라' 지속적으로 실천해 나갈 때 '성령의 열매'를 맺을 수 있는 반면, 피곤하여 지치면 다시 '육의 일'이 우리를 지배하게 될 것임을 경고한 것이다.

결론적으로, 윤리적 과제로서 무언가를 지속할 때 피로감이 온다. 따라서 낙심하지 않고 계속할 때 '때가 되면' 주어지는 성취를 약속받는다. 앞선 격언에서 제시된 대로 성령의 일을 지치지 않고 실천할 때, 구원의 완성에 이르는 조건이 된다. '때가 되면'은 종말론적 긴장을 불러일으킨다. 따라서 바울은 낙심하지 않고 실천하여 나가면 적절한 수확의 때에 거두게 된다는 종말론적 보상에 대한 전통적 격언을 사용하여 권면하고 있다.

< 10 >
"ἄρα οὖν ὡς καιρὸν ἔχομεν, ἐργαζώμεθα τὸ ἀγαθὸν πρὸς πάντας, μάλιστα δὲ πρὸς τοὺς οἰκείους τῆς πίστεως"
(그러므로 우리는 기회 있는 대로, 모든 이에게 착한 일을 하되, 더욱 믿음의 가정들에게 할지니라)

10절은 계속된 권면단락의 결론에 해당되며 마지막으로 호소하고 있다.

'ἄρα'(그러면)는 바울 서신에서 요지나 결론을 맺을 때 자주 사용되는 단어이다.[457] '모든 이에게 선을 행하라'는 권면은 바울이 계

---

457) 롬 5:18, 7:3, 25, 8:12, 9:16, 18, 14:12, 19, 엡 2:19, 살전 5:6, 살후 2:15 등에서 바울은 주로 앞에서 서술한 내용을 결론짓고자 할 때 'ἄρα'를 도입하여 자신의 주장을 요약하였다.

속되어 온 윤리적 권면을 포괄하는 최종 결론을 짓는 것으로 보인다.

베츠는 '모든 이에게 선을 행함'을 기독교 공동체의 윤리적 과제로서 일반적인 형태로서 요약하고 있다고 보고 기독교 윤리의 정의로서 간주하였다.[458]

'ὡς'는 종말론적 표현으로서 '……하기만 하면' 또는 실존적 표현으로서 '……할 때마다'로 쓰인다. 이 단어는 뒤따르는 'καιρὸν'를 더욱 강조하여 준다. 'καιρός'는 '결정적 순간', '하나님이 주신 기회'를 암시하고 있다.[459]

따라서 바울은 그리스도인들에게 하나님이 주신 기회 속에 있을 때 '선을 행함'으로 구속 사명의 일부를 맡았음을 인식하고 그리스도인 앞에 주어진 기회의 전략적 중요성을 강조하였다.[460] 그리하여 바울은 '그리스도인의 윤리'를 삶의 이차적이거나 선택적인 범주로 여기지 않고 그의 신학의 모든 것으로 여기고 있다. 이러한 점에서 던은 바울은 신학자이자 목회자로서 복음의 실천에 관심을 가질 수밖에 없음을 전제하고 윤리의 중요성을 강조하였다.[461]

'ὡς καιρὸν ἔχομεν'(기회 있는 대로)는 '그리스도인의 윤리적 책임'을 수행함에 있어서는 기회가 주어지는 대로 회피하지 말아야 할 것을 권면한다. 마치 복음 전파에 있어서 '때를 얻든지 못 얻든지 항상 힘써야' 할 사항과 동일하다(딤후 4:2).

"ἐργαζώμεθα τὸ ἀγαθὸν πρὸς πάντας"는 기독교의 보편성을 나타내는 중요한 의미를 담고 있다. 'ἐργαζώμεθα'는 가정법 복수

---

458) Betz., 310.
459) *TDNT* 3, 455–462.
460) Longenecker, *Galatians*, 282–283.
461) Dunn, *Theology of Paul*, 626.

일인칭 동사로서 '……하자'(let's do)는 권유적 의미로 쓰이고 있다. 따라서 이 문장은 '모든 이에게 착한 일을 하자'는 권유적 성격을 갖고 있다.

'τὸ ἀγαθόν'은 단수 형태를 띠고 있지만 '모든 좋은 일'을 포괄적으로 일컫는 말로 사용되고 있다.[462] 물질적인 것뿐만이 아니라 영적인 것도 동시에 품고 있다. 따라서 모든 좋은 일은 '유익한 것이면 무엇이든지' 행하라는 의미를 포함하고 있다.[463]

좋은 일을 행하는 '대상'은 'πρὸς πάντας'(모든 이들)에게 하라고 하였다. 여기에는 그의 상투적 문구에 나타난 것처럼 '유대인이나 헬라인이나 종이나 자유인이나 남자나 여자나' 다 포함된다(갈 3:28, 롬 10:12, 고전 12:13, 골 3:11). 기독교 복음의 보편성은 인종이나 신분 그리고 사회적 차이들에 제한당하지 않는다. 그리스도 안에서(교회 안에서) 사람과 사람을 구분하는 차별들은 용납될 수 없는 것이다. 이러한 사상은 유대주의자들의 편파적이고 배타적인 성향과 대조를 이룬다.

'τοὺς οἰκείους τῆς πίστεως'(믿음의 가정들)에게 더욱 선을 행하라는 것은, 모든 이에게 선을 행하라는 보편성을 제한하는 것이 아니라, 그리스도의 교회에 특별한 관심을 기울이라는 것이다. 론 지네크는 "이것은 은유적으로 그리스도인들의 공동적 일치를 말하며, 그 구성원들을 특별히 돌보라."는 의미로 해석하였다.[464] 이러한 은유적 표현은 바울에게 있어서 흔한 일이었다(고전 3:16 - 17,

---

462) 갈 6:6의 'πᾶσιν ἀγαθοῖς'와 같은 의미로 사용되고 있다.
463) 고전 10:23 - 24. 여기서도 바울은 유익되고 덕을 세우는 것이면 다 허용됨을 선언하고 있다.
464) Longenecker, *Galatians*, 283.

고후 6:14 – 16, 엡 2:19 – 22).

이 권면은 그리스도교의 편협성의 오해를 해소하는 중요한 선언이 되고 있다. 당시 그리스도교가 받고 있던 폐쇄성과 오해들을 '모든 이들에게 선을 행하라'는 선언으로 말미암아 그리스도교의 보편성을 확보하게 되었다. 선을 행함에 있어서 '기회 있는 대로'와 더불어 '모든 이에게'라는 시간과 대상을 제한하지 않음으로 인하여 그리스도인은 모든 사람에게 선을 행하도록 기대된다.

베츠는 이에 대하여 다음과 같이 그리스도교의 윤리의 보편성을 강조하였다.[465]

> "하나님의 구속의 보편적 성격은 그리스도인의 윤리적인 그리고 사회적 책임의 보편성과 일치한다. 만일 그리스도를 통한 하나님의 구속이 보편적이라면 그리스도교 공동체는 모든 윤리적, 민족적, 문화적, 사회적 그리고 인간 공동체 내에서의 종교적 차이들까지도 무시해야 한다. 하나님 앞에서는 편파성이 없기 때문에 자신의 동료에 대한 그리스도인의 태도에 편파성이 있을 수 없다."

이상과 같이 지금까지 살펴본 갈라디아 5:25 – 6:10까지의 바울의 윤리적 권면을 정리하면 다음과 같다.

---

465) Betz., 311.

본문	양식	출처	기능	병행구
5:25	교차대구적금언	헬라비방문학	윤리적 실천	갈 3:3, 5:16, 5:18
5:26a 26b 26c	부정적 대비 부정적 명령 부정적 명령	헬라비방문학 헬라비방문학 헬라비방문학	비윤리적 행위 지적 적대행위 질책 윤리적 호소	롬 12:16 빌 2:3 갈 5:13
6:1a 1b 1c	법률적 진술	헬라고전문학 헬라대중철학 소크라테스전승	자기 성찰 요구	갈 1:8 고후 2:7
6:2a 2b	은유적 격언	헬라철학 소크라테스전승	사랑의 실천 요구	갈 5:14, 고전 21-22 마 11:28
6:3	직설법적 전통 금언	헬라비방문학 플라톤전승	자기 성찰 요구	고전 3:7, 고후 12:11
6:4a 4b	전통 금언	헬라대중철학	비판적 자기 성찰 요구	고전 5:6, 갈 6:3
6:5	전통 금언	헬라비방문학	자기 책임 다할 것을 요구	롬 14:5, 고전 3:8, 살전 4:11
6:6	교육적 금언	헬라비방문학	공동체적 책임요구	갈 4:12, 고전 9:13-14, 롬 15:27
6:7	경고적 잠언	헬라비방문학 유대교적 전승	불경, 신적 응벌 경고	고전 6:9, 15:33, 롬 14:10
6:8	대조·교차적 비유	알레고리적 해석	종말론적 경고	롬 6:20-23, 8:6
6:9a 9b	호소적 경고	헬라대중철학	선행 호소 종말론적 약속	갈 3:10, 12, 고후 4:1
6:10	결론적 호소	헬라대중철학	선행의 보편성 강조	롬 2:10, 13:10

5. 요 약

   바울은 갈라디아 교회의 대적자들로 인하여 갈라디아서를 쓰게 되었다. 그러나 바울은 이들과의 직접적인 논쟁을 벌이지 않는 대신 제시되었던 쟁점들에 대하여 언급한다. 바울은 자신의 사도성이나 율법과 할례의 문제들에 대하여 언급한 후 그리스도가 우리를 자유케 하셨으므로 자유 안에 굳게 서서 다시는 종의 멍에를 메지 말라고 권면한다(갈 5:1, 10). 헬라세계에서는 교훈의 목적을 교육에 두었다. 그러나 바울은 구체적인 윤리적 권면들을 교육에 목적을 둔 것이 아니라 복음의 정황과 관련시켰다. 왜냐하면 바울은 후대를 위한 훌륭한 윤리적 법전을 만들 구상을 갖고 있지 않았으며, 단지 그리스도 안에서 새로운 삶을 사는 실제적 문제에 관심을 가지고 있었기 때문이다.

이러한 목적에서 바울은 생활률적 격언들을 제시한다. 격언의 성격은 설명을 필요로 하지 않으며 모든 사람에게 자극을 줄 수 있으며 시간적으로 영속성을 지니고 있으며 동시에 모든 사람들에게 적용되고 일반적으로 인정되는 원칙이다. 그러므로 격언은 개인과 공동체의 일상적 삶의 문제를 다루는 서로 연관되어 있지 않는 상이한 권면들로서 짧은 구절에 함축적 의미를 담고 있다. 격언은 보편적 진리를 담고 있기에 실례를 제시하지 않으며 시대를 초월하여 쓰이는 원칙으로서 전통적 성격을 가지고 있다.

바울의 격언은 내용적으로 기독교적인 것은 거의 없으며, 당시 세속의 일반적 격언들을 공유하고 있다. 그는 특별히 세속의 일반인들에게 기독교적인 윤리를 적용하고 있다는 인상을 주지 않고 기독교를 낯선 윤리와 풍습을 전하는 경계적인 종교로 만들고 싶어 하지 않았다.

갈라디아서의 권면단락은 5:1 – 12, 5:13 – 24, 5:25 – 6:10로 세 부분으로 나누어지나 5:25 – 6:10 부분에 특히 일련의 격언적 문장들이 집중되어 있다. 이것은 갈라디아의 정황과도 밀접한 연관을 맺고 있다. 갈라디아인들은 복음의 삶과 일치하지 못하였으며 육체의 일이 현저하여지고 개인적 방종주의로 인하여 그리스도께서 우리로 자유하라고 주신 자유가 자기 사랑으로 나타나게 되었다. 이러한 상황에 바울은 그리스도인의 윤리적 전제로서 '성령으로 행하라'는 권면으로써(갈 5:25) 시작한다. 이렇게 시작한 것은 성령으로 행하는 삶은 기독교 공동체의 기본적인 윤리적 이해의 바탕이 되기 때문이다.

바울은 여기서 공동체적 책임을 위하여 특수한 자료로써가 아니라 보편적인 자료로써 권면하고 있다. 격언적 권면의 자료들은 일반적 성격을 띠고 있으나 자신들의 정황에 적용될 때 특수한 자료로서 가치를 띠게 되고 공동체의 목적에 맞게 적절하게 사용될 수 있는 실효성을 지닌다. 동시에 일반적 성격의 자료들은 주변 세계와의 문화적 충돌을 피할 수 있는 효과를 가져온다.

바울은 갈라디아서 5:25 – 6:10에 집중된 격언적 권면을 헬라의 일상적인 상투적 문구를 사용하여 그의 회중들에게 전하였다. 격언적 자료들의 출처들은 당시의 종교로부터가 아니라 주로 헬라의 비방문학이나 대중철학에서 유래한 것들이다. 그 자료들의 양식들은 부정적 명령을 내리거나, 법률적인 진술, 은유적 성격의 격언, 직설적 전통금언, 교육적 금언, 경고적 성격의 잠언, 교차 대구적 비유, 호소적 경고 등으로 다양하게 나타났다.

격언의 기능상으로는 윤리적 실천을 요구하거나, 비윤리적 행위의 지적과 질책, 자기 성찰 요구, 사랑의 실천 요구, 비판적 자기 성찰 요구, 자기 책임을 다할 것 요구, 윤리적 호소, 종말론적 경고, 선행의 보편성 강조 등으로 다양하게 나타난다.

바울의 격언적 권면은 그의 교회 공동체 구성원들이 격고 있는
유동적 정체성과 외부에 대한 선교적 설득력과 포용성을 위해서
주어졌다. 바울은 희미한 국제주의를 꿈꾸지는 않았다. 그는 선교
적 장애물들을 제거하고 보편적 종교로서 기독교 공동체를 형성하
여 유대인과 헬라인 노예와 자유인 남자와 여자 간의 차별이 없이
다 그리스도 안에서 하나가 되는 공동체를 이루고자 하였다. 그리
하여 복잡한 문제들에 대한 윤리적 규범들이 아니라 삶 속에서 실
천될 항구적인 원칙들로서 누구나 친숙하게 지킬 수 있는 격언들
을 제시한 것이다.

제5장

바울의 격언적 권면의 실용성과 한계

바울은 갈라디아서 3:28절에서 "너희는 유대인이나 헬라인이나 종이나 자유인이나 남자나 여자나 다 그리스도 예수 안에서 하나이니라"라고 선언함으로써 인종과 신분의 장벽을 넘어 그리스도 안에서 모두가 하나임을 강조하고 있다. 이것은 당시의 사회 구조와 관습에 비추어 볼 때, 과거의 불평등과 차별을 종결하고 새로운 관계를 수립하는 혁명적인 것이었다. 베츠는 이를 두고 '놀랍게도 정치적·사회적 이상들과 실천들을 선언한 것'으로 보고 초대교회는 분명 혁명적이었음을 지적하였다.[466]

이 부분은 다음과 같은 3가지 신분으로 나누어진다.

28a: 유대인과 헬라인 "οὐκ ἔνι Ἰουδαῖος οὐδὲ Ἕλλην"
28b: 종이나 자유인 "οὐκ ἔνι δοῦλος οὐδὲ ἐλεύθερος"
28c: 남자나 여자 "οὐκ ἔνι ἄρσεν καὶ θῆλυ"

세 쌍으로 열거되는 이러한 나열은 초대교회의 세례예식의 공식 문구에서 유래되었다.[467] 특별히 세 쌍의 문구가 함께 나오는 것은 유대인과 헬라인들이 그들 외의 이방인에 대한 적대적 기도문을 의식적으로 반대하려는 시도인 것 같다.[468] 초기 그리스도인들은

---

466) Betz, 189, 190.

467) 고전 12:13과 골 3:11에서는 변형된 형태의 쌍이 나타난다. 고전 12:13 "우리가 유대인이나 헬라인이나 종이나 자유인이나 다 한 성령으로 세례를 받아 한 몸이 되었고 또 다 한 성령을 마시게 하셨느니라" 골로새서 3:11 "거기에는 헬라인이나 유대인이나 할례파나 무할례파나 야만인이나 스구디아인이나 종이나 자유인이 차별이 있을 수 없나니 오직 그리스도는 만유시요 만유 안에 계시니라."

468) 1) 유대인 베라코트(축복들, 감사 기도들) "나를 이방인으로 만들지 않은 그분(하나님)께 축복이 있을지어다. 나를 미개인(즉 무지한 소작농 또는 노예)으로 만들지 않은 그분께 축복이 있을지어다. 나를 여자로 만들지 않은 그분께 축복이 있을지어다" 2) 헬라인 저작 "내가 짐승이 아니라 인간으로, 여자가 아니라 남자로, 세 번째로는 야만인이 아니라 헬라인으로 태어난 것에 대해 감사한다." Longenecker, Galatians, 156 – 157.

세례의식에서 신앙 고백을 통하여 그리스도로 말미암아 세례받음으로 유대인과 헬라인, 종과 자유인, 남자나 여자의 구분을 무의미하게 만들고, 모두가 동일한 믿음 안에서 하나가 됨으로써 과거의 인종적 차별을 철폐하고, 평등한 새로운 가족으로서 자신들을 이해하였다. 이로 말미암아 이전과 다른 당시 사람들이 꿈꾸던 사회적 이상을 담고 있는 새로운 기독교적 윤리를 필요로 하게 되었다.

1) 유대인과 헬라인
28a: "οὐκ ἔνι Ἰομδαῖος οὐδὲ Ἕλλην"
(유대 사람이나 헬라 사람이 차별이 없습니다.)

'οὐκ ἔνι'(……에도 없다)는 주절의 주어와 동사를 품고 있으며 특별히 강한 부정을 나타낼 때 쓰인다. 그리스도 교회 안에서 유대인들과 헬라인들 간의 구별들이 철폐되었음을 강하게 표현한 것이다. '유대인이나 헬라인이나'[469]라는 표현은 '헬라인과 미개인들'(Ἕλληνες καὶ βάρβαροι)이라는 헬라적 정치 슬로건의 변형이다.

2) 종이나 자유인
28b: "οὐκ ἔνι δοῦλος οὐδὲ ἐλεύθερος"
(종이나 자유인도 없습니다.)

바울 당시에는 노예제도가 부도덕하거나 타락한 비인간적 제도로서 인식되지 않고 있었다. 오히려 경제체제의 최하위 단위로서 노동력을 공급하는 중요한 인적자원이었다. 그리하여 어떤 경제활동

---

469) 롬 1:16, 2:9-10, 3:9, 고전 12:13 등.

이든지 노예 없이 운영된다는 것은 생각할 수 없었으며, 모든 사회에서 기정사실로 받아들이고 있었다.[470] 자유인조차도 자유를 완전히 누리지 못하던 시대 상황을 고려할 때, 당시의 노예는 자유민이 국가에 대한 관계와 노예가 주인에 대한 관계와 대비될 수 있다.

이러한 사회적 관습하에서 바울은 그리스도교 내에서 노예제도가 폐지되었음을 선언하였다. 그리스도인은 '그리스도 안'에서 하나 된 사건 이후로 누구나 과거의 구분과 불평등에서 자유롭게 되었고 더 이상 과거의 관계들이 더 지상 지속되지 않고 새로운 관계들이 수립되었다. '주 안에서' 평등성을 주장한 바울의 선언은 주님과의 관계를 우선적인 관계로 설정하여 다른 모든 관계를 상대화시켰다. 실제로 노예들은 종교적인 면에서 인간적으로 인정을 받았으며 법적인 자격도 부여받았다. 이와 같이 사람들은 동일하게 신들 앞에서는 일종의 평등함을 인정받았다.[471]

3) 남자나 여자

28c: "οὐκ ἔνι ἄρσεν καὶ θῆλυ"

(남자나 여자도 없습니다.)

---

470) F. Laub, **고대 노예제도와 초기 그리스도교,** 박영옥 역(서울: 한국신학연구소, 1988), 13 – 24.

471) Ibid., 80 – 81. 여기에 대해 베츠는 고대 노예제도에 대하여 다음과 같이 설명하였다. 궤변가들이나 스토아학파들에서도 노예제도를 반대하였다는 것이다. 노예제도에 대한 사회적 비판은 궤변철학자 알키다마스(Alcidamas)는 "하나님은 모든 사람을 자유롭게 하셨으며 자연은 사람을 노예로 만들지 않았다." 아리스토텔레스(Aristotle)에 나오는 한 궤변가는 "그러나 다른 사람들은 어떠한 사람이 다른 사람의 주인이 되는 것은 자연에 위배된다고 주장한다. 왜냐하면 한편을 노예로 만들고, 다른 한편을 자유인이 되게 하는 것은 인습일 뿐이며, 본질적으로 그들 사이에는 차이가 없기 때문이다. 그러므로 그것은 부당하다. 그것은 힘에 기초해 있기 때문이다." 필로(Philo) 역시 노예제도에 반대하였다. "나의 친구들이여 본래 자유로운 그에게 자유를 주고 그것도 서슴없이 주라. 그리고 살아 있는 피조물들 가운데 가장 지고한 자, 인간과 그의 주요한 관심에 이득이 되는 기회를 발견한 것을 기뻐하라. 왜냐하면 노예는 자유보다 더 큰 혜택을 가질 수 없기 때문이다." Betz, 193 – 195.

'그리스도 안에서' 남자나 여자가 구별이 없다는 선언으로서, 남자와 여자의 성적 구별이 교회 안에서 그 의미를 상실하였으며, 이제 남자도 여자도 차별이 없다는 의미이다. 노예제도와 마찬가지로 당시 여성의 지위는 남성에 비하여 열등하기 그지없었다. 남자와 여자의 사회적, 정치적 차이뿐만 아니라, 역할에 있어서도 많은 불평등이 존재하였다. 후기 서신의 여자의 지위에 대한 언급은 전적으로 남편에게 복종하라는 것으로서 당시의 풍습을 반영해 주고 있다(딤전 2:9-15). 당시 사회에서 여성은 사회적 활동을 삼가고 행실이 얌전하여야 했다.[472]

이상과 같이 갈라디아서 3:28에서 바울이 진술하고 있는 내용은 세례를 받고 그리스도와 연합하여 그 몸의 지체가 된 자는 모든 세상적인 차별을 벗어던지고, 열등도 우등도 없이 그리스도 안에서 하나가 된 것을 강조하고자 한 것이다. '그리스도 안에'서는 민족적 특성(유대인이라 헬라인)도, 신분의 특성(노예자나 자유자나)도 성적인 차별(남자나 여자나)도 없는 한 하나님의 자녀임이 중요한 것이다. 이러한 차별들은 항구적인 것이 아니라, 이 세상에서의 일시적인 것이며, 상대적인 것임을 밝히고 있다.

---

472) 신피타고라스학파(Neo Pythagoreanism)에 의하면 다음과 같은 여성에 대한 윤리적 가르침이 있었다. "온갖 종류의 지나치게 기름진 음식을 먹고, 또 온갖 종류의 술을 마시고, 또 사치스러운 옷을 입거나 온갖 종류의 액세서리로 몸을 단장하는 여자는 잠자리를 더럽히는 죄뿐만 아니라, 그 밖에 온갖 악한 행동을 범하도록 유혹을 받기 쉽다……. 좋은 가문에서 출생한 여인들의 아름다움과 지혜는 결코 이러한 사치스러운 쾌락에서 오는 것이 아니다." 플루타크(Plutarch)의 가르침은 다음과 같다. "덕스러운 여자의 팔뿐만 아니라 언어까지도 대중 앞에 노출되어서는 안 된다. 덕스러운 여자는 얌전해야 하며 외간 남자들의 말을 듣지 않을 뿐만 아니라, 남에게 말을 할 때에도 조심해야 한다. 여자가 그의 말을 통해서 그녀의 감정과 성격과 기질을 외부에 나타낼 수 있으므로 외부에 자기 자신을 노출시키는 것을 삼가야 한다……. 여자는 자기 남편에게 말하거나 남편을 통해서 말해야만 한다." V. P. Furnish, **바울의 네 가지 윤리적 교훈**, 이희숙 역(서울: 종로서적, 1994), 126-127.

따라서 영적으로 새롭게 된 관계는 이제 사회적, 정치적, 문화적으로 새로운 관계를 형성하게 되었으며 그리스도 안에서 모든 사람은 평등하며 보편적 특성을 향유하게 되었다. 그리하여 '그리스도 안에 있음'은 그리스도교 선포와 체험의 핵심인 것이다.[473)

바울이 전승 자료들을 사용한 신학적 의도 내지 목적은, 그의 이러한 보편적 사상의 면모를 전제하고서 이해하여야 한다.

퍼니쉬는 그 목적으로 구체적이고 당면한 문제해결, 포괄성, 설득력의 세 가지를 들고 있다.[474) 바울이 다양한 전승 자료들을 이용한 것은 그의 윤리자료들이 보다 구체적인 당면 문제들을 해결하고, 기독교인이 선을 행함에는 한계가 없으며, 기존에 익히 알고 있던 자료들을 사용함으로써 보다 설득력 있게 권면할 수 있었다는 것이다.

바클레이는 바울이 격언을 사용한 목적에 대하여 바울이 단지 전통적인 도덕적 충고를 하려고 한 것이 아니라, 오히려 '성령 안에서 행할 것'을 보다 구체적으로 설명하고자 하는 의도라고 보았다.[475) 이곳에 나타난 많은 격언은 성령의 열매에 대한 구체적인 실례들을 보여주는 역할을 하고 있다. 즉 온유(6:1), 사랑(6:2), 자랑(6:4), 좋은 것(6:6), 선(6:9), 착한 일(6:10) 등이 반복되어 나타나고 있다.

바클레이는 이러한 격언들이 일련의 논리적인 단계로서 구성되어 있지는 않지만, 그렇다고 단순히 무작위적인 단편의 모음도 아니라고 하였다. 갈라디아서 5:25 - 26의 권면과 경고는 계속적으로

---

473) Longenecker, *Galatians*, 159.
474) Furnish, *Theology and Ethics in Paul*, 69 - 81.
475) Barclay, 167 - 170.

균형을 맞추어 가야 할 개인적인 책임과 의무에 대한 주제들이라고 보았다. 그는 바울의 기독교 공동체에 대한 비전은 하나라고 보며, 그것은 사회적 문화적 장벽들을 극복한 새로운 공동체로서 유대인도 이방인도 없는 그리스도 안에서 모두가 하나 됨이라고 지적하였다.[476]

바울은 빌립보서 4:8 "무엇에든지 참되면 무엇에든지 경건하며 무엇에든지 옳으며 무엇에든지 정결하며 무엇에든지 사랑받을 만하며 무엇에든지 칭찬받을 만하며 무슨 덕이 있든지 무슨 기림이 있든지 이것들을 생각하라"는 권면을 하고 있다. 여기서 보듯 바울은 모든 가능성 있는 덕행들을 망라한 포괄적인 권면을 하고 있음을 본다. 'ὅσα'(무엇이든지)로 반복되는 수사학적 강조는 가능한 한 포괄적으로 기독교인들의 윤리적 책임을 강조하고 그들의 책임이 적용될 범위를 보다 폭넓게 정의하려고 하였다.

바울은 이미 공유된 전승(community's tradition)으로서 내적언어로 존재하고 있던 전승 자료들인 당시의 윤리적 개념들, 격언들 그리고 대부분 이미 그의 독자들이 익숙히 알고 있던 공용화된 용어들을 주로 사용하여 권면의 설득력을 높여 나갔다.[477] 이러한 자료들은 이미 공동체 내에서 공동지식(common knowledge)으로서 누구나 곡해나 오해 없이 그대로 통용하고 있던 친밀한 것들이다. 또한 바울은 일반적으로 옳다고 인정받고 있는 규례들에 유의하였다. 예

---

476) Ibid.

477) 바울은 설득력의 권위를 위하여 구약성경이나 주의 말씀을 사용하였다. 구약성경과 주의 말씀은 그의 회중들에게 가장 권위 있는 말씀이기 때문이다. 예를 들면 다음과 같은 것들이 있다. 주의 말씀: 고전 7:10 - 이혼의 문제, 고전 9:14 - 사도들에 대한 지원의 문제, 구약 사용: 고전 9:8 - 9 - 사도들의 권리(신 25:4), 롬 13:8 이하, 갈 5:14 - 이웃 사랑의 계명, 고후 9:6 - 11 - 연보 문제.

를 들면 악행 목록이나 덕행 목록과 같은 것들이다. 전승이나 관례들이나 의식규례들이 보편화되어 있었기에, 그 권위를 이용하여 보다 효과적으로 윤리적 권면을 할 수 있었다.[478]

뿐만 아니라 바울은 철학적 문구를 인용하거나 인간의 건전한 이성에 호소하는 방법을 사용하였다. 예를 들면 스토아학파의 디아트리베(διατριβη) 대화법을 사용하여 '알지 못하느뇨'(οὐκ οἴδατε), '자신의 삶을 시험하라'(고전 11:18, 고후 13:5, 갈 6:4), '범사에 헤아리라'(살전 5:21)와 같은 수사학적 질문을 서슴지 않았다.[479]

바울은 보다 설득력 있는 호소를 위하여 성서뿐만 아니라 일반적 전승자료들 가운데서 비중 있는 것들을 선택하여 권면 자료들로서 사용하였으나, 이러한 자료들을 윤리적 '규범'(pattern)으로 사용하지 않고 '원칙'(principle)으로 적용하였다는 것이다. 원칙들은 사회적 배경 속에서 얼마나 현실적이 되느냐가 중요하다. 뿐만 아니라 원칙들은 한 번 사용하고 버리는 것이 아니라, 항구적으로 적용되고 실천되어야 할 것들이다.

그러므로 바울의 윤리적 권면은 단순히 개인 윤리로서만이 아니라 대중지혜(popular wisdom)로서 공동체적 성격을 띠고 있다. 바울의 공동체는 사회와의 상호작용 속에 존재하고 있었으며, 신앙의 전통들과 전승들은 공동체적인 성격을 띠는 지혜와 격언에 의존하고 있으므로 개인은 공동체를 떠나서 독자적으로 그러한 윤리 원칙들을 실천할 수 있는 능력을 갖고 있지 못하였다. 여기에 대하여

---

478) 고전 11:16, 14:13(비교 11:2)—모든 교회들 안에서의 규례, 고전 15:3—신조적 전승 등을 이용하였다.

479) 롬 6:16, 11:2, 고전 3:13, 5:6, 6:2, 3, 9, 15, 16, 19, 9:13, 24.

던은, 바울이 그의 교회를 단순히 종교적 공동체가 아닌 모든 사회적 공동체의 모델로 생각하고 있었음을 시사하였다.[480]

그러므로 바울의 윤리 원칙들이 현실에서 어떻게 작용하였을까 하는 문제는 바울이 살았던 당시의 현실과 그의 교회들의 상황과 밀접하게 연관되어 있다. 바울의 공동체(교회)는 다양한 배경의 사회적 신분을 지닌 사람들로 구성되어 있었으며,[481] 아직 형성과정 중에 있던 공동체의 정체성은 확립되지 못하였고, 그 경계는 대체로 유동적인 상황이었다. 기독교 공동체는 상호간에 공통적인 요소로서, 핵심적인 신앙 고백들과 공유된 지식과 경험, 세례와 성찬 전승 등을 함께 가지고 있었으며, 이러한 요소들은 교회들을 묶어주는 강력한 고리 역할을 하였다.

바울의 교회는 도시에 위치하고 있었다. 따라서 다양한 사회적 접촉이 이루어졌고, 사상과 종교의 영역을 넘나드는 교류가 있었으며, 교회내적으로 늘 긴장들을 품고 있었다. 바울 공동체는 주변 세계와의 접촉에서 일차적인 목적은 성공적으로 살아남는 것이었다.[482] 로마제국 내의 여러 도시들에 산재해 있던 작은 소종파들에 대한 통치를 강화하려는 당국의 조치들에 따라서 가정 교회 중심의 기독교 공동체들은 정부의 감시로부터 자유로울 수 없었다. 따라서 그의 윤리적 권면은 주로 로마의 회중들과 주변 지역사회, 시민 당국들과의 관계를 다루고 있다. 특히 로마서 12:14 - 13:7은 이러한 제반 문제에 대하여 기독교 공동체가 어떻게 처신해야 하는

---

480) Dunn, *Theology of Paul*, 672 - 673.
481) 앞의 Ⅱ장 B. 참조.
482) Dunn, *Theology of Paul*, 673.

가에 대하여 권면하고 있다.483) 그리스도인이 세상으로부터 고립되어 분파적으로 산다는 것은 본래적 목적이 아니다.

로마서 12:14 - 15 "너희를 박해하는 자를 축복하라 축복하고 저주하지 말라 즐거워하는 자들과 함께 즐거워하고 우는 자들과 함께 울라" 바울은 교회 공동체 내부와 외부의 윤리적 행위를 구별하지 않았다. 신자와 신자 사이의 관계나 신자와 불신자와의 관계에 있어서 조금도 다름없는 동일한 원칙을 적용하였다.

로마서 12:18에서는 "할 수 있거든 너희로서는 모든 사람과 더불어 화목하라"는 당시 교회가 직면하고 있던 지속적인 위협을 감안하면 이러한 권면은 대단히 혁명적인 것이다. 바울은 공동체 내부인과 외부인을 구별 없이 또한 할 수 있거든 화목함으로 말미암아 사회 전체를 포함하는 포괄적 권면을 하고 있다. 이것은 누구든지 이웃이 될 수 있다는 그리스도의 사랑에 기초하고 있다(눅 10:29 - 37).

그러나 바울은 원칙 없이 무조건적인 포용과 화목을 요구한 것이 아니다. 로마서 12:21에서 이러한 사고에 원칙을 정해 준다. 바울은 "악에게 지지 말고 선으로 악을 이기라"고 전제함으로써 무대응적 수용을 한 것이 아니라 선별적 포괄성의 기준을 가지고 있었다. 이렇듯 바울은 권면을 행하는 과정에서 적절한 윤리적 원칙들을 그 구체적 상황에 맞게 적용하였다. 상황에 대응하는 원칙들로서 바울은 성령, 사랑과 같은 내면적 동기와 선행, 자유와 같은 외적 동기 간의 균형을 유지하였다.

---

483) Theissen, **복음서의 교회정치학**, 125 - 143. 타이센은 당시 사회의 다양한 긴장관계들과 차이들을 인정하고 누가의 두 작품을 기독교 공동체와 외부와의 제반 문제들에 대하여 사회 - 정치적 긴장관계의 통합을 시도한 정치적 변증서로서 해석하였다. 그리하여 기독교를 정치적으로 해롭지 않은 종교로 인식시키고자 하였다.

바울의 권면의 목적은 교회 공동체의 구성원들이 겪고 있는 유동적 정체성의 문제와 외부인들에 대한 선교적 설득력과 포용성을 가지고 기독교의 선교적 사역을 효과적으로 수행하는 데 있었다. 바울은 희미한 국제주의를 꿈꾸지는 않았다. 그러나 세계종교로서의 기독교를 준비시켜 보편적 종교로서의 기독교 공동체를 형성하고자 하였다. '유다인과 이방인인 노예와 자유인 남자와 여자' 간의 차별을 폐지시킨 바울의 대담함은 찬양할 수밖에 없다(3:28).

베츠는 이를 두고, "그리스도교 공동체의 일원이 된다는 것은 제국의 변두리에 있는 제어할 수 없고 위험한 영토로부터 온 '야만인' 그리고 지방의 '시골뜨기'라기보다는 세계주의자(cosmopolitans)가 되는 것을 의미한다."고 하였다.[484]

> "네가 나는 '유대인이다'라고 말한다고 해서 누구 하나 동요되지 않을 것이다. 또한 네가 '나는 로마인이다'라고 말한다고 해서 누구 하나 당황하지 않을 것이다. 네가 '나는 헬라인, 야만인, 노예, 자유인이다'라고 말한다고 해서 누구 하나 혼란에 빠지지 않을 것이다. 그러나 네가 '나는 그리스도인이다'라고 말한다면, 그때는 [하늘 전체가] 뒤흔들릴 것이다."[485]

바울은 그의 윤리적 전승 자료들을 기독교적인 것이든 비기독교적인 것이든 폭넓게 선택하여 사용함으로써 편협하고 폐쇄적인 집단으로 오해받고 있는 기독교 공동체가 세상에 대하여 보다 폭넓은 지지를 받을 수 있었으며, 교회의 본질적 사명인 선교사역의 장애물들을 제거할 수 있는 계기가 되었으며, 나아가 공인된 종교로

---

484) Betz, 2-3.
485) Ibid., 3. n. 12.

서 세계종교로 발돋움할 수 있는 기반을 마련할 수 있었다.

　바울은 상황에 따라 권면의 복잡성과 다양성을 드러내지만, 바울이 격언적 권면을 하게 된 것은 그리스도인의 어떤 행위를 명확히 제시하고 원칙들을 분명히 밝히고자 함이 아니라, 오히려 세심하게 배려함으로 행위자들로 하여금 복잡한 문제들에 대한 윤리적 원칙들을 지켜 가도록 하고자 의도하였다. 이로 인하여 바울과 초기 기독교 공동체는 주변 세계와의 친밀성을 유지하고 선교적 목적을 달성하여 나갈 수 있는 근간을 마련하고자 하였다.

결 론

1. 요 약

바울의 서신 전반에는 다양한 윤리적 권면들이 산재해 있으며 특히 갈라디아서 5:25 - 6:10에는 일련의 윤리적 격언들이 집중되어 있음을 보게 된다. 이러한 격언들은 성격상 그리스도교적 내용들이 아니라 다분히 헬라의 세속적 성향을 띠고 있다. 바울에 의해서 사용된 이러한 세속적 격언들은 분명한 신학적 의도와 목적에 따라 점진적인 기독교화의 과정을 거쳐 교회 안으로 들어온 것들로 보인다.

바울 기독교는 그레꼬 - 로마의 대도시 중심의 보다 넓은 사회 속으로 들어가게 됨으로써 사회학적으로 정치, 경제, 문화적인 다양한 상황들과 직면하게 되었다. 바울 당시의 초기 기독교 공동체는 주, 세례, 성찬 등 핵심적인 기본 신앙고백만을 가지고 있었고 공동체의 정체성은 아직 유동적이었으며, 세속윤리와의 관계설정을 어떻게 하느냐의 여하에 따라서 공동체의 장래가 결정될 수 있는 중요한 시점에 놓여 있었다.

당시 기독교는 로마제국으로 유입되어 온 소종파들 가운데 하나로 여겨졌으며 심지어 사교로서 제국의 질서에 불순한 세력으로 오해를 받게 되었다. 바울은 이러한 정황을 극복하기 위해 기독교와 주변 사회가 함께 사용할 수 있는 공동지식과 같은 공유된 전승으로서의 사상적·문화적 요소가 필요하였다.

바울은 이러한 필요성에 대한 자료들을 기독교 내에서 가져오지 아니하고, 헬라의 세속 철학으로부터 윤리자료들과 전통적 지혜들을 빌려 왔다. 이와 같이 함으로써 그들로 하여금 변화에 대한 두려움에 도전을 주지 않고 별다른 거부감 없이 우호적 관계를 형성하여 호교론적 목적과 선교적 사명을 동시에 수행할 수 있는 정황을 마련하였다.

바울이 사용하고 있는 수사법, 용어, 사상 등에서 헬라적인 요소를 발견하게 된다. 이는 그 당시 널리 퍼져 있던 스토아학파와 영지주의에서 익숙한 구절, 잠언, 은유, 격언 그리고 가훈표와 같은 것들이다. 바울은 자신의 고유한 윤리적 규범이나 기독교 윤리의 체계를 세우고자 하지 않았으며, 그는 시민윤리로서 기독교 윤리를 보편화하여 전통적이고 세속적인 격언들을 자유롭게 사용하여 이를 기독교화 내지 신학화(in Christ)한 것이다. 이로 인해 기독교의 고립성과 독단성의 오해를 줄이고 나아가 제도권 교회로서의 기반을 마련하고 기독교의 보편성을 확보하여 나가고자 하였다. 그렇다고 바울이 희미한 국제주의를 꿈꾸고 있는 이상주의자는 아니었다. 그는 단지 기독교 공동체와 세상과의 우호적 관계를 설정하여 보편적 기독교를 준비시켜 나가고자 한 것이다.

바울은 이러한 자료들을 활용함에 있어서 주로 격언적 형태로 사용하였다. 격언은 특성상 짧은 구절 속에 함축적 의미를 담고 있으며, 설명을 필요로 하지 않으며, 누구에게나 적용되는 보편성을 지니고 있으며, 또한 항구적인 생명력을 지닌 원칙으로서의 성격을 띠고 있다. 또한 격언의 사용으로 기대되는 효과는 행동을 바로잡고 비판적 자기 성찰을 유도하는 기능을 지니고 있다. 이러한 격언적 특성으로 인하여 헬라의 세속 철학자들은 격언을 즐겨 사용하였으며, 바울도 이러한 특성을 그의 회중들에게 권면으로서 활용하고 있다.

그러나 바울의 권면은 당시 헬라의 철학자들이 즐겨 사용하던 연설이나 일반적 권면이 아니라, 사도적 사역의 고유한 내용으로서 'παράκλησις'인 신적 권면이다. 'παράκλησις'는 'διδαχή'의 동의어로서 '도덕적 교훈'을 의미하기도 한다. 따라서 바울이 사용한 격언적 권면은 성령의 능력으로 행하는 신적 권면으로서의 특성을 띠고 있으며 헬라의 일반적 권면과는 성격을 달리한다.

바울은 격언적 권면들의 구체적 자료들로서 구약성서나 유대교의 자료들을 인용하였으며, 예수의 교훈에 대해서는 단편적 형태로 혹은 다양한 주제 모음으로서 인유하였다. 그러나 무엇보다 바울은 헬레니즘의 지혜전승들과 윤리적 자료들을 즐겨 사용하였다. 이러한 전통적 자료들로서는 당시 철학학파에서 유행하고 있던 각종 악덕 목록들이 있다. 헬레니즘 세계의 악덕 목록은 주로 개인적인 행위를 규제하는 것들이었으나, 바울은 이를 공동체 생활을 위해 그 목록들을 새롭게 구성하였으며 특히 육체의 일과 성령의 열매(갈 5:16 - 24)로서 규정함으로써 세속의 의미를 약화시켜 나갔다. 무엇보다 바울은 견유학파나 스토아학파와 같은 헬라철학의 영향을 많이 받았다. 특히 스토아의 윤리적 내용인 양심, 로고스, 덕, 영과 같은 용어들과 내적 자유, 악에 대한 극복, 세속적 가치에 대한 경시 등은 바울 사상과 맥을 같이한다.

그렇지만 바울은 세속의 비기독교적 자료들을 그의 목적을 위하여 무작위로 받아들인 것이 아니라 비판적 선택을 거쳐 받아들일 것과 버릴 것을 구별하였다. 바울은 다음과 같은 권면을 통하여 분명한 내적 선별 기준을 밝혀 주고 있다. 1) "무엇에든지 참되며 무엇에든지 경건하며 무엇에든지 옳으며 무엇에든지 정결하며 무엇에든지 사랑받을 만하며 무엇에든지 칭찬받을 만하며 무슨 덕이 있든지 무슨 기림이 있든지 이것들을 생각하라"(빌 4:8), 2), "범사에 헤아려 좋은 것을 취하고 악은 모양이라도 버리라"(살전 5:21 - 22), 3), "악에게 지지 말고 선으로 악을 이기라"(롬 12:21).

특히 갈라디아서 5:25 - 6:10에는 바울의 윤리적 격언들이 집중되어 있다. 이들은 성격상 구약적이지도 유대적이지도 않다. 이들의 자료적 성향은 다분히 헬라적이며 세속적이다. 바울은 이러한 격언들을 'δέομαι ὑμων'(너희에게 간청하노라), 'οἴδατε ὅτι'(너희가……를 아노라), 'μαρτυρω ὅτι'(내가 ……를 증거한다), 'τεκνία μου'(나의 자녀들아), 'ἤθελον παρειναι πρὸς ὑμας'(너희와 함께 있을 수 있으면 얼마나 좋을까), 'Φοβουμαι ὑμας'(내가 너희에 대하여 염려하노라), 'λέγετέ μοι'(내게 말하라)와 같은 헬라적 상투문구들을 사용하여 그의 회중들에게 권면하였다.

여기에 사용된 격언들의 출처는 대부분이 헬라의 철학에서 유래되었으며 이를 바울은 윤리적 실천(5:25), 비윤리적 행위 질책(5:26), 자기 성찰 요구(6:1), 사랑의 실천(6:2), 비판적 자기 성찰 요구(6:4),

자기 책임 다할 것에 대한 요구(6:5), 공동체적 책임 요구(6:6), 불경함과 신적 응벌에 대한 경고(6:7), 종말론적 경고(6:8), 지속적 선행에 대한 호소(6:9), 선행의 보편성 강조(6:10) 등과 같이 윤리적 행위를 요구하는 구체적 권면으로서 사용하였다.

이와 같이 함으로 말미암아 바울에 의해서 사용된 세속의 윤리적 내용들은 기독교 공동체와 주변 사회가 함께 공유할 수 있는 대중지혜(popular wisdom)의 성격을 띠게 되었다. 그리하여 대중지혜는 기독교 내부적으로 결속과 일치를 이룰 수 있게 하는 반면, 외부적으로는 친밀함을 드러내어 세속과의 경계를 무너뜨리는 기능을 하게 되었다. 하지만 바울은 이러한 자료들을 윤리적 규범(pattern)으로 사용하지 않고 항구적 적용이 가능한 원칙(principle)으로 사용하였다.

바울은 갈라디아서 3:28에서 "너희는 유대인이나 헬라인이나 종이나 자유인이나 남자나 여자나 다 그리스도 예수 안에서 하나이니라"고 선언하였다. 여기서 바울은 세상적인 차별과 민족적 특성, 신분의 특성, 성적인 특성이 없는 영적으로 완전히 새롭게 된 관계를 천명한 것이다. 모든 사람은 평등하며 보편적 특성을 '그리스도 안'에서 향유하게 되었음을 밝힘으로써 그리스도 구원의 보편성과 아울러 그리스도교 윤리(삶)의 보편성을 명시하였다. 이로써 세속과의 관계를 융화시켜 장차 제도권 교회로서의 기반을 준비시켜 나갔다.

특히 주목되는 현상은 바울 당시의 종교와 윤리의 뚜렷한 분리 현상이다. 당시 사람들의 일상생활에 관한 윤리적 지침은 종교적 영역에서가 아니라, 철학자들과 도덕 교사들로부터 나왔다. 종교적 영역은 운명과 관련된 부분에서만 적용되었으며 세속 사람들의 실제 생활에서는 구체적인 지배력을 가지고 있지 못하였다. 그레꼬-로마 세계에서 종교는 공적인 것이었고, 제사는 도덕성의 문제가 아니라 의식적 정결 문제였다. 제사장은 단지 희생제사와 기도와 정화의 규칙에 능한 사람으로서 어린아이나 여자들도 제사장이 될 수 있었다. 이와 같이 종교적 의식은 일반적으로 관습이었고 거의 윤리적이거나 도덕적인 적은 없었다. 그러나 당시 철학적 학파는 마치 오늘날의 종교단체와 같은 성격을 띠고 있었으며 성자와 순교자를 내었다. 철학자들은 일상생활에서의 윤리적 지배력을 지니고 있었으며 사회적으로 강한 영향력을 확보하고 있었다. 따라서 세속 사람들은 종교의 가르침보다 철학자들의 가르침에 더 민감하였고 실제생활에서 그들의 가르침을 적용하여 나갔다.

이러한 사회적 상황에서 바울은 세속의 윤리적 자료들을 적절한 신학적 수용과정을 거쳐 기독교화 함으로써 윤리는 철학의 가르침에서 종교적 영역으로 옮겨 오게 되었고, 바울의 권면은 '신적 권면'으로서의 위치를 갖게 되었다. 신적 권면으로서 바울의 윤리는 세속의 윤리적 가르침과는 다른 차원을 갖게 되었다. '그리스도 안에' 위치한 성도는 '그리스도 안에서 사는 삶'인 '성령을 따라 행하는' 성령의 삶을 살아야 한다. 그리하여 바울 윤리의 핵심인 구원의 직설법과 명령법(εἰ ζῶμεν πνεύματι, πνεύματι καὶ στοιχῶμεν)을 동시에 내포하고 있는 "만일 우리가 성령으로 살면 또한 성령으로 행할지니"(갈 5:25)는 새로운 윤리적 삶의 중요한 시작이 되었다.

여기서 세속의 전통적 가르침에서 결여되었던 '사랑'(ἀγάπη)이 새롭게 주어짐으로 누구나 그리스도교 공동체 안에서는 헬라인이나 야만인이나 자유자나 종이나 남자나 여자나 구별이 없어지게 되었고 사랑의 가부장제도 안에서 한 가족이 되었다. 이로써 기독교는 이방세계 안에서 확고한 위치를 확보하고 나아가 제도권 내의 보편적 종교로의 발돋움을 마련하게 되었다.

초대교회 당시에 기독교 윤리라는 것이 있을 수 없었으며, 기독교인들은 그들을 둘러싸고 있는 세속의 모든 사람들과 같은 시간과 공간 속에 함께 살아가야 했다. 따라서 그들과 이질적이며 배타적인 삶을 살아갈 수 없고 고립된 기독교 윤리를 세워서도 안 되었다. 오히려 그들과 선한 조화를 이루며 사회적 책임을 공유하며 공동체 윤리로서 대중지혜를 형성해야 한다. 그리할 때 세속의 한가운데 있는 기독교 공동체는 그리스도 안의 삶을 영위하고 선교적 사명을 일상 속에서 현실화할 수 있게 된다. 이를 위하여 바울은 헬라의 세속 전승들을 격언적 권면으로 사용하여 대중지혜로서 공유하였다. 그러나 이를 하나의 윤리적 '규범'(pattern)으로서 인유한 것이 아니라 각 상황에 적용되고 실천될 항구적 '원리'(principle)로서 인유하였다.

2. 한계와 전망

본서에서는 주로 사회학적 방법과 그 결과들로 논의하였다. 새로운 사회학적 연구결과들이 계속 나오고 있으며, 초대 기독교 공동체의 정체성과 당시 세속 사회의 주변 정황들이 새롭게 해석되고 있다. 따라서 사회학적 연구들의 영향에 의해서 결과가 다르게 나타날 수 있다. 성서 본문을 어떻게 보느냐에 따라서 해석도 달라지게 마련이고 그 결과도 달라질 수 있다. 최근에는 사회학적 비평이 이념비평으로 넘어가면서 해석의 각도가 매우 다양해질 것이라 생각된다.

본서에서는 여러 가지 방법론을 지양하고 사회학적 방법론이 가지고 있는 유용성을 사용하였다. 이것은 동시에 단점도 될 수 있다고 본다. 바로 사회학적 한계가 본서의 한계와 연관되기 때문이다. 그러나 사회학은 현재까지 나온 방법론 가운데 초기 기독교 공동체를 규명하여 주고 해석하여 주는 데 있어서 가장 탁월한 방법론이 되고 있다. 초기 기독교의 상황이라는 컨텍스트를 떠난 성석해석이란 다분히 추상적일 수밖에 없으며 현실과 괴리를 이룰 수밖에 없을 것이다.

고전 언어학에 대한 보다 깊은 이해가 필요하였다. 여기에 대한 약점을 철학과 신학과의 관계성을 다룬 저술들에서 보완을 하였으나 해당 분야에 구체적으로 연관된 자료들이 빈약하여 보다 깊이 있는 서술에 제한이 있었다. 여기에 부족한 부분들은 신약성서 신학사전(TDNT) 등의 언어학적 연구결과들에 도움을 받았다.

그러나 여러 가지 한계에도 불구하고 본서는 초기 기독교 공동체가 어떻게 그 적대적 주변 세계와 화해하며 그들을 변화에 대한 두려움에서 해방시켜 보다 친밀하고 안정된 제도로서 받아들이게 되며 나아가 보편성을 지닌 세계종교로 나아갈 수 있게 된 동기를 살펴본 데서 하나의 시도가 될 수 있다고 본다.

바울이 사용한 격언적 권면은 당시 세속 철학자들이 사용하던 대중 연설문에서 보는 것과 같은 일반 윤리적 호소가 아님을 밝혔다. 성령의 능력으로 행하는 사도적 사역에서 벗어날 때 격언은 자칫 하나의 추상적 덕담이 될 위험성을 띠고 있다. 그러나 바울의 권면은 '파라크레시스', 즉 신적 권면으로서 자기 성찰을 유도하는 사도적 권위를 지니고 있다. 하지만 그 권면의 내용은 사도적이거나 기독교적인 것이 아니라 오히려 세속 철학의 윤리적 내용과 전통에 따른 지혜 전승에 기원을 둔 격언들이었다. 이러한 이율배반적 시도가 바울로 하여금 초기 기독교를 생존하게 할 뿐만 아니라 나아가 기독교를 세계종교로 준비시켰다는 점에서 중요한 자리매김을 하였다는 사실을 밝혔다.

또한 바울 당시의 종교와 철학과의 관계성, 즉 종교와 윤리는 분리되어 있는 반면, 철학이 일반인들의 삶과 윤리를 지배하고 있었다는 사실규명은 앞으로 종교가 무엇을 해야 할지를 밝혀 주는 데 일조를 하였다.

앞으로 바울의 격언적 권면은 갈수록 혼탁하여지는 세상 속에서 보다 중요한 삶의 지침이 되리라 여겨진다. 기독교와 점차 멀어지는 현대인들을 어떻게 다시금 교회 안으로 불러 모을 수 있을까 생각해 볼 때, 현재 그들이 사용하고 있는 시대적 언어를 내용으로 하여 그들과 생소하지 않는 '공동지식'(common knowledge)을 함께 공유하고, 이것을 '대중지혜'(popular wisdom)로 같이 사용한다면, 교회와 주변 세계가 친밀성을 회복하고 상호이해를 도모할 수 있을 것이다. 지금까지는 교회와 세상이 함께 공유할 수 있는 '대중지혜'가 부족하였다. 여기서 나아가 교회는 보다 권위 있는 '신적 권면'(divine exhortation)으로서 그들과 접촉하여 나갈 때, 교회는 다시금 존중받는 거룩한 공동체로 회복될 것이며, 다시 바울 시대와 같은 새로운 역사가 일어나리라 기대된다.

참고문헌

김세윤. **바울신학과 새관점**. 서울: 두란노, 2002.

김세윤. **예수와 바울**. 수정 증보판. 서울: 도서출판 제자, 1995.

문석호. **철학의 이해와 기독교 변증**. 서울: 신앙과 지성, 2002.

성종현. **최신 헬라어사전**. 서울: 장로회신학대학, 1999.

오우성. **신약신학 논제**. 대구: 계명대학교출판부, 2005.

오우성. "예수와 바울의 관계성에 대한 소고" **계명신학** 제8권. 대구: 계명대학교, 1993.

윤철원. **신약성서의 그레꼬 - 로마적 읽기**. 서울: 한들출판사, 2000.

장흥길. **신약성서 윤리**. 서울: 장로회신학대학교출판부, 2002.

한기채. **성서 이야기 윤리**. 서울: 대한기독교서회, 2003.

Achtemeier, P. J., Joel B. Green and M. M. Thompson. **새로운 신약성서 개론**.소기천·윤철원·이달 역. 서울: 대한기독교서회, 2004.

Aland, Kurt. **초대교회 사람들**. 조성헌 역. 서울: 한국신학연구소, 2000.

Alexander, Archibald B. D. *The Ethics of St. Paul*. Glasgow: James Maclehose & Son, 1910.

Aristotle. **니코마코스 윤리학**. 최명관 역. 서울: 서광사, 1984.

Aune, David E. "The New Testament in Its Literary Environment" *Library of Early Christianity*. ed. Wayne A. Meeks. Cambridge: James Clarke & Co, 1988.

Aune, David E. ed. "Greco - Roman Literature and the New Testament" *Society of Biblical Literature Sources for Biblical Study* 21. ed. Bernard Brandon Scott. Atlanta: Scholars Press, 1988.

Bagnall, Roger S., and Peter Derow. "Greek Historical Documents: The Hellenistic Period" *Society of Biblical Literature Sources for Biblical Study* 16. ed. Charles E. Carlston. Atlanta: Scholars Press, 1981.

Balch, D. *The Origin, Form and Apologetic Function of the Household Duty Code in 1 Peter.* Ph.D. dissertation, Yale University, 1974.

Barclay, John M. G. "Obeying the Truth: A Study of Paul's Ethics in Galatians" *Studies of the New Testament and Its World.* ed. John Riches. Edinburgh: T & T Clark, 1988.

Barnes, Peter. *The Gospel: Did Paul and Jesus Agree?* Durham: Evangelical Press, 1994.

Barret, C. K. "Paul An Introduction to His Thought" *Outstanding Christian Thinkers Series.* ed. Brian Davies Op. London: Geoffrey Chapman, 1994.

Becker, Jürgen. *Paul Apostle to the Gentiles.* trans. O. C. Dean, Jr., Westminster: John Knox, 1993.

Beker, J. Christian. *Heirs of Paul: Paul's Legacy in the New Testament and in the Church Today.* Minneapolis: Fortress Press, 1991.

Beker, J. 사도 바울. 장상 역. 천안: 한국신학연구소, 1996.

Betz, Hans Dieter. *Galatians: A Commentary on Paul's Letter to the Churches in Galatia.* Minneapolis: Fortress Press, 1979.

Bligh, J. *Galatians: A Discussion of St. Paul's Epistle.* London: St. Paul, 1969.

Bornkamm, G. "Taufe und Leben bei Paulus" *in Das Ende des Gesetzes.* München: Kaiser, 1963.

Bruce, F. F. "The Epistle to the Galatians: A Commentary on the Greek Text" *The New International Greek Testament Commentary.* eds. I. Howard Marshall., and W. Ward Gasque. Grand Rapids: Eerdmans Publishing, 1982.

Bruce, F. F. 예수와 바울. 이길상 역. 서울: 아가페출판사, 1988.

Bultmann, R. "Das Problem der Ethik bei Paulus" *ZNW* 23. 1924.

Bultmann, R. 신약성서 신학. 허혁 역. 서울: 성광문화사, 1991.

Case, S. T. *The Social Origins of Christianity.* Chicago: University of Chicago Press, 1923.

Chadwick, H. 초대교회사. 박종숙 역. 서울: 크리스챤 다이제스트, 1999.

Conzelmann, H., and A. Lindemann. 신약성서 어떻게 읽을 것인가. 박두환 역. 서울: 한국신학연구소, 2000.

Crouch, J. E. *The Origin and Intention of the Colossian Haustafeln.* Göttingen: Vandenhoeck and Ruprecht, 1972.

Cullmann, O. *Christ and Time: The Primitive Christian Conception of Time and History.* London: SCM Press, 1962.

Davies, W. D. *Paul and Rabbinic Judaism: Some Elements in Pauline Theology.* 2nd ed. London: SPCK, 1955.

Davies, W. D. "Torah in the Messianic Age and/or the Age to Come" *JBL Monograph Series* Ⅶ. 1952.

Deissmann, A. *Light from the Ancient East.* New York: Doran, 1927.

Dibelius, M. *A Fresh Approach to the New Testament and Early Christian Literature.* New York: Charles Scribner's sons, 1936.

Dibelius, M. *An die Kolosser, Epheser an Philemon.* HNT. Tübingen: J. C. B. Mohr, 1913.

Dibelius, M. *Die Formgeschichte des Evangeliums.* Tübinggen: J. C. B. Mohr, 1959.

Dibelius, M. *From Tradition to Gospel.* trans. B. L. Woolf. New York: Scribners, 1965.

Dibelius, M. *Geschichte der urchristlichen Literatur.* Munich: Kaiser, 1975.

Dibelius, M. *Urchristentum und Kultur.* Heidelberg: Carl Winters Universitasbuch − handlung, 1928.

Dodd, C. H. "ΕΝΝΟΜΟΣ ΧΡΙΣΤΟΥ" *Studia Paulina in honorem Johannis de Zwaan.* Haarlem: Bohn, 1953.

Dodd, C. H. *The Apostolic Preaching and Its Developments.* London: Hodder & Stoughton, 1944.

Dodd, C. H. *The Founder of Christianity.* Forward by John Ziesler. Bristol: Shoreline Books, 1993.

Downing, F. Gerald. *Cynics and Christian Origins.* Edinburgh: T & T Clark, 1992.

Dunn, James D. G. "The Epistle to the Galatians" *Black's New Testament*

Commentaries. London: A & C Black, 1993.

Dunn, James D. G. *Jesus and the Sprit, A Study of the Religious and Charismatic Experience of Jesus and the First Christians as Reflected in the New Testament*. Philadelphia: Westminster Press, 1975.

Dunn, James D. G. *Jesus, Paul, and the Law: Studies in Mark and Galatians*. Westminster: John Knox Press, 1990.

Dunn, James D. G. *The Theology of Paul's Letter to the Galatians*. Cambridge: Cambridge University Press, 1993.

Dunn, James D. G. *The Theology of Paul the Apostle*. Grand Rapids: Eerdmans Publishing, 1998.

Dunn, James D. G. *Unity and Diversity in the New Testament —An Inquiry into the Character of Earliest Christianity,* 2nd ed. London: SCM Press, 1993.

Edersheim, Alfred. *Sketches of Jewish Social Life*. updated ed. Peabody: Hendrickson Publishers, 1994.

Elliott, John H. *A Home for the Homeless: A Social —Scientific Criticism of 1 Peter, Its Situation and Strategy*. Minneapolis: Fortress Press, 1990.

Elliott, John H. *What is Social —Scientific Criticism?*. Minneapolis: Fortress Press, 1993.

Ellis, E. E. *Paul's Use of the Old Testament*. Grand Rapids: Baker, 1981.

Engberg —Pedersen, Troels. *Paul and the Stoics*. Louisville: John Knox, 2000.

Ferguson, E. *Background of Early Christianity*. 3rd ed. Grand Rapids: Eerdmans Publishing, 1993.

Filson, F. "The Significance of the Early House Church" *JBL* 58. 1939.

Furnish, V. P. 바울의 네가지 윤리적 교훈. 이희숙 역. 서울: 종로서적, 1994.

Furnish, V. P. *Theology and Ethics in Paul*. Nashville: Abingdon Press, 1968.

Furnish, V. P. "Jesus According to Paul" *Understanding Jesus Today. ed.* Howard Clark Kee. Cambridge: Cambridge University Press, 1993.

Gager, J. *Kingdom and Community*. NJ: Prentice – Hall, 1975.

Grant, Robert M. "Gods and the One God" *Library of Early Christianity*. ed. Wayne A. Meeks. Philadelphia: Westminster Press, 1986.

Hatch, E. *The Organization of Christian Churches*. London: Rivingston, 1882.

Hays, R. B. *Echoes of Scripture in the Letters of Paul*. New Heaven: Yale University Press, 1989.

Hays, R. B. *The Moral Vision of the New Testament: A Contemporary Introduction to New Testament Ethics*. New York: Harper Collins Publishers, 1996.

Hengel, Martin. 바울 – 그리스도인 이전의 바울. 강한표 역. 서울: 한들 출판사, 1998.

Hengel, Martin. 신구약 중간사(원제: 유대인 · 그리스인 · 야만인). 임진수 역. 서울: 살림 출판사, 2004.

Heussi, K. 세계교회사. 손규태 역. 서울: 한국신학연구소, 2004.

Hock, R. F. 바울선교의 사회적 상황. 전경연 역. 서울: 대한기독교서회, 1996.

Hurd, J. Coolidge. *The Origin of I Corinthians*. Macon: Mercer University Press, 1983.

Jewett, Robert. "The Thessalonian Correspondence: Pauline Rhetoric and Millenarian Piety" *Foundations and Facets*. ed. Robert W. Funk. Minneapolis: Fortress Press, 1986.

Judge, E. A. "St. Paul and Classical Society" *JAC* 15. 1972.

Judge, E. A. "The Early Christians as a Scholastic Community" Part Ⅱ. *JRelS* 1. 1960 – 61.

Judge, E. A. *The Social Pattern of Christian Groups in the First Century*. London: Tyndale, 1960.

Kasemann, E. "An die Romer" *HNT* 8a. Tübinggen: J. C. B. Mohr, 1980.

Keck, Leander E., and V. P. Furnish. *The Pauline Letters*. Nashville: Abingdon, 1984.

Kee, H. C. 그리스도교의 기원에 대한 사회학적 연구. 서중석 · 김명수 역. 서울: 대한기독교출판사, 1984.

Kern, Philip H. "Rhetoric and Galatians: Assessing an Approach to Paul's Epistle" *Society for New Testament Studies Monograph Series* 101. ed. Richard Bauckham. Cambridge: Cambridge University Press, 1998.

Kidd, Reggie M. *Wealth and Beneficence in the Pastoral Epistles*. Atlanta: Scholars Press, 1989.

Knox, J. *The Ethics of Jesus in the Teaching of the Church*. Nashville: Abingdon Press, 1961.

Larsson, E. *Christus als Vorbild. Eine Untersuchung zu den Paulinischen Tauf –und Eikontexten*. C. W. K. Gleerup Lund: Uppsala, 1962.

Laub, F. 고대 노예제도와 초기 그리스도교. 박영옥 역. 서울: 한국신학 연구소, 1988.

Lightfoot, J. B. D. D. *St Paul's Epistle to the Galatians*. 2nd ed. and rev. London and Cambridge: Macmillan and Company, 1866.

Lightfoot, J. B. D. D. *St. Paul' Epistle to the Philippians*. London & Cambridge: Macmillan, 1896.

Lohmeyer, E. *Soziale Fragen in Urchristentum*. Darmstadt: Germany, 1973.

Lohse, E. "Grundriß der neutestamentliche Theologie" *ThW* 5/1. Stuttgart: Kohlhammer, 1974.

Lohse, E. *Theological Ethics of the New Testament*. trans. M. Eugene Boring. Minneapolis: Fortress Press, 1988.

Long, Edward LeRoy. Jr. *To Liberate and Redeem: Moral Reflections on the Biblical Narrative*. Cleveland: The Pilgrim Press, 1997.

Longenecker, R. N. *Biblical Exegesis in the Apostolic Period*. Grand Rapids: Eerdmans Publishing, 1975.

Longenecker, R. N. "Galatians" *World Biblical Commentary* 41. eds. David A. Hubbard and Glenn W. Barker. Dallas: Word Books Publisher, 1990.

Longenecker, R. N. 바울의 사역과 메시지. 김진영 역. 서울: 크리스찬다

이제스트, 2000.

Lovering, Eugene H. Jr., and Jerry L. Sumney. eds. *Theology and Ethics in Paul and His Interpreters.* Nashville: Abingdon, 1996.

Lovering, Eugene H. ed. *Theology & Ethics In Paul and His Interpreters: Essay in Honor of Victor Paul Furnish.* Nashville: Abingdon Press, 1996.

Luther, Martin. *Commentary on Galatians: Modern −English Edition.* Introduction by D. Stuart Briscoe. Grand Rapids: Fleming H. Revell, 1924 / 1988.

Macdonald, Margaret Y. *The Pauline Churches: A Socio −Historical Study of Institutionalization in the Pauline and Deutero −Pauline Writings.* Cambridge: Cambridge University Press, 1988.

Malherbe, A. J. *The Cynic Epistles: A Study Edition.* Missoula, Mont.: Scholars Press, 1977.

Malherbe, A. J. "Moral Exhortation, A Greco − Roman Sourcebook" *Library of Early Christianity.* ed. Wayne A. Meeks. Philadelphia: Westminster Press, 1986.

Malherbe, A. J. *Paul and the Popular Philosophers.* Minneapolis: Fortress Press, 1989.

Malherbe, A. J. *Social Aspects of Early Christianity.* Baton Rouge: Lousiana State University Press, 1977.

Malina, Bruce J. 신약의 세계. 심상범 역. 서울: 솔로몬, 1993.

Marxsen, W. *New Testament Foundations for Christian Ethics.* trans. O. C. Dean, Jr., Minneapolis: Fortress. 1993.

Matera, Frank J. *New Testament Ethics: The Legacies of Jesus and Paul.* Louisville: John Knox, 1996.

Meeks, W. A. *The First Urban Christians −The Social World of the Apostle Paul.* New Haven and London: Yale University Press, 1983.

Meeks, W. A. "The Moral World of the First Christians" *Library of Early Christianity.* ed. Wayne A. Meeks. Philadelphia: Westminster Press, 1986.

Meeks, W. A. *The Origins of Christian Morality.* New Haven and London: Yale University Press, 1993.

Mitchell, Margaret M. *Paul and the Rhetoric of Reconciliation: An Exegetical Investigation of the Language and Composition of 1 Corinthians.* Westminster: John Knox Press, 1991.

Nanos, D. Mark. *The Irony of Galatians: Paul's Letter in First−Century Context.* Minneapolis: Fortress Press, 2002.

O'Neill, J. C. *The Recovery of Paul's Letter to the Galatians.* London: SPCK, 1972.

Ogletree, Thomas W. *The Use of the Bible in Christian Ethics.* Minneapolis: Fortress Press, 1983.

Pagels, Elaine. *The Gnostic Paul: Gnostic Exegesis of the Pauline Letters.* Harrisburg: Trinity Press International, 1975.

Perkins, P. 영지주의와 신약성서. 유태엽 역. 서울: 감신대성서학연구소, 2004.

Pilch, John J., and Bruce J. Malina 성서언어의 사회적 의미. 이달 역. 서울: 한 국장로교출판사, 1998.

Ramsaran, Rollian A. *Liberating Words: Paul's use of Rhetorical Maxims in 1 Corinthians 1−10.* Valley Forge: Trinity Press International, 1996.

Reicke, Bo. *The Epistles of James, Peter and Jude.* New York: Doubleday and Company, 1964.

Riesner, Rainer. *Paul's Early Period: Chronology, Mission Strategy, Theology.* Grand Rapids: Eerdmans Publishing, 1998.

Roetzel, Calvin J. *The Letters of Paul: Conversations in Context.* Atlanta: John Knox Press, 1975.

Rosner, Brian S. ed. *Understanding Paul's Ethics: Twentieth−Century Approaches.* Grand Rapids: Eerdmans Publishing, 1995.

Sampley, J. Paul. *Walking Between the Times.* Minneapolis: Fortress Press, 1991.

Sanders, E. P. *Paul, the Law, and the Jewish People.* Minneapolis: Fortress Press, 1983.

Sanders, Jack T. *Ethics in the New Testament: Change and Development.* London: SCM Press, 1975.

Schmithals, W. *Paul and the Gnostics.* ET: Abingdon, 1972.

Schnabel, Eckhard J. "How Paul Developed His Ethics: Motivations, Norms and Criteria of Pauline Ethics" *in Understanding Paul's Ethics: Twentieth Century Approaches,* ed. Brian S. Roser. Grand Rapids: Eerdmans Publishing, 1995.

Schnackenburg, R. *Die sittliche Botschaft des Neuen Testaments* Ⅰ*: Von Jesus zur Urkirche.* HThK.S. Ⅰ. Freiburg: Herder, 1986.

Schnackenburg, R. *Die sittliche Botschaft des Neuen Testaments* Ⅱ*: Dieurchristlichen Verkündiger.* HThK.S. Ⅱ. Freiburg: Herder, 1988.

Schrage, W. Die *konkreten Einzelgebote in der Paulinischen Paränese.* Gütersloh: Gütersloh Verlagshaus, 1961.

Schrage, W. *The Ethics of the New Testament.* trans. David E. Green. Edinburgh: T & T Clark, 1988.

Schubert, P. "Form and Function of the Pauline Thanksgivings" *BZNW* 20. Berlin: A. Topelmann, 1939.

Schulz, S. *Neutestamentliche Ethik.* ZGB. Zürich: TVZ, 1987.

Scott, C. A. Anderson. *New Testament Ethic: An Introduction.* New York: Macmillan Company, 1930.

Scroggs, R. 새 시대를 위한 바울. 조동호 역. 서울: 대한기독교서회, 1988.

Silva, M. "Old Testament in Paul" *in Dictionary of Paul and His Letters.* Downers Grove: Inter Varsity Press, 1993.

Soards, Marion L. *The Apostle Paul: An Introduction to his Writings and Teaching.* New York: Paulist Press, 1987.

Stambaugh, John E., and David L. Balch. "The New Testament in Its Social Environment" *Library of Early Christianity.* ed. Wayne A. Meeks. Philadelphia: Westminster Press, 1986.

Stanley, C. D. *Paul and the Language of Scripture: Citation Technique in the Pauline Epistles and Contemporary Literature.* SNTSMS 69. New

York: Cambridge University Press, 1992.

Stegemann, Ekkehard W. and Wolfgang Stegemann. *The Jesus Movement: A Social History of its First Century.* trans. O. C. Dean. Jr. Minneapolis: Fortress Press, 1999.

Stendahl, Krister. *Paul Among Jews and Gentiles.* Minneapolis: Fortress Press, 1976.

Theissen, G. "고린도 교회의 사회계층 – 초기 헬레니즘적 그리스도교의 사회학에 관한 연구", 김병수 역. **원시 그리스도교에 대한 사회 학적 연구**. 서울: 대한기독교서회, 1986.

Theissen, G. **복음서의 교회 정치학**. 류호성 · 김학철 역. 서울: 대한기독 교서회, 2002.

Theissen, G. **예수 운동의 사회학**. 조성호 역. 서울: 종로서적, 1981.

Theissen, G. *The Social Setting of Pauline Christianity.* ed. and trans. John H. Schultz. Edinburgh: T & T Clark, 1982.

Tidball, Derek. *The Social Context of the New Testament: A Sociological Analysis.* Grand Rapids: Zondervan Publishing House. 1984.

Tidball, Derek. **신약성서 사회학 입문**. 김재성 역. 서울: 한국신학연구 소, 1993.

Troeltsch, E. *The Social Teaching of the Christian Churches.* London: George Allen and Unwin Ltd., 1931.

Verner, D. C. *The Household of God – The Social World of the Pastoral Epistles.* California: Scholars Press, 1983.

Wendland, H. – D. *Ethik des Neuen Testaments.* GNT 4. Göttingen: V. & R., 1970.

Werlnle, P. *Der und die Sünde bei Paulus.* Freiburg: Paul Siebeck, 1897.

Westermann, Claus. *Roots of Wisdom – The Oldest Proverbs of Israel and Other Peoples.* Edinburgh: T & T Clark, 1995.

Whenham, David. *Paul Follower of Jesus or Founder of Christianity?* Grand Rapids: Eerdmans Publishing, 1995.

Wilken, R. L. "Collegia, Philosophical School and Theology" *in The Catacombs and the Colosseum.* Valley Forge: Judson Press, 1971.

Williams, David J. *Paul's Metaphors: Their Context and Character.* Peabody: Hendrickson, 1999.

Whiston, William. ed. and trans. *The Works of Josephus.* New Updated. Peabody: Hendrickson Publishers, 1987.

Winter, Bruce W. "Philo and Paul among the Sophists" *Society for New Testament Studies Monograph Series* 96. ed. Richard Bauckham. Cambridge: Cambridge University Press, 1997.

Witherington, Ben Ⅲ. *Conflict & Community in Corinth: A Socio−Rhtorical Commentary on 1 and 2 Corinthians.* Grand Rapids: Eerdmans Publishing, 1995.

Witherington, Ben Ⅲ. *The Acts of Apostles−A Socio−Rhetorical Commentary.* Grand Rapids: Eerdmans Publishing, 1998.

Witherington, Ben Ⅲ. *The Paul Quest: The Renewed Search for the Jew of Tarsus.* Downers Grove: Inter Varsity Press, 1998.

Young, Brad H. *Paul the Jewish Theologian: A Pharisee among Christians, Jews, and Gentiles.* Peabody: Hendrickson Publishers, 1997.

Younge, C. D. ed. and trans. *The Works of Philo.* New Updated. Peabody: Hendrickson Publishers, 1993.

Ziesler, John. "Pauline Christianity" rev. ed. *The Oxford Bible Series.* Oxford: Oxford University Press, 1990.

안영호 ───

▌약력

영남신학대학교 신학과
장로회신학대학교 신학대학원
계명대학교 대학원 신학석사(Th.D)
영국 Durham University 박사과정 수학
계명대학교 대학원 신학박사(Ph.D)

계명대학교 신학과 외래강사
영남신학대학교 신약학 외래강사
다사교회 담임목사

바울의
파라크레시스

초판인쇄 │ 2009년 8월 31일
초판발행 │ 2009년 8월 31일

지은이 │ 안영호
펴낸이 │ 채종준
펴낸곳 │ 한국학술정보㈜
주　소 │ 경기도 파주시 교하읍 문발리 파주출판문화정보산업단지 513-5
전　화 │ 031) 908-3181(대표)
팩　스 │ 031) 908-3189
홈페이지 │ http://www.kstudy.com
E-mail │ 출판사업부 publish@kstudy.com

등　록 │ 제일산-115호(2000. 6. 19)
가　격 │ 18,000원

ISBN　978-89-268-0283-0　93230(Paper Book)
　　　　978-89-268-0284-7　98230(e-Book)

내일을여는지식　　은 시대와 시대의 지식을 이어 갑니다.